Verbalmorphologie der Bole-Tangale Sprachen (Nordostnigeria)

Schriften zur Afrikanistik
Research in African Studies

Herausgegeben von Rainer Vossen

Band 22

Ulrike Zoch

Verbalmorphologie der Bole-Tangale Sprachen (Nordostnigeria)

Bibliografische Information der Deutschen Nationalbibliothek
Die Deutsche Nationalbibliothek verzeichnet diese Publikation
in der Deutschen Nationalbibliografie; detaillierte bibliografische
Daten sind im Internet über http://dnb.d-nb.de abrufbar.

Zugl.: Frankfurt (Main), Univ., Diss., 2011

Gedruckt auf alterungsbeständigem,
säurefreiem Papier.

D 39
ISSN 1436-1183
ISBN 978-3-631-65041-7 (Print)
E-ISBN 978-3-653-04060-9 (E-Book)
DOI 10.3726/ 978-3-653-04060-9

© Peter Lang GmbH
Internationaler Verlag der Wissenschaften
Frankfurt am Main 2014
Alle Rechte vorbehalten.
PL Academic Research ist ein Imprint der Peter Lang GmbH.

Peter Lang – Frankfurt am Main · Bern · Bruxelles · New York ·
Oxford · Warszawa · Wien

Das Werk einschließlich aller seiner Teile ist urheberrechtlich
geschützt. Jede Verwertung außerhalb der engen Grenzen des
Urheberrechtsgesetzes ist ohne Zustimmung des Verlages
unzulässig und strafbar. Das gilt insbesondere für
Vervielfältigungen, Übersetzungen, Mikroverfilmungen und die
Einspeicherung und Verarbeitung in elektronischen Systemen.

Diese Publikation wurde begutachtet.

www.peterlang.com

Danksagung

An dieser Stelle möchte ich allen danken, die mich bei der Erstellung dieser Arbeit unterstützt, ermutigt und begleitet haben.

Meinem Doktorvater Professor Dr. Rainer Voßen möchte ich für die Betreuung der Arbeit, zahlreiche wertvolle Kommentare und Vorschläge und das in mich gesetzte Vertrauen danken. Professor Dr. Anne Storch, meine Zweitgutachterin, hat mich seit Studienzeiten ermutigt und motiviert, wofür ich ihr sehr verbunden bin. Herzlich danken möchte ich auch Professor Dr. Herrmann Jungraithmayr, dessen anregender Hausunterricht mich in die Tschadistik eingeführt und mein Interesse für die Afrikanistik und Sprachwissenschaft geweckt hat.

Herrn Dr. Rudolf Leger möchte ich für die vielen lebhaften Diskussionen und inspirierenden Gespräche zu tschadistischen Themen danken, und ganz besonders dafür, dass er dieses Manuskript (und noch einige andere) mehrfach gewissenhaft gelesen und kommentiert hat.

Von großer Wichtigkeit für das Zustandekommen meiner Arbeit war meine Beteiligung am von der DFG-geförderten Projekt „Nyam – Dokumentation einer westtschadischen Minoritätensprache". Ich möchte der DFG für die großzügige Förderung dieses Projekts und unseren nigerianischen Mitarbeitern Sani Baabale und Garba Idi, unserem Projektleiter Dr. Rudolf Leger und meiner Kollegin Dr. Heike Andreas für die gute Zusammenarbeit und ihren großen Einsatz danken.

Allen Kolleginnen und Kollegen am Institut möchte ich für die gute Zusammenarbeit, den intensiven Gedankenaustausch und die herzliche Arbeitsatmosphäre danken. Dr. Julia Becker danke ich besonders für die Durchsicht großer Teile meines Manuskripts, wichtige Hinweise zur Formatierung und die geduldige Beantwortung vieler Fragen. Dr. Sonja Ermisch möchte ich für ihre Hilfsbereitschaft, Motivation, Geduld und Unterstützung danken.

Besonderer Dank gebührt Sandra Bohrmann, die durch umsichtige und zuverlässige Organisation im Hintergrund für reibungslose Abläufe und eine angenehme Arbeitsatmosphäre in der Frankfurter Afrikanistik sorgt. Anja Maywald möchte ich für die besonders schnelle Organisation der Formalitäten im Zusammenhang mit der Abgabe und Verteidigung meiner Arbeit danken.

Das Verständnis, die Geduld und der Rückhalt meiner Familie ist mir von unschätzbarem Wert und erfüllt mich mit großer Dankbarkeit. Besonders möchte ich meiner Schwester Bettina, die mir immer mit Rat und Tat zur Seite steht, und meiner Tante Brunhilde Pavich danken, die in den letzten Wochen vor Abgabe des Manuskripts um die halbe Welt gereist ist, um hierher zu kommen und mir den Rücken freizuhalten.

Inhaltsverzeichnis

Tabellen 15
Abkürzungen 21

1 Einleitung 27
   1.1 Untersuchungsgegenstand 27
   1.2 Klassifikation der Bole-Tangale-Sprachen 27
   1.3 Geographische Verbreitung der Bole-Tangale-Sprachen 29
   1.4 Datengrundlage 32
   1.5 Formale und definitorische Konventionen 34
   1.6 Ziel, Methode und Aufbau der Arbeit 36
      1.6.1 Ziel der Arbeit 36
      1.6.2 Methode 36
      1.6.3 Aufbau der Arbeit 38

2 Allgemeine Charakteristika der Bole-Tangale-Sprachen 41
   2.1 Phoneminventare 41
      2.1.1 Konsonanten 41
      2.1.2 Vokale 50
   2.2 Ton 51
      2.2.1 Toneminventare und Tonsysteme 51
      2.2.2 Morphotonologie 54
   2.3 Silbenstrukturen 55
   2.4 Genus- und Pluralsysteme 56
   2.5 Konstituentenreihenfolge 58

3 Pronominalsysteme und Subjektpronomina 61
   3.1 Pronomina im Tschadischen und Westtschadischen 61
   3.2 Die Pronominalsysteme der Bole-Tangale-Sprachen 65
      3.2.1 Bole 66
      3.2.2 Karekare 68
      3.2.3 Ngamo 70
      3.2.4 Bele 71
      3.2.5 Kirfi 73
      3.2.6 Galambu 75
      3.2.7 Gera 76
      3.2.8 Geruma 77

3.2.9 Kwami 78
3.2.10 Tangale 80
3.2.11 Kanakuru 82
3.2.12 Pero 84
3.2.13 Nyam 85
3.3 Vergleich der Pronomina 86
  3.3.1 Präponierte Pronomina 87
    3.3.1.1 Morphologischer Vergleich der Subjektpronomina 88
      3.3.1.1.1 Erste Person Singular: *ni 88
      3.3.1.1.2 Zweite Person Singular maskulin: *ka 89
      3.3.1.1.3 Zweite Person Singular feminin: *ki 89
      3.3.1.1.4 Dritte Person Singular maskulin: *(si) 90
      3.3.1.1.5 Dritte Person Singular feminin: *(ta) 91
      3.3.1.1.6 Erste Person Plural: *mu 92
      3.3.1.1.7 Zweite Person Plural: *ku 92
      3.3.1.1.8 Dritte Person Plural: *su 93
    3.3.1.2 Unabhängige Pronomina 93
    3.3.1.3 Funktionale Aspekte sowie Korrelationen zwischen Form und Funktion 94
    3.3.1.4 Zusammenfassung 98
  3.3.2 Postponierte Pronomina 99
    3.3.2.1 Morphologische und tonologische Betrachtungen 99
    3.3.2.2 Funktionale und syntaktische Betrachtungen 104
    3.3.2.3 Zusammenfassung 106

4 Morphologie des Verbalkomplexes 107
4.1 Verbalklassen 107
  4.1.1 Verbalklassen in einschlägigen Publikationen 108
  4.1.2 Verbalklassen in den Bole-Tangale-Sprachen 110
    4.1.2.1 Bole 110
    4.1.2.2 Karekare 111
    4.1.2.3 Ngamo 112
    4.1.2.4 Bele 112
    4.1.2.5 Kirfi 113
    4.1.2.6 Galambu 113
    4.1.2.7 Gera 114

4.1.2.8 Geruma 115
4.1.2.9 Kwami 115
4.1.2.10 Tangale 116
4.1.2.11 Kanakuru 116
4.1.2.12 Pero 118
4.1.2.13 Nyam 120
4.1.3 Vergleich und Analyse 120
4.1.4 Zusammenfassung 123
4.2 Transitive und intransitive Verben und „intransitive copy pronouns" (ICPs) 124
  4.2.1 Transitivität und ICPs im Tschadischen 124
  4.2.2 ICPs in den Bole-Tangale-Sprachen 125
    4.2.2.1 Bole 126
    4.2.2.2 Karekare 127
    4.2.2.3 Ngamo 128
    4.2.2.4 Tangale 128
    4.2.2.5 Kanakuru 128
    4.2.2.6 Pero 129
    4.2.2.7 ICPs im Kushi, Piya, Widala (Kholok) und Kupto 130
  4.2.3 Vergleich und Analyse 130
  4.2.4 Zusammenfassung 135
4.3 Tempus, Aspekt und Modus (TAM) 136
  4.3.1 TAM im Tschadischen 136
  4.3.2 Die TAM-Systeme der Bole-Tangale-Sprachen 142
    4.3.2.1 Bole 143
      4.3.2.1.1 Perfektiv 144
      4.3.2.1.2 Habitual 146
      4.3.2.1.3 Futur 147
      4.3.2.1.4 Progressiv 149
      4.3.2.1.5 Subjunktiv 149
      4.3.2.1.6 Imperativ (und Hortativ) 152
      4.3.2.1.7 Negation 153
      4.3.2.1.8 Zusammenfassung 154
    4.3.2.2 Karekare 155
      4.3.2.2.1 *Completive* 155

4.3.2.2.2 Habitual	156
4.3.2.2.3 Futur	157
4.3.2.2.4 *Continuative*	158
4.3.2.2.5 Subjunktiv	159
4.3.2.2.6 Imperativ	160
4.3.2.2.7 Negation	160
4.3.2.2.8 Zusammenfassung	161
4.3.2.3 Ngamo	161
4.3.2.3.1 *Completive*	162
4.3.2.3.2 Habitual	163
4.3.2.3.3 *Potential Future*	164
4.3.2.3.4 *Continuous*	164
4.3.2.3.5 Futur	165
4.3.2.3.6 Subjunktiv	166
4.3.2.3.7 Imperativ (und Hortativ)	167
4.3.2.3.8 Negation	168
4.3.2.3.9 Zusammenfassung	168
4.3.2.4 Bele	169
4.3.2.4.1 Perfektiv	170
4.3.2.4.2 *Imperfective*	171
4.3.2.4.3 Subjunktiv	171
4.3.2.4.4 Imperativ	172
4.3.2.4.5 Negation	172
4.3.2.4.6 Zusammenfassung	172
4.3.2.5 Kirfi	173
4.3.2.5.1 Perfektiv	173
4.3.2.5.2 *Imperfective*	174
4.3.2.5.3 Subjunktiv	174
4.3.2.5.4 Imperativ	175
4.3.2.5.5 Negation	176
4.3.2.5.6 Zusammenfassung	176
4.3.2.6 Galambu	176
4.3.2.6.1 Perfektiv	177
4.3.2.6.2 Relativer Perfektiv	177
4.3.2.6.3 *Imperfective*	178

4.3.2.6.4 Subjunktiv 179
4.3.2.6.5 Imperativ 179
4.3.2.6.6 Negation 179
4.3.2.6.7 Zusammenfassung 180
4.3.2.7 Gera 180
4.3.2.7.1 Perfektiv 180
4.3.2.7.2 Relativer Perfektiv 181
4.3.2.7.3 *Imperfective* 182
4.3.2.7.4 Subjunktiv 182
4.3.2.7.5 Imperativ 182
4.3.2.7.6 Negation 183
4.3.2.7.7 Zusammenfassung 183
4.3.2.8 Geruma 184
4.3.2.8.1 Perfektiv 184
4.3.2.8.2 Relativer Perfektiv 185
4.3.2.8.3 *Imperfective* 185
4.3.2.8.4 Subjunktiv 186
4.3.2.8.5 Imperativ 186
4.3.2.8.6 Negation 187
4.3.2.8.7 Zusammenfassung 187
4.3.2.9 Kwami 187
4.3.2.9.1 *Perfekt* 188
4.3.2.9.2 Habitual 189
4.3.2.9.3 Futur 190
4.3.2.9.4 Progressiv 191
4.3.2.9.5 Narrativ 191
4.3.2.9.6 Subjunktiv 192
4.3.2.9.7 Imperativ 193
4.3.2.9.8 Negation 193
4.3.2.9.9 Zusammenfassung 194
4.3.2.10 Tangale 195
4.3.2.10.1 *Perfect* I 198
4.3.2.10.2 *Perfect* II (Dependent oder Repetitive *Perfect*) 199
4.3.2.10.3 Habitual 200
4.3.2.10.4 Progressiv I (*Absolute Progressive-Continuous*) 201

4.3.2.10.5 Progressiv II (*Dependent Progressive-Continuous*) 202
4.3.2.10.6 Futur (*„Long" Future*) 202
4.3.2.10.7 *Intentional* (Aorist-*Intentional*) und Aorist (Aorist-*Subjunctive*) 203
4.3.2.10.8 Subjunktiv 204
4.3.2.10.9 Imperativ 204
4.3.2.10.10 Negation 205
4.3.2.10.11 Zusammenfassung 205
4.3.2.11 Kanakuru 207
4.3.2.11.1 Perfektiv 208
4.3.2.11.2 Perfektiv II 209
4.3.2.11.3 Habitual/Sequenzial 210
4.3.2.11.4 *Continuous* 211
4.3.2.11.5 *Past Continuous* 211
4.3.2.11.6 Futur 212
4.3.2.11.7 Subjunktiv 212
4.3.2.11.8 Imperativ (und Hortativ) 213
4.3.2.11.9 Negation 215
4.3.2.11.10 Zusammenfassung 215
4.3.2.12 Pero 216
4.3.2.12.1 *Completed Aspect* 218
4.3.2.12.2 *Continuous*/Habitual 219
4.3.2.12.3 Progressiv 220
4.3.2.12.4 Futur 222
4.3.2.12.5 *Consecutive* 222
4.3.2.12.6 *Optative* 223
4.3.2.12.7 Imperativ 225
4.3.2.12.8 Negation 225
4.3.2.12.9 Zusammenfassung 226
4.3.2.13 Nyam 228
4.3.2.13.1 Die mit SP1 gebildeten TAM-Kategorien 235
4.3.2.13.1.1 Vergangenheit 235
4.3.2.13.1.2 Anterior 239
4.3.2.13.1.3 Relatives Anterior 240
4.3.2.13.1.4 Präsens/Habitual 241

4.3.2.13.1.5 Kontinuativ 243
4.3.2.13.1.6 Subjunktiv 244
4.3.2.13.1.7 Imperativ 246
4.3.2.13.2 Mit SP2 gebildete TAM-Kategorien 246
4.3.2.13.2.1 Mit SP2a gebildete Paradigmata 247
4.3.2.13.2.1.1 Präsens/Habitual-Konditional 247
4.3.2.13.2.1.2 Kontinuativ-Konditional 248
4.3.2.13.2.1.3 Unmittelbares Futur 249
4.3.2.13.2.1.4 Sequenzial 251
4.3.2.13.2.2 Mit SP2b gebildete Paradigmata 253
4.3.2.13.2.2.1 Futur Irrealis 253
4.3.2.13.2.2.2 Progressiv Vergangenheit 254
4.3.2.13.3 Negation 255
4.3.2.13.4 Zusammenfassung 256
4.3.3 Vergleich 256
4.3.3.1 Perfektiv 257
4.3.3.2 Paradigmata mit nominalisiertem Verbalstamm 262
4.3.3.3 Habitual 268
4.3.3.4 Narrativ- und Sequenzialformen 269
4.3.3.5 Subjunktiv und Imperativ 270
4.3.3.6 Negation 275
4.3.4 Zusammenfassung 277
4.4 Verbalderivation 279
4.4.1 Verbalderivation im Tschadischen 279
4.4.2 Verbalderivation in den Bole-Tangale-Sprachen 281
4.4.2.1 Bole 281
4.4.2.1.1 Ventiv 281
4.4.2.1.2 Totalität 282
4.4.2.1.3 Additiv 283
4.4.2.1.4 Zusammenfassung 284
4.4.2.2 Karekare 287
4.4.2.2.1 Ventiv 287
4.4.2.2.2 Totalität 287
4.4.2.2.3 Additiv 288
4.4.2.2.4 Zusammenfassung 288

4.4.2.3 Ngamo 289
    4.4.2.3.1 Ventiv 290
    4.4.2.3.2 Totalität 290
    4.4.2.3.3 Additiv 290
    4.4.2.3.4 Zusammenfassung 291
4.4.2.4 Ventiv im Bele 292
4.4.2.5 Ventiv im Kirfi 292
4.4.2.6 Totalität im Galambu 293
4.4.2.7 Ventiv im Gera 293
4.4.2.8 Geruma 294
    4.4.2.8.1 Ventiv 294
    4.4.2.8.2 Totalität 294
    4.4.2.8.3 Zusammenfassung 295
4.4.2.9 Kwami 295
    4.4.2.9.1 Destinativ/Ventiv 295
    4.4.2.9.2 Finale Erweiterung 296
    4.4.2.9.3 Zusammenfassung 296
4.4.2.10 Ventiv im Tangale 299
4.4.2.11 Ventiv im Kanakuru 299
4.4.2.12 Ventiv im Pero 300
4.4.2.13 Additiv im Nyam 302
4.4.3 Vergleich 302
4.4.4 Zusammenfassung 304

5 Resümee und Ausblick 307

Literaturverzeichnis 309

Tabellen

Tabelle 1: Untergliederung der Bole-Angas Großgruppe ... 28
Tabelle 2: Bole, Konsonanten ... 42
Tabelle 3: Karekare, Konsonanten ... 43
Tabelle 4: Ngamo, Konsonanten ... 43
Tabelle 5: Sprachen des Bauchi-Gebiets, Konsonanten ... 44
Tabelle 6: Kwami, Konsonanten ... 46
Tabelle 7: Tangale, Konsonanten ... 47
Tabelle 8: Kanakuru, Konsonanten ... 48
Tabelle 9: Pero, Konsonanten ... 49
Tabelle 10: Nyam, Konsonanten ... 50
Tabelle 11: Bole-Tangale-Sprachen, Vokale ... 50
Tabelle 12: Tangale, Vokale ... 51
Tabelle 13: Übersicht Genus und Plural ... 57
Tabelle 14: Rekonstruktion der UP, PossP und OP aus Kraft (1974: 69) .. 63
Tabelle 15: Rekonstruktion der SP im Proto-P-S ... 65
Tabelle 16: Bole, Pronomina ... 66
Tabelle 17: Karekare, Pronomina ... 68
Tabelle 18: Ngamo (Gudi), Pronomina ... 70
Tabelle 19: Bele, Pronomina ... 71
Tabelle 20: Kirfi, Pronomina ... 73
Tabelle 21: Galambu, Pronomina ... 75
Tabelle 22: Gera, Pronomina ... 76
Tabelle 23: Geruma, Pronomina ... 77
Tabelle 24: Kwami, Pronomina ... 78
Tabelle 25: Tangale, Pronomina ... 80
Tabelle 26: Kanakuru, Pronomina ... 82
Tabelle 27: Pero, Pronomina ... 84
Tabelle 28: Nyam, Pronomina ... 85
Tabelle 29: Pronominalvergleich 1. Sg ... 88
Tabelle 30: Pronominalvergleich 2.Sgm ... 89
Tabelle 31: Pronominalvergleich 2. Sgf ... 89
Tabelle 32: Pronominalvergleich 3.Sgm ... 90
Tabelle 33: Pronominalvergleich 3.Sgf ... 91
Tabelle 34: Pronominalvergleich 1.Pl ... 92

Tabelle 35: Pronominalvergleich 2. Pl 92
Tabelle 36: Pronominalvergleich 3.Pl 93
Tabelle 37: Vergleich UP 94
Tabelle 38: Vergleich TAM-Markierung am SP 95
Tabelle 39: Vergleich SP+TAM und Ton SP 1.Sg 96
Tabelle 40: Fehlen SP 3.Pers. und Genus- bzw. Numerussystem 98
Tabelle 41: Übersicht ma-haltige Pronominalformen der 2. und 3.Pl 99
Tabelle 42: Auslautendes -o bei suffigierten Pronomina im Singular 99
Tabelle 43: Übersicht suffigierte Pronominalreihen 101
Tabelle 44: Tiefton bei suffigierten Pronomina 3.Sgm 103
Tabelle 45: Bole, Verbalklassen 111
Tabelle 46: Karekare, Verbalklassen 112
Tabelle 47: Ngamo, Verbalklassen 112
Tabelle 48: Bele, Verbalklassen 113
Tabelle 49: Kirfi, Verbalklassen 113
Tabelle 50: Galambu, Verbalklassen 114
Tabelle 51: Gera, Verbalklassen 114
Tabelle 52: Geruma, Verbalklassen 115
Tabelle 53: Kanakuru, Verbalklassen 117
Tabelle 54: Pero, Verbalklassen 119
Tabelle 55: Vergleich Verbalklassensysteme 121
Tabelle 56: Bole, ICP-Konstruktionen 127
Tabelle 57: Tangale, ICP-Konstruktionen 128
Tabelle 58: Kanakuru, ICP-Konstruktionen 129
Tabelle 59: Pero, ICP-Konstruktionen 130
Tabelle 60: ICPs, Vergleich der Morphologie und Distribution 131
Tabelle 61: Kwami, Zitier- und *Perfekt*-Formen und Transitivität 134
Tabelle 62: Kupto, Zitier- und *Perfekt*-Formen und Transitivität 135
Tabelle 63: Jungraithmayrs Aspektdichotomie, nach Wolff 137
Tabelle 64: Das TAM-System des Prototschadischen 140
Tabelle 65: Bole, Perfektiv 145
Tabelle 66: Bole, Habitual 146
Tabelle 67: Bole, Futur 148
Tabelle 68: Bole, Progressiv 149
Tabelle 69: Bole, Subjunktiv 150

Tabellen

Tabelle 70: Bole, Beispielsätze zum Subjunktiv 151
Tabelle 71: Bole, Imperativ und Hortativ 153
Tabelle 72: Bole, TAM-Markierungen, Übersicht 154
Tabelle 73: Karekare, *Completive* 156
Tabelle 74: Karekare, Habitual 157
Tabelle 75: Karekare, Futur 158
Tabelle 76: Karekare, *Continuative* 159
Tabelle 77: Karekare, Subjunktiv 159
Tabelle 78: Karekare, Imperativ 160
Tabelle 79: Karekare, TAM-Markierungen, Übersicht 161
Tabelle 80: Ngamo, *Completive* 163
Tabelle 81: Ngamo, Habitual 164
Tabelle 82: Ngamo, *Potential Future* 164
Tabelle 83: Ngamo, *Continuous* 165
Tabelle 84: Ngamo, Futur 166
Tabelle 85: Ngamo, Subjunktiv 167
Tabelle 86: Ngamo, Imperativ 168
Tabelle 87: Ngamo, TAM-Markierungen, Übersicht 169
Tabelle 88: Bele, Perfektiv 171
Tabelle 89: Bele, *Imperfective* 171
Tabelle 90: Bele, Subjunktiv 172
Tabelle 91: Bele, Imperativ 172
Tabelle 92: Bele, TAM-Markierungen, Übersicht 173
Tabelle 93: Kirfi, Perfektiv 174
Tabelle 94: Kirfi, *Imperfective* 174
Tabelle 95: Kirfi, Subjunktiv 175
Tabelle 96: Kirfi, Imperativ 175
Tabelle 97: Kirfi, TAM-Markierungen, Übersicht 176
Tabelle 98: Galambu, Perfektiv 177
Tabelle 99: Galambu, Relativer Perfektiv 178
Tabelle 100: Galambu, *Imperfective* 178
Tabelle 101: Galambu, *Imperfective*: Fragen, Emphase 179
Tabelle 102: Galambu, Subjunktiv 179
Tabelle 103: Galambu, Imperativ 179
Tabelle 104: Galambu, TAM-Markierungen, Übersicht 180

Tabelle 105: Gera, Perfektiv 181
Tabelle 106: Gera, Relativer Perfektiv 181
Tabelle 107: Gera, *Imperfective* 182
Tabelle 108: Gera, Subjunktiv 182
Tabelle 109: Gera, Imperativ 183
Tabelle 110: Gera, TAM-Markierungen, Übersicht 183
Tabelle 111: Geruma, Perfektiv 184
Tabelle 112: Geruma, Relativer Perfektiv 185
Tabelle 113: Geruma, *Imperfective* 185
Tabelle 114: Geruma, Subjunktiv 186
Tabelle 115: Geruma, Imperativ 186
Tabelle 116: Geruma, TAM-Markierungen, Übersicht 187
Tabelle 117: Kwami, Aspektschema 188
Tabelle 118: Kwami, *Perfekt* 189
Tabelle 119: Kwami, Habitual 189
Tabelle 120: Kwami, Futur 190
Tabelle 121: Kwami, Progressiv 191
Tabelle 122: Kwami, Narrativ 192
Tabelle 123: Kwami, Subjunktiv 192
Tabelle 124: Kwami, Imperativ 193
Tabelle 125: Kwami, TAM-Markierungen, Übersicht 194
Tabelle 126: Shongom-Tangale, TAM-System 196
Tabelle 127: Shongom-Tangale, TAM-Kategorien 197
Tabelle 128: Kaltungo-Tangale, Verbalstämme 197
Tabelle 129: Kaltungo-Tangale, TAM 198
Tabelle 130: Tangale, *Perfect* 199
Tabelle 131: Tangale, *Perfect* II 199
Tabelle 132: Tangale, Beispiele zum *Perfect* II 200
Tabelle 133: Tangale, Habitual 201
Tabelle 134: Tangale, Progressiv I 201
Tabelle 135: Tangale, Progressiv II, *Past Progressive* 202
Tabelle 136: Tangale, Futur 203
Tabelle 137: Tangale, *Intentional* und Aorist 203
Tabelle 138: Tangale, Subjunktiv 204
Tabelle 139: Tangale, Imperativ 205

Tabellen

Tabelle 140: Tangale, TAM-Markierungen, Übersicht 207
Tabelle 141: Kanakuru, Perfektiv 208
Tabelle 142: Kanakuru, Perfektiv II 209
Tabelle 143: Kanakuru, Habitual/Sequenzial 210
Tabelle 144: Kanakuru, *Continuous* 211
Tabelle 145: Kanakuru, *Past Continuous* 212
Tabelle 146: Kanakuru, Futur 212
Tabelle 147: Kanakuru, Subjunktiv 213
Tabelle 148: Kanakuru, Imperativ 214
Tabelle 149: Kanakuru, Hortativ 214
Tabelle 150: Kanakuru, Negation 215
Tabelle 151: Kanakuru, TAM-Markierungen, Übersicht 216
Tabelle 152: Pero, Strukturfolgeordnung 217
Tabelle 153: Pero, *Completed Aspect* 218
Tabelle 154: Pero, *Continuous*/Habitual 219
Tabelle 155: Pero, Progressiv 221
Tabelle 156: Pero, Futur 222
Tabelle 157: Pero, *Consecutive* 223
Tabelle 158: Pero, *Optative* 224
Tabelle 159: Pero, Imperativ 225
Tabelle 160: Pero, Negation 226
Tabelle 161: Pero, TAM-Markierungen, Übersicht 227
Tabelle 162: Nyam, Strukturfolgeordnung 229
Tabelle 163: Nyam, Tonmuster in der Vergangenheit 230
Tabelle 164: Nyam, Konditionalsätze 233
Tabelle 165: Nyam, Kombinationsmöglichkeiten der TAM-Elemente .. 234
Tabelle 166: Nyam, Vergangenheit 237
Tabelle 167: Nyam, Anterior 240
Tabelle 168: Nyam, Relatives Anterior 241
Tabelle 169: Nyam, Präsens/Habitual 242
Tabelle 170: Nyam, Kontinuativ 243
Tabelle 171: Nyam, Subjunktiv 245
Tabelle 172: Nyam, Imperativ 246
Tabelle 173: Nyam, Präsens/Habitual Konditional 247
Tabelle 174: Nyam, Kontinuativ-Konditional 249

Tabelle 175: Nyam, unmittelbares Futur 250
Tabelle 176: Nyam, Sequenzial 251
Tabelle 177: Nyam, Beispiele zum Sequenzial aus Erzähltexten 252
Tabelle 178: Nyam, Futur Irrealis 254
Tabelle 179: Nyam, Progressiv Vergangenheit 255
Tabelle 180: Nyam, Beispiel aus einem Erzähltext zum ProgVerg 255
Tabelle 181: Vergleich, Perfektivmarker und ihre Position 258
Tabelle 182: Vergleich der Tonmuster des Verbalstamms im Perfektiv 261
Tabelle 183: Vergleich Auslautvokale, PM, Relativer Perfektiv 261
Tabelle 184: Übersicht über VN in imperfektiven TAM 263
Tabelle 185: Vergleich der mit VN gebildeten TAM-Kategorien 265
Tabelle 186: Vergleich der Habitualformen 268
Tabelle 187: Vergleich der Narrativ- und Sequenzialformen 270
Tabelle 188: Überblick Subjunktiv und Imperativ 271
Tabelle 189: Vergleich Negationsstrategien und Marker 276
Tabelle 190: Bole, Additiverweiterung 284
Tabelle 191: Bole, Verbalerweiterungen (Vent, Tot, Add) 285
Tabelle 192: Karekare, Verbalerweiterungen 289
Tabelle 193: Ngamo, Verbalerweiterungen 291
Tabelle 194: Bele, Ventiverweiterung im Perfektiv 292
Tabelle 195: Kirfi, Ventiverweiterung im Perfektiv 293
Tabelle 196: Galambu, Tot im Perf und *Imperfective* 293
Tabelle 197: Gera, Ventiverweiterung im Perfektiv 294
Tabelle 198: Geruma, Verbalerweiterungen im Perfektiv 295
Tabelle 199: Kwami, Verbalerweiterungen 297
Tabelle 200: Tangale, Ventiverweiterung 299
Tabelle 201: Kanakuru, Ventiv 300
Tabelle 202: Pero, Ventiv 301
Tabelle 203: Nyam, Additiv 302
Tabelle 204: Vergleich Verbalerweiterungen 304

Abkürzungen

Die Namen der betrachteten Sprachen werden in Tabellen folgendermaßen abgekürzt:

Bo (Bole), Ka (Kanakuru), Nga (Ngamo), Be (Bele), Ki (Kirfi), Gera (Gera), Geru (Geruma), Ga (Galambu), Ta (Tangale), Kana (Kanakuru), Pe (Pero), Kwa (Kwami), Nyam (Nya), [Kus (Kushi), Pi (Piya), Wi (Widala), Kup (Kupto)]

In Interlinearisierungen sind die aufgeführten Abkürzungen in Kapitälchen gesetzt.

-/-	(in Tabellen) Form existiert nicht
?	(in Tabellen) fehlendes oder nicht ausreichendes Datenmaterial
Ø	Nullmorphem; kein bzw. ohne
1.	erste Person
2.	zweite Person
3.	dritte Person
abs.	absolut
Add	Additiv
Adv	Adverb
agr	agreement morpheme
alv	alveolar
Ant	Anterior
Aor	Aorist
ATR	advanced tongue root
Ausl./ausl.	Auslaut/auslautend
Aux1	Bezeichnung für mit finitem Verbalstamm gebildete TAM-Kategorien im Kanakuru
Aux2	Bezeichnung für mit nominalisiertem Verbalstamm gebildete TAM- Kategorien im Kanakuru
B-M	Biu-Mandara
Ben	benefactive (pronoun)
Comp	Completed Aspect
Conj	Conjunction
Cons	Consecutive
Cont	Continuous

d	Dual
Def	Definitheit(ssuffix)
Dem	Demonstrativ(pronomen)
Dest	Destinativ
DOP	direktes Objektpronomen
entf.	entfällt
ep	epenthetisch(er Vokal)
ers.	ersetzt
Erw.	Erweiterung
F	Fallton
f	feminin
Fin	finale Erweiterung
FN	Fußnote
Fok	Fokussierung
frik	frikativ
Fut	Futur
G	Geminate
Gen	Genitiv
Ger	Gerund
glott	glottal; glottalisiert
H	Hochton; hohes Tonmuster
Hab	Habitual
HiVTP	hohes Verbaltonmuster
ICP	intransitive copy pronoun(s)
Imp	Imperativ
inl.	inlautend
intr	intransitiv
IOP	indirektes Objektpronomen
Ipfv	Imperfektiv
irr	irreal
K	Konsonant
KO	Perfektivsuffix **wo/ko/go**
Kond	Konditional
Konj	Konjunktion
Kont	Kontinuativ

Abkürzungen

kont	kontinuant (in Phonemtabellen)
lab	labial
lex	lexikalisch
Lo	low
LOG	logophorisches Pronomen, Logophorizität
LoVTP	tiefes Verbaltonmuster
LTR	low tone raising
m	maskulin
N	Nomen
Neg	Negation
niO	Nullobjektmarker; nicht identifiziertes Objekt
NO	nominales Objekt
nom	nominal
NS	nominales Subjekt
O	Objekt
OP	(suffigiertes) Objektpronomen
Opt	Optative
pal	palatal
PastProg	Past Progressive
Pat	patient pronoun
PCL	preclitic lowering
Perf	Perfect
PerfII	Perfect II
Pers	Person(en)
Pfv	Perfektiv
PfvII	Perfektiv II
PfvSt	Perfektivstamm
pi	Plural inklusiv
Pl	Plural
plos	plosiv
Plurakt	Pluraktionalis
PM	Perfektivmarker
PossP	suffigiertes Possessivpronomen
PotFut	Potential Future
Präf	Präfix

pränas	pränasaliert
Präs	Präsens
Prep	Preposition
PrePro	prepronominal vowel (Pero)
Prog	Progressiv
Proh	Prohibitive
Pron	Pronomen
P-S	Plateau-Sahel
Rec	reciprocal
Rel	Relativ(pronomen)
RelPfv	Relativer Perfektiv
S	Subjekt
Sg	Singular
Sj	Subjektmarker
SP	Subjektpronomen
sth	stimmhaft
stl	stimmlos
Subj	Subjunktiv
Suff	Suffix
suffP	suffigiertes Pronomen
T	Tiefton; tiefes Tonmuster
TAM	Tempus, Aspekt, Modus
tbu	tone bearing unit
TM	Tonmuster
Tot	Totalitätsextension
tr	transitiv
u.	und
UP	unabhängiges Pronomen
V	Vokal; Auslautvokal
Vb	Verb
vb	verbal
vel	velar
Vent	Ventiv
Verg	Vergangenheit
VKl	Verbalklasse

Abkürzungen

VN	Verbalnomen
VSt	Verbalstamm
VTP	verb tone pattern
x	nicht identifizierbares Morphem oder Lexem (in Interlinearisierungen)

1 Einleitung

Die ersten drei Abschnitte des vorliegenden Kapitels widmen sich einer kurzen Beschreibung des Untersuchungsgegenstands und der linguistischen Klassifikation sowie geographischen Verbreitung der Bole-Tangale-Sprachen. Der Darstellung der Datengrundlage schließt sich die Beschreibung einiger für die vorliegende Arbeit wichtiger formaler und definitorischer Konventionen an. Der letzte Abschnitt widmet sich dem Ziel, der Methode und dem Aufbau der Arbeit.

1.1 Untersuchungsgegenstand

In dieser Arbeit werden Pronominalsysteme, Verbalklassen, TAM-Morphologie und TAM-Systeme, morphologische Markierung von Transitivität sowie die Verbalderivation in ausgewählten Bole-Tangale-Sprachen im Hinblick auf einen synchron-morphologischen Vergleich untersucht.

1.2 Klassifikation der Bole-Tangale-Sprachen

Die Bole-Tangale-Sprachen gehören zum Unterzweig A des Westzweigs der tschadischen Sprachen und hier wiederum zur Bole-Angas-Großgruppe. Die Sprachen, die in die Betrachtungen der vorliegenden Arbeit einbezogen wurden, sind in der folgenden Übersicht der Bole-Tangale-Gruppe durch Fettdruck markiert. Alternative Sprachnamen sind in Klammern angegeben. Für die Markierung wurde jeweils die Namensvariante gewählt, die in der vorliegenden Arbeit verwendet wird. Neben der Bole-Tangale-Gruppe gehören zur Bole-Angas-Großgruppe noch die Angas- und die Ron-Gruppe.

Tabelle 1: Untergliederung der Bole-Angas Großgruppe
(in Anlehnung an Crozier & Blench 1992: 124)

Bole-Angas Großgruppe
  Bole-Gruppe (bzw. Bole-Tangale-Gruppe)
    Bole-Gruppe a
    (auch: Bole proper oder nördliche Untergruppe)
    i.   Karekare
    ii.   Gera
          Geruma
          Deno
          Bure
          Kubi
          Giiwo (**Kirfi**)
          Galambu
          Daza
          Bole
    iii. **Bole**
          Ngamo
          Maaka (Maha)
          Beele (**Bele**)
    Bole-Gruppe b
    (auch: Tangale-Gruppe oder südliche Untergruppe)
    i.   **Kwami**
          Pero
          Piya-Kwonci
          Kholok
          Nyam
          Kushi
          Kutto (Kupto)
          Tangale
    ii.   Dera (**Kanakuru**)

Die Einteilung des Karekare in eine eigene Untergruppe begründet Schuh (2008: 274, FN4) mit dem Erhalt der „rhotic distinction", die in allen anderen Bole-Tangale-Sprachen verschwunden zu sein scheint. Es handelt sich hierbei um den phonemischen Unterschied zwischen gerolltem und retroflexem (tap/flap) **r**.

Über die Verwandtschaftsverhältnisse der von ihm beschriebenen Sprachen des Bauchi-Gebiets äußert sich Schuh (1978) folgendermaßen:

Bele und Bole sind sehr eng miteinander verwandt und bilden eine Untergruppe, zu der – in etwas größerer verwandtschaftlicher Entfernung – auch das Kirfi gehört. Gera und Geruma bilden eine weitere Untergruppe, sie teilen viele lexikalische Innovationen und sind bis zu einem gewissen Grad gegenseitig verstehbar. Aufgrund des Vorkommens gewisser lexikalischer Kognaten stellt Schuh das Galambu in die Nähe des Kirfi.

Leger (1994) stellt fest, dass innerhalb der südlichen Untergruppe der Bole-Tangale-Sprachen das Kwami dem Kupto am nächsten steht, da beide Sprachen fast identische Lautsysteme, größtenteils übereinstimmende Morphologie sowie einen hohen Prozentsatz gemeinsamer Isoglossen lexikalischer Art aufweisen. Die nach dem Kupto am nächsten mit dem Kwami verwandte Sprache ist seiner Ansicht nach das Tangale, das ebenfalls ein ähnliches Lautsystem, zum großen Teil vergleichbare morphologische Strukturen sowie eine Anzahl lexikalischer Isoglossen mit dem Kwami teilt. Leger weist außerdem auf das Vorkommen von Tonregeln im Kwami hin, die denen im Bole sehr ähnlich seien, und vermutet, dass das Kwami dahingehend vom benachbarten Bole beeinflusst wurde. Lexikalisch hingegen schätzt er den Einfluss des Tangale als größer ein.

Jungraithmayr (1991: 18) stellt heraus, dass das Tangalesprachgebiet von Niger-Kongo-Sprachen umgeben ist, eine Tatsache, die er als Erklärung für eine Anzahl von Charakteristika heranzieht, die das Tangale von seinen nördlicher gelegenen Verwandten unterscheiden. Die dem Tangale am nächsten verwandten Sprachen sind ihm zufolge Kwami, Kupto, Kushi, Pero, Piya (Wurkum) und Kanakuru.

1.3 Geographische Verbreitung der Bole-Tangale-Sprachen

Das Verbreitungsgebiet der Bole-Tangale-Sprachen befindet sich im Nordosten Nigerias, verteilt über die Bundesstaaten Yobe (Karekare, Ngamo, Bole, Maha), Bauchi (Geruma, Gera, Galambu, Kirfi, Bele, Deno,

Kubi, Bure), Gombe (Bole, Kwami, Kupto, Kushi, Tangale, Pero), Taraba (Nyam, Piya-Kwonci, Kholok) und Adamawa (Kanakuru).

Die geographische Lage der Bole-Tangale-Sprachen ist in Abbildung 1 dargestellt. Die Bole-Tangale-Sprachen sind durch einen Rotton gekennzeichnet, wobei die Sprachen, die aufgrund mangelnden Datenmaterials nicht in die vorliegende Studie einbezogen werden konnten, durch einen etwas helleren Farbton abgesetzt sind.

Die drei am nördlichsten gelegenen Sprachen sind Karekare, Ngamo und Bole. Während die Sprachgebiete von Karekare und Ngamo fast vollständig im Yobe-Bundesstaat liegen, dehnt sich das Verbreitungsgebiet des Bole weiter südlich bis in den Gombe-Staat aus. Schuh (2005b) postuliert die Existenz eines Sprachbunds im Yobe-Staat, dem Karekare, Ngamo und Bole aus dem Westzweig A sowie Bade, Duwai und Ngizim aus dem Westzweig B angehören.

Westlich schließen sich innerhalb des Bauchi-Staats Kirfi, Bele, Galambu, Gera und Geruma an das Bole-Sprachgebiet an. Das Kwami-Gebiet befindet sich am südlichen Rand des Bole-Sprachgebiets. Etwas weiter östlich an das Bole angrenzend befinden sich Kupto und Maha (dieses bereits im Yobe-Staat).

Südöstlich des Bole, umgeben vom zentraltschadischen Tera sowie von Benue-Kongo-Sprachen, liegt das Kanakuru – die einzige Bole-Tangale-Sprache im Adamawa Staat.

Ausgehend vom Rand des Bole-Sprachgebiets nach Süden fortschreitend finden sich jeweils aneinander grenzend die Sprachgebiete des Tangale, Kushi und Pero, Piya und – etwas südwestlicher – des Nyam.

Die Sprachgebiete der südlichen Bole-Tangale-Sprachen berühren – außer einander – zu großen Teilen Benue-Kongo-Sprachen, eine Tatsache, die zur Erklärung bestimmter charakteristischer Eigenschaften herangezogen wird, wie z.B. dem Vorkommen von Vokalharmonie im Tangale (2.1.2) oder auch die Verbreitung sogenannter „intransitive copy pronouns" in einigen Sprachen dieses Gebiets (4.2).

Einleitung

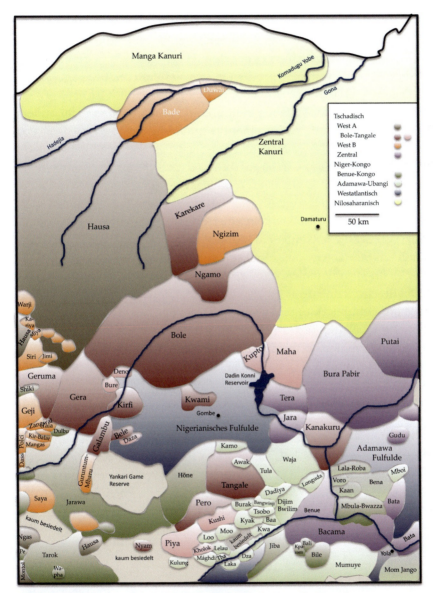

Abbildung 1: Geographische Verteilung der Bole-Tangale-Sprachen
(in Anlehnung an Crozier & Blench 1992, modifiziert nach Leger (pers. Mitt.))

1.4 Datengrundlage

Der vorliegende Abschnitt gibt einen Überblick über die Herkunft des für den Sprachvergleich verwendeten Datenmaterials. Grundsätzlich wurden alle Bole-Tangale-Sprachen in den Vergleich einbezogen, zu denen Datenmaterial in ausreichendem Umfang zugänglich ist.

Die Beispiele und Angaben zum Bole stammen – wenn nicht anders angezeigt – aus Gimba (2000), einer Beschreibung des Verbalsystems des Pìkkà-Dialekts. Zwei weitere im Yobe-Staat gesprochene Dialekte sind Gàadàakà und Ngàrà. Gimba merkt an, dass sich das im Gombe-Staat gesprochene Bole von dem im Yobe-Staat gesprochenen unterscheide, macht aber keine näheren Angaben dazu. Weitere Informationen zum Bole wurden einzelnen Kapiteln einer online zugänglichen Bole-Grammatik von Schuh & Gimba (2004-2012), dem Bole-Englisch Wörterbuch (Schuh 2009d) sowie den Artikeln von Lukas[1] (1966, 1969, 1970/71-1971/72, 1971) entnommen.

Die Beschreibung des Verbalsystems des Karekare stützt sich auf Beispiele aus Schuh (o.J.(a) und 2010a). Hierbei handelt es sich um unkommentierte tabellarische Darstellungen von Verbalparadigmata. Darüber hinaus sind wenige Formen und Anmerkungen zum Karekare in Lukas (1970/71-71/72 und 1971) zu finden. Ergänzende Informationen, insbesondere zum Phonemsystem, stammen aus Kraft (1981). Die meisten der in vorliegender Arbeit zitierten Beispiele sind Schuh (o.J.(a)) entnommen.

Das Material über das Ngamo beschränkt sich auf einen knappen Überblick über das Verbalsystem sowie (unkommentierte) Verbalparadigmata von Schuh (o.J.(b) und 2010b), einen Artikel von Ibriszimow (2006) sowie auf eine Wortliste und Angaben zur Phonologie in Kraft (1981). Die zitierten Beispiele stammen überwiegend aus Schuh (o.J.(b)) und beziehen sich – wenn nicht anders vermerkt – nur auf den Gudi-Dialekt.

Für die im Bauchi-Gebiet gesprochenen Bole-Tangale-Sprachen (Bele, Kirfi, Gera, Geruma, Galambu) dient Schuh (1978) als Datengrundlage. Es handelt sich hierbei um zumeist innerhalb weniger Tage (oder auch

---

[1] Hierbei handelt es sich um das in Potiskum (Yobe-State) gesprochene Bole.

nur Stunden) aufgenommene grammatische Skizzen sowie kurze Wortlisten. Zusätzlich gibt es einige Angaben zur Phonologie der Sprachen. Das grammatische Material beschränkt sich auf Paradigmata zum Perfektiv, Imperfektiv sowie Subjunktiv- und Imperativformen. Konstruktionen mit Objekten sind in einem Teil der Sprachen nur für den Perfektiv angegeben. Für die übrigen TAM-Kategorien sind oftmals nur Paradigmata (oder einzelne Formen) für die (einsilbigen) Verben „gehen" und „kommen" angeführt.

Die Zusammenfassung des Verbalsystems des Kwami greift zurück auf Legers Kwami-Grammatik (1994) sowie auf seine Analyse einer Kwami-Herkunftserzählung (1991).

Zum Tangale gibt es zwei umfassendere Arbeiten, die sich mit zwei östlichen Dialekten befassen: Jungraithmayr (1991) für das Kaltungo-Tangale und Kidda (1993) für das Shongom-Tangale. Während Kiddas Hauptaugenmerk der Phonologie gilt und sie die Verbalmorphologie und Systematik des TAM-Systems nur skizziert, ist Jungraithmayrs grammatische Einleitung zu seinem Tangale-Wörterbuch etwas ausführlicher. Ein Großteil des in dieser Arbeit verwendeten Materials stammt deshalb aus Jungraithmayrs Beschreibung sowie seinem Tangale-Textband von 2002. Eine Wortliste und ein knapper Überlick über die Phoneme des Tangale finden sich in Kraft (1981).

Sämtliches hier präsentierte Material zum Kanakuru stammt aus Newmans Grammatik (1974). Die Eigenbezeichnung ist Dera, aber „the term ‚Kanakuru' has established itself as the standard designation for the group both informally throughout Nigeria and in the scientific literature abroad" (ibid.: ix). Deshalb wird auch in dieser Arbeit die Bezeichnung Kanakuru verwendet. In Kraft (1981) finden sich Phonemtabellen sowie eine kurze Wortliste.

Die Beschreibungen zum Verbalsystem des Pero stützen sich auf Frajzyngier (1989) und (1985b).

Bei dem Material zum Nyam handelt es sich um eigene, im Rahmen des von der DFG geförderten Projekts (Nyam – Dokumentation einer westtschadischen Minoritätensprache) erhobene Daten. Für eine ausführliche Darstellung der Grammatik des Nyam siehe Andreas (2012).

1.5 Formale und definitorische Konventionen

Aus Gründen der Konsistenz und besseren Lesbarkeit werden bei der Darstellung der Beispiele Hochtöne durch Akut und Tieftöne durch Gravis markiert – sofern aus der Datenquelle die Tonierung eindeutig hervorgeht. Vokallänge wird durch Doppelschreibung angezeigt. Töne wurden dann unbezeichnet gelassen, wenn der jeweilige Autor keine Tonierung vorgenommen hat, oder wenn es sich um ein tonloses Morphem oder Affix handelt, dessen Ton sich erst postlexikalisch ergibt. Glottisverschlüsse in wortanlautender Stellung vor Vokal werden – entsprechend den Orthographien der meisten Sprachen[2] – nicht geschrieben (dies gilt bspw. auch für das Kwami, obwohl Leger wortanlautende Glottisverschlüsse schreibt).

Übersetzungen sowie Interlinearisierungen von Beispielen wurden, wann immer möglich, direkt aus der jeweiligen Quelle übernommen.[3] Eigene Interlinearisierungen, Übersetzungen oder Ergänzungen sind durch Kursivschreibung gekennzeichnet. Gängige linguistische Termini aus englischsprachigen Quellen sind ins Deutsche übersetzt. War dies nicht möglich, oder wurde ein Terminus von einem Autor nicht entsprechend der allgemeinlinguistischen Literatur gebraucht, ist der vom Autor verwendete Originalbegriff beibehalten und durch Kursivschreibung gekennzeichnet (s. dazu auch 1.6.2). Wo immer dies geboten erschien, wird eine Begriffserklärung gegeben. In besonders umfangreichen Übersichtstabellen sind aus Platzgründen nur dann die Beispiele nummeriert, wenn auf sie im Text direkt Bezug genommen wird. Fehlendes Sprachmaterial wird in Tabellen durch ein Fragezeichen in der entsprechenden Zelle angezeigt. Existiert eine Form nicht, so ist dies durch ✗ oder (-/-) im entsprechenden Feld gekennzeichnet. Manchmal sind in solchen Fällen auch Felder leer gelassen oder schattiert wiedergegeben; falls notwendig, wird dies im Einzelfall erklärt.

---

[2] die sich überwiegend an der aus dem Hausa gebräuchlichen Orthographie orientieren.
[3] Die Segmentierung von Beispielen aus dem Pero wurde Frajzyngiers Beschreibung der vorkommenden grammatischen Morpheme angepasst. So wurden bspw. von ihm im Text als Affixe beschriebene Morpheme in Beispielen durch Bindestriche angehängt und nicht – wie teilweise im Original - getrennt geschrieben.

Einleitung

In Tabellen, in denen durch ✓ angezeigt wird, dass eine Sprache ein bestimmtes Merkmal oder eine Eigenschaft besitzt, ist dieses eingeklammert (✓), falls das Vorhandensein des Merkmals bzw. der Eigenschaft nur für einen Teilbereich zutrifft, bspw. nur für einen Teil der Verben.

Die einzelnen Sprachen werden in der Reihenfolge entsprechend ihrer geographischen Verbreitung von Nord nach Süd beschrieben. Da für das Bole wesentlich umfangreicheres Material vorliegt als für die (nördlicher gelegenen) Sprachen Karekare und Ngamo, bildet dennoch immer das Bole den Anfang der beschreibenden Abschnitte.

Hinsichtlich der Bezeichnung von Verbalformen dienten die Definitionen von Wolff als Grundlage (1977: 202f):

> (1) ‚Root' shall denote the unit which contains only the indispensable elements of a lexeme. For comparative Afroasiatic, the root is assumed to contain no vowels. (…)
> (2) ‚Bases' shall be all vocalized manifestations of roots, i.e. all possible shapes of roots after rules of vocalization and (optional) augmentation (…) have been applied. Vocalized roots without any modification of their radical structure are referred to as ‚simple' bases. Vocalized roots with simultaneous modifications of radical structure, i.e. augmented by consonant or vowel lengthening, segment addition, reduplication, etc., are called ‚extended' or ‚augmented' bases. (…)
> (3) ‚Stems' are word-level manifestations of bases in the sense of syntactically free forms. So-called ‚simple stems' carry no additional extension or modification; their morphological shape is identical to that of the postulated underlying base whether the latter is ‚simple' or ‚extended'. The terminological distinction between ‚base' and ‚simple stem' is merely a question of descriptive focus, so that we say that bases may ‚function' as simple stems. So-called ‚extended stems' are derived from underlying bases through affixation of further morphemes.

Für die vorliegende Arbeit sind daher fast ausschließlich Verbalbasen und -stämme von Interesse. Als verbalstammauslautender Vokal wird der Vokal bezeichnet, der vor etwaigen Suffixen dem letzten Stammkonsonanten folgt – ohne dabei zu der Frage Stellung zu beziehen, ob dieser Vokal als integraler Bestandteil des Verbalstamms zu verstehen ist oder nicht.

1.6 Ziel, Methode und Aufbau der Arbeit

In den folgenden drei Abschnitten werden Ziel, Methode sowie Aufbau der vorliegenden Arbeit umrissen.

1.6.1 Ziel der Arbeit

Ziel der Arbeit ist es, einen synchronen Vergleich der Verbalmorphologie ausgewählter Bole-Tangale-Sprachen sowie ihrer Verbalsysteme vor dem Hintergrund gängiger tschadistischer Interpretationsmodelle und Rekonstruktionen zu geben. Den Schwerpunkt der Betrachtung stellt dabei der Vergleich der TAM-Morphologie sowie der Systematik der TAM-Systeme dar. Während das Hauptaugenmerk der Arbeit auf deskriptiver – und damit synchroner – Ebene bleibt, wird, wann immer dies geboten und möglich erschien, auch eine diachrone Sichtweise mit einbezogen, um synchrone Phänomene besser erklären zu können. Hintergrund dafür ist die Annahme, dass sich Sprachen in einem konstanten Prozess der Veränderung befinden: „crosslinguistically and within a given language, we can expect to find grammatical material at different stages of development" (Bybee, Perkis & Pagliuca 1994: 1).

1.6.2 Methode

Für den deskriptiven Teil der Arbeit bildet Dixons (2010: 3) „basic linguistic theory" den theoretischen Hintergrund:

> (...) the basic linguistic theory (...) has its origins in the pioneering work of Sanskrit and Greek grammarians between 3,000 and 2,000 years ago. It is being continually enhanced through descriptions of new languages, each revision making it able to characterize a little more fully the essential nature of language as a cultural trait of human beings. (...) The term Basic Linguistic Theory has recently come into use for the fundamental theoretical concepts that underlie all work in language description and change, and the postulation of general properties of human languages.

In der Tschadistik wird vor allem der Aspektbegriff in besonderer Weise gebraucht, wobei hierfür eine hierarchische Analyse der tschadischen TAM-Systeme den Ausgangspunkt bildet. Für die Analyse der TAM-Systeme der in dieser Arbeit betrachteten Sprachen wurde kein hierarchisches Aspektmodell vorausgesetzt. Dies ist u.a. Gegenstand von

4.3, jedoch werden zum besseren Verständnis schon hier kurz die wichtigsten Termini erläutert.

Während in der Tschadistik Perfektiv und Imperfektiv häufig mit „abgeschlossen" resp. „unabgeschlossen" gleichgesetzt werden (Leger 1994: 229), erfolgt der Sprachvergleich in dieser Arbeit vor dem Hintergrund folgender Definitionen: „Perfectivity indicates the view of a situation as a single whole, without distinction of the various separate phases that make up that situation" (Comrie 1976: 16). Imperfektiv hingegen bezieht Stellung zur „internal temporal structure of a situation, viewing a situation from within" (ibid.: 24): „An imperfective situation may be one viewed as in progress at a particular reference point, either in the past or present, or one viewed as characteristic of a period of time that includes the reference time, that is a habitual situation" (Bybee, Perkins & Pagliuca 1994: 125f). Im Gegensatz zum Aspekt bezeichnet Tempus bzw. „tense" den Zeitbezug einer Verbalhandlung (absolut oder relativ) aus Sicht des Sprechers.

Vergleichend sei dazu Jungraithmayrs (1978: 389) Vorschlag zur Nomenklatur tschadischer TAM-Systeme angeführt:

> ‚Tense' will continue to denote any verbal paradigmatic set (as described above), ‚aspect', however, shall be reserved for the basic binary distinction between ‚perfective' and ‚imperfective'. For instance, conjugational forms like ‚Perfect', ‚Aorist', ‚Narrative' are tenses based on the perfective aspect (stem), whereas ‚Progressive', ‚Future', ‚Habitual' generally belong to the imperfective aspect base.

Hier wird u.a. deutlich, dass die Verwendung[4] des Terminus Perfect/ Perfekt für ein Konjugationsparadigma innerhalb des perfektiven Aspekts nicht impliziert, dass es sich um ein Perfekt in Comries Sinne handelt (Comrie 1976: 52): „the perfect indicates the continuing present relevance of a past situation". Auf weitere für die Arbeit relevante Unterschiede bei der Bezeichnung von TAM-Kategorien wird jeweils an entsprechender Stelle hingewiesen.

Was den erklärenden Teil der Arbeit angeht, bilden die Grundannahmen des Grammatikalisierungsmodells, wie sie beispielsweise in Heine & Reh (1984) und Bybee, Perkins & Pagliuca (1994) dargelegt sind,

---

[4] wie beispielsweise auch Wolff (1979: 7) vorschlägt.

den theoretischen Hintergrund. Heine & Reh (ibid.: 15) definieren Grammatikalisierung folgendermaßen: „With the term ‚grammaticalization' we refer essentially to an evolution whereby linguistic units lose in semantic complexity, pragmatic significance, syntactic freedom, and phonetic substance, respectively." Bybee, Perkins & Pagliuca (1994: 9) haben ferner festgestellt, dass „the actual meaning of the construction that enters into grammaticization uniquely determines the path that grammaticization follows and, consequently, the resulting grammatical meanings." Hierbei handelt es sich um unidirektionale Entwicklungen, was dazu führt, dass sich sprachübergreifend ähnliche Grammatikalisierungspfade identifizieren lassen.

Wenngleich das vorliegende Datenmaterial in den wenigsten Fällen ausreicht, um fundierte Aussagen zur Herkunft grammatischer Morpheme zu machen, ist es vor dem Hintergrund der dargestellten theoretischen Grundannahmen zuweilen doch möglich, aus der Struktur und/ oder Semantik synchroner Konstruktionen Rückschlüsse über ihre Entwicklung zu ziehen.

1.6.3 Aufbau der Arbeit

Gegenstand des Hauptteils der Arbeit bildet die Analyse der Pronominalsysteme sowie der Morphologie des Verbalkomplexes, die sich untergliedert in Verbalklassen (4.1), Transitivität (4.2), Tempus/Aspekt/ Modus (TAM, 4.3) und Verbalderivation (4.4). Der Aufbau der einzelnen Unterkapitel gestaltet sich wie folgt: Zunächst wird in einem einleitenden Abschnitt ein Überblick über die relevante Literatur zu dem jeweiligen Thema gegeben. Im zweiten Teil wird das betreffende Phänomen in den einzelnen Sprachen zusammengefasst dargestellt, wobei versucht wird, sowohl das Material möglichst präzise darzustellen, als auch die Analyse des jeweiligen Autors deutlich werden zu lassen. Im nächsten Schritt werden mögliche Interpretationen und eigene Analysen dargestellt.

Im vergleichenden und interpretativen Abschnitt werden zunächst die vorgefundenen Formen miteinander verglichen, wobei trotz der grundsätzlich synchronen Perspektive immer dann, wenn dies möglich war, auch eine diachrone Betrachtung mit einbezogen wurde, um bestimmte Zusammenhänge besser erklären bzw. erkennen zu können. Zum Abschluss werden die Ergebnisse kurz zusammengefasst.

Im Schlusskapitel werden ein Resümee aus den Ergebnissen der Arbeit gezogen und mögliche Perspektiven für vergleichende Studien aufgezeigt sowie offene Fragen angesprochen.

2 Allgemeine Charakteristika der Bole-Tangale-Sprachen

In diesem Kapitel werden linguistische Eigenschaften der Bole-Tangale-Sprachen dargestellt, die nicht Gegenstand der Arbeit sind, aber für ihr Verständnis vorausgesetzt werden müssen. Hierbei werden die Grundzüge der Phonologie, Tonologie, Morphologie und Syntax der Sprachen umrissen sowie spezifische Charakteristika erwähnt.

Im Anschluss an die Darstellung der für alle Sprachen zutreffenden Merkmale werden in den einzelnen Abschnitten jeweils auch eventuelle Abweichungen bzw. nur in einzelnen Sprachen vorkommende zusätzliche linguistische Elemente beschrieben.

2.1 Phoneminventare

In diesem Abschnitt werden die Konsonanten- und Vokalphoneminventare der in den Vergleich einbezogenen Sprachen dargestellt. Die Phonemtabellen zeigen die von den jeweiligen Autoren verwendeten orthographischen Zeichen.

2.1.1 Konsonanten

Das Konsonantensystem des Bole enthält fast exakt die Konsonantenphoneme, die allen Bole-Tangale-Sprachen gemeinsam sind. Wie die meisten tschadischen Sprachen hat das Bole jeweils eine labiale und eine alveolare Serie glottalisierter Konsonanten einschließlich **ʔy**. Außerdem gibt es eine Reihe pränasalierter Plosive, die nur wortlautend als phonologische Einheit aufzufassen sind. Der fehlende phonemische Kontrast zwischen **p** und **f** ist eine Eigenart der meisten hier in die Betrachtung einbezogenen Bole-Tangale-Sprachen – beide Laute stehen häufig in freier Variation. In der Orthographie wird im Bole nur **p** benutzt. Problematisch ist der Kontrast zwischen den nicht glottalisierten alveolaren Obstruenten **t, d, s, z** und ihren alveopalatalen Gegenstücken **c, j, sh**, die, obwohl unzweifelhaft phonemisch, häufig auch in freier Variation auftreten können. Anders als den meisten anderen Bole-Tangale-Sprachen fehlen dem Bole labialisierte Plosive. Tabelle 2 stützt sich auf Schuh & Gimba (2004-2012 [Segmental Phonology: 1]).

Tabelle 2: Bole, Konsonanten

		lab	alv	(alv)-pal	vel	lab-vel	glott
Obstruenten							
Plosive	stl	p	t	c	k		(ʔ)
	sth	b	d	j	g		
	glott	ɓ	ɗ	ʔy			
Frikative	stl		s	sh			(h)
	sth		z				
Sonoranten							
Nasale	kont	m	n	ny	ŋ		
	plos	mb	nd	nj	ng		
	frik		nz				
Liquide			l				
			r				
Approximanten				y		w	

Eine Besonderheit der stimmhaften, nicht glottalisierten Obstruenten im Bole besteht in ihrer Tonimpermeabilität, d.h. durch sie wird der Ablauf bestimmter tonologischer Prozesse unterbunden, s. dazu 2.2.2. Ein weiteres Charakteristikum des Bole stellt das gehäufte Vorkommen geminierter Konsonanten dar.

Schuh gibt in seinen Arbeiten zum Karekare keine vollständige Übersicht der Konsonantenphoneme. Der Einleitung des Karekare-Wörterbuchs (Schuh 2009a) ist zu entnehmen, dass das Karekare zusätzlich zu den im Bole vorkommenden Konsonantenphonemen die Lateralfrikative **tl** und **dl** und den stimmhaften Frikativ **zh** kennt sowie (allophonische) nasal gelöste Plosive, die Schuh orthographisch als **hn** wiedergibt. Das Karekare ist die einzige der Bole-Tangale-Sprachen, die zwei **r**-Phoneme unterscheidet (gerollt und retroflex bzw. tap/flap, s. dazu auch 1.2). In Tabelle 3 ist das „tentative phonemic inventory" aus Kraft (1981: 59) wiedergegeben, ergänzt um die Phoneme, die Schuh verschiedentlich erwähnt.

Allgemeine Charakteristika der Bole-Tangale-Sprachen

Tabelle 3: Karekare, Konsonanten

		lab	alv	retro-flex	(alv)-pal	vel	lab-vel	glott
Obstruenten								
Plosive	stl		t		c	k	(kw)	ʔ
	sth	b	d		j	g	(gw)	
	glott	ɓ	ɗ		ʔy		ʔw	
Frikative	stl	f	s		sh			(h)
	sth		z		zh			
Lateral-	stl		tl					
Frikative	sth		dl					
Sonoranten								
Nasale	kont		m	n		ny		
	plos	mb⁵	nd			nj	ng	
	frik		nz					
Liquide			l					
			r	ɽ				
Approximanten						y	w	

Auch für das Ngamo sind Schuhs Angaben zum Phonemsystem auf die Einleitung des Ngamo-Wörterbuchs (Schuh 2009b) beschränkt. Es gibt nur wenige Unterschiede gegenüber dem Konsonantensystem des Bole. Tabelle 4 zeigt das „tentative phonemic inventory" aus Kraft (1981: 90).

Tabelle 4: Ngamo, Konsonanten

		lab	alv	(alv)-pal	vel	lab-vel	glott
Obstruenten							
Plosive	stl		t		k		ʔ
	sth	b	d	j	g		
	glott	ɓ	ɗ	ʔy		ʔw	
Frikative	stl	f	s	sh			
	sth		z				

---

[5] Kraft führt alle pränasalierten Konsonanten in Klammern auf. Da sie in Schuh (2009a) aber sämtlich auch im Wortanlaut erscheinen, sind hier die Klammern weggelassen worden.

		lab	alv	(alv)-pal	vel	lab-vel	glott
Sonoranten							
Nasale	kont		m	n	ny	ŋ	
	plos		mb	nd		ng	
				nɗ			
	frik			nz			
Liquide				l			
				r			
Approximanten					y		w

Für die Sprachen des Bauchi-Gebiets führt Schuh (1978: 8) ein generalisiertes Phonemsystem an, das gegenüber dem des Bole um die labialisierten Konsonanten **kw, gw, ngw** und **ʔw** sowie **nz** erweitert ist.

Tabelle 5: Sprachen des Bauchi-Gebiets, Konsonanten

		lab	alv	(alv)-pal	vel	lab-vel	glott
Obstruenten							
Plosive	stl	(p)	t	c	k	kw	(ʔ)
	sth	b	d	j	g	gw	
	glott	ɓ	ɗ	ʔy		ʔw	
Frikative	stl	f	s	sh			(h)
	sth		z				
Sonoranten							
Nasale	kont		m	n	ny	(ŋ)	
	plos		mb	nd	nj	ng	ngw
	frik			nz			
Liquide				l			
				r			
Approximanten					y		w

Schuh weist ferner auf folgende, vor allem regelmäßige Lautentwicklungen betreffende Eigenheiten einzelner Sprachen hin:

Im Bele hat ein regelmäßiger Lautwechsel von *s, *z > **h** stattgefunden.

Im Kirfi gibt es – ähnlich wie im Bole – zahlreiche geminierte Konsonanten. Intervokalisch auftretendes ɣ ist in manchen Fällen als abgeschwächter Velar, z.T. auch als intrusiv aufzufassen, um einen vormals langen Vokal – wie Schuh vermutet – in zwei kürzere zu unterteilen. Darüber hinaus gibt es auch zahlreiche Wörter mit lexikalischem langen Vokal.

Im Galambu hatte eine Reihe von regelmäßigen Lautentwicklungen zur Folge, dass es keine medialen stimmlosen oder glottalisierten Konsonanten gibt:

*f/p > b
*b, ɓ > Ø
*t > z
*d, ɗ > ry
*k > g

Im Gera führte ein regelmäßiger Lautwechsel dazu, dass intervokalische labiale und alveolare Plosive glottalisiert wurden. Schuh nimmt an, dass synchron vorkommende intervokalische labiale und alveolare Plosive auf ursprüngliche Geminaten zurückzuführen sind. Außerdem wurde anlautendes *a zu ha.

Im Kwami fehlen gegenüber dem Phonemsystem des Bole nj, ʔy, ny und ŋ. Zusätzlich weist es die labialisierten Plosive kw, gw und ngw auf. Alle Wörter lauten konsonantisch an. Abweichend von Legers Orthographie ist in der vorliegenden Arbeit anlautender Glottisverschluss vor Vokal nicht dargestellt. Pränasalierte Plosive sind – anders als im Bole – auch inlautend als monophonematisch zu interpretieren. In Tabelle 6 sind die von Leger (1994: 22) aufgeführten Konsonantenphoneme angegeben.

Tabelle 6: Kwami, Konsonanten

		lab	alv	(alv)-pal	vel	lab-vel	glott
Obstruenten							
Plosive	stl	p	t	c[6]	k	kw	ʔ
	sth	b	d	j	g	gw	
	glott	ɓ	ɗ				
Frikative	stl	f[7]	s	sh			h
	sth		z				
Sonoranten							
Nasale	kont	m	n				
	plos	mb	nd		ng	ngw	
Liquide			l				
			r				

Das von Jungraithmayr beschriebene Kaltungo-Tangale weist zusätzlich zum Bole die folgenden labialisierten Plosive auf (Jungraithmayr 1991: 20): **bw, dw, tw, gw** und **kw**. Das Konsonantensystem des Shongom-Tangale ist noch etwas umfangreicher und Kidda (1993: 13) führt noch **ɓw, ɗw, zh,** sowie **shw** und **zhw** an – in ihrer Darstellung spricht sie allerdings ausdrücklich nicht von Phonemen sondern von „phones". In folgender Tabelle sind solche Konsonanten, die nur Kidda aufführt und deren phonemischer Status nicht gesichert ist, durch Kursivschreibung gekennzeichnet.

---

[6] Leger bezeichnet **c** und **j** als Affrikaten.
[7] Es handelt sich hier um ein labiodentales **f**.

Allgemeine Charakteristika der Bole-Tangale-Sprachen

Tabelle 7: Tangale, Konsonanten

		lab	alv	(alv)-pal	vel	glott
Obstruenten						
Plosive	stl	p	t		k	ʔ
	sth	b	d	j	g	
	pränas	mb	nd	nj	(ng)	
	glott	ɓ	ɗ			
	lab	bw	dw		gw	
		ɓw	ɗw			
			tw		kw	
Frikative	stl		s	sh		
	sth		z	zh		
	lab		sw	shw		
				zhw		
Sonoranten						
Nasale		m	n	ny	ŋ	
				nj		
Liquide			l			
			r			
	lab		rw			
Approximanten		w		y		
	lab			yw		

Im Konsonantensystem des Kanakuru fehlen gegenüber dem Bole der Glottisverschluss sowie **c** und **ʔy**. Ein nicht konditionierter historischer Wechsel *S[8] > y hat dazu geführt, dass das Kanakuru keine Frikative besitzt (Newman 1970: 47). Hinsichtlich des Status von **sh** erläutert Newman (1974: 2): „Though phonetically a fricative, *sh* structurally fills the *c* slot in the voiceless stop series. There is no stop/fricative contrast in Kanakuru." In Tabelle 8 ist **sh** deshalb in der Position des palatalen Plosivs aufgeführt. Eine Besonderheit des Kanakuru stellt die intervokalische Abschwächung nicht-nasaler Obstruenten (*T > r, *K > γ, *P[9] > w)

---

[8] *S repräsentiert die Sibilanten *s und *z.
[9] wobei *T die Plosive *t, *d und *ɗ repräsentiert und *P stellvertretend für *p, *b und *ɓ steht.

dar. Die pränasalierten Plosive sind in allen Umgebungen als Monophoneme zu analysieren.

Tabelle 8: Kanakuru, Konsonanten

		lab	alv	(alv)-pal	vel
Obstruenten					
Plosive	stl	p	t	sh	k
	sth	b	d	j	g
	pränas	mb	nd	nj	ŋg
	glott	ɓ[10]	ɗ		
	lab	ɓw	dw	shw	kw
			ɗw		gw
					ŋgw
Sonoranten					
Nasale		m	n	ny	ŋ
Liquide			l		
			(dl)		
			r		
Approximanten		w		y	h[11]

Frajzyngier (1989: 10f) unterscheidet bei seiner Darstellung der Konsonanten des Pero zwischen „underlying consonants and glides" und „phonetic consonants and glides", die er in zwei Merkmalsmatrizes darstellt. Da Frajzyngiers Orthographie des Pero sich nicht auf die von ihm als „underlying" bezeichneten Konsonanten beschränkt, werden – sofern ihr Vorkommen in Beispielen belegt ist – im hier angegebenen Konsonantensystem auch Konsonanten berücksichtigt, die Frajzyngier nur als „phonetic consonants und glides" beschreibt. Um diese Konsonanten kenntlich zu machen, sind sie in Tabelle 9 kursiv gedruckt. Gegenüber dem Konsonantensystem des Bole ist das des Pero um **h, ʔy, s, z** und die Reihe der pränasalierten Konsonanten reduziert. Zusätzlich zum Bole zeigt das Pero die (von Frajzyngier allerdings nur unter den „phonetischen" Konsonaten aufgeführten) Labiovelare **kp** und **gb**.

---

[10] Newman (1974: 2): „Note that the glottalized stops are [-vd]."
[11] Newman (1974: 2): „h is phonetically a voiced velar fricative, IPA ɣ. The friction is very lightly pronounced. Between identical vowels h is essentially lost, e.g. *sháhà* → [*sháá*] ‚war', *díhí* → [*dííl*] ‚hoe'".

Allgemeine Charakteristika der Bole-Tangale-Sprachen 49

Tabelle 9: Pero, Konsonanten

		lab	alv	(alv)-pal	vel	lab-vel
Obstruenten						
Plosive	stl	p	t	c	k	*kp*
	sth	b	d	j	g	*gb*
	glott	ɓ	ɗ			
Frikative	stl	*f*		*sh*		
	sth	v				
Sonoranten						
Nasale		m	n		ŋ	
Lateral			l			
Vibrant			r			
Approximanten		w		y		

Das umfangreichste Konsonantensystem aller untersuchten Sprachen findet sich im Nyam (Andreas 2012: 16). Während ihm gegenüber dem Bole ʔy und zh sowie der phonemische Kontrast zwischen s und sh fehlen, zeigt es zusätzlich die labialiserten Velare **kw, gw, ngw** und **hw** sowie die Labiovelare **kp** und **gb**. Außer den auch im Bole und einigen anderen Bole-Tangale-Sprachen vorkommenden pränasalierten „einfachen" Plosiven gibt es auch die pränasalierten Varianten **mɓ** und **nɗ** der glottalisierten Plosive – allerdings sollte hier nicht unerwähnt bleiben, dass diese, wie auch **ngw**, **ngb** und **mw** möglicherweise ausschließlich in verbonominalen Formen auftreten und ihr Phonemstatus nicht zweifelsfrei belegt ist. Auch **gw** und **hw** sind nur mit wenigen Lexemen belegt. Im Bereich des stimmlosen Velars sind – zumindest vor **a** – drei Phoneme zu unterscheiden, „einfaches", aspiriertes und palatalisiertes **k**, orthographisch als **k, kh** bzw. **ky** wiedergegeben.

Tabelle 10: Nyam, Konsonanten

		lab	alv	(alv)-pal	vel	lab-vel	glott
Obstruenten							
Plosive	stl	p	t	c	k kh	kp	ʔ
	sth	b	d	j	g	gb	
	glott	ɓ	ɗ				
	pränas	mb mɓ	nd nɗ	nj	ng	ngb	
	palat		dy		ky		
	lab				kw gw ngw		
Frikative	stl		s				h
	sth		z				
	pränas		nz				
	lab						hw
Sonoranten							
Nasale		m	n	ny	ŋ		
Liquide			l r				
Approximanten				y		w	
	pränas					mw	

2.1.2 Vokale

Die überwiegende Mehrzahl der hier betrachteten Bole-Tangale-Sprachen besitzt ein Fünf-Vokal-System mit phonemischem Längenkontrast aller Vokale[12].

Tabelle 11: Bole-Tangale-Sprachen, Vokale

i/ii				u/uu
	e/ee		o/oo	
		a/aa		

---

[12] Gesamttschadisch betrachtet ist dies für **e** und **o** ungewöhnlich.

Schuh (1978: 9) führt für die im Bauchi-Gebiet gesprochenen Sprachen in Klammern auch ə an, zu dem er Folgendes anmerkt: „Frequently I have written ə (phonetically [ɨ]) in my notes. Further study would probably allow ə to be analyzed as either *i* or *u* (or in some cases even *a* since some of these languages have a vowel reduction process)."

Newman (1974: 9) beschreibt für das Kanakuru zusätzlich zu den oben angeführten Vokalen ə, das allerdings keinen Längenkontrast zeigt.

Abweichend von allen anderen Sprachen der Bole-Tangale-Gruppe hat das Tangale neun Vokale (Jungraithmayr 1991: 25), die einem System von Vokalharmonie unterliegen. Von allen Vokalen gibt es eine +ATR und eine -ATR-Variante. Vokale in Affixen gleichen sich hinsichtlich ihrer ATR-Eigenschaft immer dem oder den Vokalen der jeweiligen Basis an, an die sie affigiert werden. a verhält sich insofern neutral, als es sowohl in +ATR als auch -ATR-Umgebung vorkommt.

Tabelle 12: Tangale, Vokale

+ATR	i	e		o	u
-ATR	ɪ	ɛ	a	ɔ	ʊ

Zur Darstellung der -ATR-Vokale werden in dieser Arbeit – anders als in Jungraithmayrs Beschreibung – die Zeichen des IPA verwendet.

Eine weitere Besonderheit des Tangale ist die Apokopierung (Jungraithmayr 1991: 26): „All verb and most nominal stems ending in a vowel lose the latter when any kind of complement, i.e. object or genitival noun, qualifying noun or suffixes are added."

Das Nyam zeigt das zusätzliche Phonem ɔ (Andreas 2012: 8).

2.2 Ton

In diesem Abschnitt wird ein Überblick über die Toneminventare und, falls möglich, Tonsysteme der Bole-Tangale-Sprachen gegeben. In einigen Sprachen werden morphotonologische Prozesse, die von Relevanz für die weitere Arbeit sind, kurz beschrieben.

2.2.1 Toneminventare und Tonsysteme

Alle der hier beschriebenen Sprachen zeigen zwei Registertöne: Hoch (H) und Tief (T). Es kommen fallende (F) und steigende Töne vor, die häufig als Kombinationen von H-T bzw. T-H aufgefasst werden können, zuweilen aber auch als lexikalisch zu betrachten sind.

Im Bole (Schuh & Gimba 2004-2012 [Tones]) werden Fall- und Steigtöne als Kombinationen von H-T bzw. T-H auf einer Silbe aufgefasst. Im Pìkkà-Dialekt gibt es eine Anzahl von Wörtern, die in wortfinaler offener Silbe auf einen „variablen", d.h. kontextabhängigen Ton auslauten: T vor Pausa, ansonsten H.

Hinsichtlich ihres Tonmusters lassen sich Lexeme im Bole generell in zwei Klassen einteilen: Bei den meisten Wörtern sind die Töne ein autonomer Teil ihres phonologischen Aufbaus, nicht aufgrund morphologischer Charakteristika vorhersagbar und somit als lexikalisch zu betrachten. Bei fast allen Verben und bestimmten Untergruppen anderer Wortklassen hingegen ist der Ton wesentlicher Bestandteil der Morphologie, d.h. er ist durch die Morphosyntax spezifiziert und durch die lexikalische Kategorie und/oder den morphologischen Aufbau festgelegt. Bei Verben bedeutet dies, dass das Tonmuster vollständig ableitbar ist, wenn Verbalklasse, TAM, Pronominalklitika und Erweiterungen bekannt sind. Schuh führt dies folgendermaßen aus (ibid.: 2):

> In some cases, the tone patterns are actually templates that apply to a stem that comprises more than one morpheme. (...) Some suffixes are incorporated into this template, some are not. Thus, the Ø object suffix -*yi* and direct object pronouns (...) are not part of the LH template, so the verb stem *ngòra* alone bears the LH template. Indirect object pronouns (...) and the totality suffix -*ti* do comprise part of the template, so the verb stem *ngòrà-* is assigned L and the suffix bears the H of the LH template. Note that the only difference between direct and indirect object in this case is tonal. The indirect object pronoun gets its tone as part of the LH template, the direct object has independent tonal properties that assign it L after H.

Nach Schuh (2009a) gibt es im Karekare Fall- und Steigtöne. Darüber, wie diese zu analysieren sind, kann keine Aussage gemacht werden.

Im Ngamo-Gudi hat eine charakteristische Tonverschiebung nach rechts stattgefunden, die Schuh (2009c) als „Great Ngamo Tone Shift" (GNTS) bezeichnet. Diese hat dazu geführt, dass Töne um eine „tone bearing unit" (tbu) nach rechts verschoben wurden, wobei die erste – nach der Verschiebung tonlose – tbu dann mit einem Tiefton belegt wurde. So entstanden Schwebetöne, die sich an folgende Elemente anbinden. Fall- und Steigtöne im Ngamo sind als Kombinationen von H-T bzw. T-H zu analysieren (ibid.: 2, FN2).

Fall- und Steigtöne sind in den Sprachen des Bauchi-Gebiets als Kombinationen von H-T bzw. T-H zu verstehen. Hin und wieder auftretender „downstep" geht, Schuh (1978) zufolge, in allen Fällen auf eine kontrahierte H-T-H Sequenz zurück und wird durch ein Makron (bspw. ā) gekennzeichnet.

Die im Kwami vorkommenden fallenden und steigenden Töne sind – laut Leger (1994: 80) – nur selten als Zusammensetzungen aus H-T bzw. T-H zur erklären. Steigtöne sind rar und kommen fast nur in einsilbigen Wörtern vor. Ton hat sowohl lexikalische als auch grammatische Funktion, im Verbalsystem unterscheidet er bspw. unter bestimmten Umständen den Subjunktiv vom Narrativ.

Im Tangale sind Töne auf lexikalischer und grammatischer Ebene relevant. Als Beispiel für die grammatische Funktion von Ton führt Jungraithmayr die Bildung von Verbalnomina durch eine Tonveränderung von T zu H an. Statistisch überwiegt der Tiefton bei Weitem, laut Jungraithmayr (1991: 27) sind über 80% aller Silben tieftonig.

Im Kanakuru (Newman 1974: 13) werden Falltöne als Sequenz von H und T aufgefasst, aufeinanderfolgendes T und H wird zu T vereinfacht. Es gibt nur wenige kanonische Tonmuster, beispielsweise treten Nomina, Adjektive und Adverbien nur mit den Tonmustern H(H...)H oder H(H...)T auf und grammatische Morpheme sind durchgehend tieftonig. Bei einer großen Gruppe von Verben ist das Tonmuster aufgrund ihres Konsonantengerüsts vollständig vorhersagbar: Verben, die mit einem stimmhaften Plosiv anlauten, haben ausnahmslos das Tonmuster H(H...)T. Verben, die mit einem stimmlosen Plosiv beginnen, haben zumeist das Tonmuster T(T...)H. Das Tonmuster von Verben, die mit einem Sonorant oder Vokal anlauten, ist nicht vorhersagbar. Innerhalb des TAM-Systems interagieren inhärente Tonmuster der Verben mit den VTP (d.h. TAM-bedingte Tonmuster). Newman hat nicht alle seine Beispiele toniert, zum Teil fehlt die Tonierung gänzlich und gelegentlich ist sie nur abschnittsweise vorhanden[13]. In den Ausführungen zum Kana-

---

[13] Hiermit sind nicht mehrsilbige Verbalformen gemeint, deren Tonmuster ableitbar ist.

kuru wurden in dieser Arbeit die Tonierungen unverändert von Newman übernommen.

Im Pero sind Fall- bzw. Steigtöne als Kombinationen von H-T bzw. T-H zu verstehen. Hinsichtlich des phonologischen Status des Tons führt Frajzyngier Folgendes aus (1989: 64): „There is no grammatical information that is carried solely by a change of tone. For many classes of morphemes the tonal structure is predictable from the information about the syllabic structure and the grammatical class of a morpheme." Und: „It [i.e. tone] is not redundant for the simple reason that for some classes it cannot be predicted. It is not distinctive for there is no lexical or grammatical information carried uniquely by tone." Sowie, schlussfolgernd (ibid.: 69): „The phonological function of the tonal system in Pero is much more similar to the system of stress, as we know it, from many languages around the world, rather than to the tonal systems."

Fall- und Steigtöne sind im Nyam in fast allen Fällen als Kombinationen aus H-T bzw. T-H zu analysieren. Solchermaßen entstandene Konturtöne können nur auf langen Vokalen bzw. zwei aufeinanderfolgenden Vokalen realisiert werden. Ton hat grammatische und lexikalische Funktion, wenngleich er in einem Teil des Verbalsystems weitgehend morphosyntaktisch determiniert ist (s. 4.3.2.13.1). Im Nyam kann jedes Wort nur einen Hochton tragen, dessen Positionierung zumindest teilweise von der Silbenstruktur des jeweiligen Wortes (oder der Konstruktion) abhängt – solchermaßen eingeschränkte Tonsysteme werden in der Literatur mitunter als „pitch-accent"-Systeme beschrieben.[14]

2.2.2 Morphotonologie

Sowohl im Bole als auch im Kwami sind morphotonologische Prozesse belegt, deren Auswirkungen insbesondere im Verbalsystem zu beobachten sind.

Im Bole (Schuh & Gimba 2004-2012 [Tone]) handelt sich dabei um „Preclitic Lowering" (PCL) und „Low Tone Raising" (LTR).

---

[14] S. dazu aber Hyman (2009: 213): „alleged ‚pitch-accent' systems freely pick-and-choose properties from the tone and stress prototypes, producing mixed, ambiguous, and sometimes analytically indeterminate systems which appear to be ‚intermediate'. There thus is no pitch-accent prototype, nor can prosodic systems be treated as a continuum placed along a single linear dimension."

Durch LTR wird der Ton einer Silbe über eine Wortgrenze hinweg durch den Ton der vorangehenden Silbe verändert: Ein T, der einem H folgt, wird erhöht, wenn die beiden Silben durch eine Wortgrenze voneinander getrennt sind und die tieftonige Silbe nicht mit einem stimmhaften (nicht glottalisierten) Obstruenten anlautet. Der durch LTR erhöhte Tiefton hinterlässt dabei keine Spur. PCL verändert HH zu HT, wenn dieser Tonfolge ein Klitikon folgt, gleich welchen Tons. Auch Klitika, denen ein weiteres Klitikon folgt, sind von PCL betroffen.

Auch im Kwami verändern sich Töne in einigen Verbalkonstruktionen in bestimmten Kontexten umgebungsbedingt (Leger 1994: 88f): Die regelmäßige Bildung des Subjunktivs besteht aus der tieftonigen Verbalbasis, der das hochtonige vokalische Suffix -í bzw. -é folgt. Geht einer solchen Form ein Hochton voran, so gleicht sich die Verbalbasis diesem tonal an. Zweisilbige Verbalformen im *Perfekt* Singular mit dem regelmäßigen Tonmuster TH erhöhen ihren anlautenden Tiefton, wenn diesem ein Hochton vorangeht. Verkürzte Pluralformen im *Perfekt*[15] richten ihren Auslautton kontrastiv zum anlautenden des nachfolgenden Objekts aus.

2.3 Silbenstrukturen

Hinsichtlich der Silbenstruktur lässt sich zu den Sprachen, für die zu diesem Thema Material vorliegt, verallgemeinernd sagen, dass offene Silben mit langem oder kurzem Vokal vorkommen, geschlossene meist nur mit kurzem Vokal. Eine Ausnahme bildet hier das Tangale, das auch in geschlossener Silbe das Vorkommen langer Vokale gestattet (Kidda 1993: 39). Im Pero ist dies nur dann möglich, wenn die Silbe auf einen Sonoranten auslautet (Frajzyngier 1989: 5). In vielen der Sprachen müssen alle Silben konsonantisch anlauten; ist dies nicht der Fall, sind bestimmte Restriktionen hinsichtlich der Vokale feststellbar, die im Anlaut auftreten können. So erlaubt beispielsweise das Kanakuru, das keinen Glottisverschluss besitzt, nur **a** im Anlaut (Newman 1974: 9).

---

[15] S. dazu 4.3.2.9.1.

2.4 Genus- und Pluralsysteme

Im vorliegenden Kapitel sollen sowohl die Genussysteme als auch nominale und verbale Plurale in den betrachteten Bole-Tangale-Sprachen kurz dargestellt werden.

Alle betrachteten Bole-Tangale-Sprachen unterscheiden Sexus, und bei den meisten sind darüber hinaus zumindest Reste eines voll entwickelten Genussystems erkennbar. Die Sprachen, deren Genussystem sich im Abbau befindet, unterscheiden sich voneinander u.a. dahingehend, welches der beiden Genera generalisierend für solche Nomina angenommen wird, die kein natürliches Geschlecht besitzen. Bei einer ganzen Anzahl von Sprachen handelt es sich hierbei um das Femininum – was Schuh (2005b: 12) für ein Merkmal des Yobe-Sprachbunds hält.

Auch der Umfang der Pluralbildung ist in den Sprachen unterschiedlich weit reduziert. So zeigen einige Sprachen eine produktive nominale Pluralbildung, während bei anderen nur noch wenige Nomina entsprechende Pluralformen haben.

Bei einem Teil der Sprachen wird am Perfektivstamm Kongruenz mit Genus und Numerus des Subjekts markiert – dies wird in 4.3 in den jeweiligen Perfektivkapiteln beschrieben.

Viele der betrachteten Sprachen zeigen Pluraktionalisformen – (optionale) Bildungen, die zumeist Pluralität des Subjekts (bei intransitiven Verben), des Objekts (bei transitiven) oder der Handlung anzeigen.

Tabelle 13 fasst zusammen, welche Sprachen die angesprochenen Phänomene zeigen. Der erste Tabellenabschnitt gibt einen Überblick über das Genussystem: In der ersten Zeile ist aufgeführt, wie die Genusverteilung bei Nomina ohne natürliches Geschlecht aussieht, das heißt, ob beide Genera etwa gleichmäßig verteilt sind oder eines überwiegt bzw. generalisiert wird. In den nächsten Zeilen ist angegeben, an welchen Elementen sich Genuskongruenz zeigt (d.h. an den Demonstrativa, Pronomina und am Genitivelement). Im folgenden Tabellenabschnitt ist ggf. angezeigt, dass in der betreffenden Sprache eine produktive nominale Pluralbildung existiert. An nächster Stelle befinden sich Angaben dazu, ob der Verbalstamm im Perfektiv mit Genus und/oder Numerus kongruiert. Alle Sprachen, zu denen ausreichend Material vorliegt, um dies beurteilen zu können, zeigen Pluraktionalisformen, dies ist in der letzten Tabellenzeile aufgetragen.

Tabelle 13: Übersicht Genus und Plural

	Bo	Ka	Nga	Be	Ki	Ga	Gera	Geru	Kwa	Ta	Kana	Pe	Nya
N	m	?	m/f	?	?	(m)	?[16]	?	m/f	f	m	(f)	f
Dem	✓		✓	?	?	?	?	?	✓	?	✓		
Pron	✓	✓	✓	?	?	?	?	?	✓	?	✓	✓	✓
Gen		✓	✓	?	?	?	?	?		?			
Plural	(✓)	(✓)	(✓)	✓	✓	✓	✓	✓	✓		✓		
Pfv- f	✓			✓									
St Pl	✓	✓	✓	✓	✓		✓	✓	✓				
Plurakt	✓	?	?	?	?	?	?	?	✓	✓	✓	✓	✓

Im Bole sind Demonstrativa und Pronomina genussensitiv, nicht aber der Genitivmarker (Schuh 2005b: 12). Die meisten Nomina ohne inhärentes natürliches Geschlecht sind maskulin, es gibt aber bestimmte semantische Klassen von Nomina, die feminin sind, beispielsweise früchtetragende Bäume. Einige Nomina und Adjektive haben Pluralformen, die meisten aber nicht. Am Perfektivstamm wird sowohl Femininität als auch Pluralität des Subjekts durch entsprechende Suffixe markiert.

Das Karekare zeigt Reste eines Genussystems, Kongruenz erfolgt bei Personalpronomina und dem Genitivlinker, aber „for many nouns [gender] agreement fluctuates" (ibid.). Ein Teil der Nomina und Adjektive erlaubt Pluralbildung, wobei sich die Sprecher nicht immer über die Pluralformen einig seien. Viele Nomina haben keine entsprechende Pluralform. Im Perfektiv wird Numeruskongruenz gekennzeichnet.

Während im Ngamo Genus „remains a robust lexical feature of nouns" (ibid.) und Genuskongruenz an Demonstrativa, Genitivlinker und Personalpronomina markiert wird, befindet sich das Pluralsystem im Abbau und die meisten Nomina besitzen keine einheitliche Pluralform mehr. Am Perfektivstamm wird nur Pluralität des Subjekts markiert.

Anders verhält es sich bei den im Bauchi-Gebiet gesprochenen Sprachen: Schuh (1978) gibt jeweils mindestens zwei Pluralbildungsstrate-

---

[16] Im Gera gibt es möglicherweise auch keine Sexusunterscheidung (Schuh 1978: 96).

gien an, macht aber nur spärliche Angaben zum Genussystem. Aus dem von ihm präsentierten Material geht hervor, dass in allen Sprachen Sexus unterschieden wird. Während – mit Ausnahme des Galambu – alle Sprachen Pluralität des Subjekts am Perfektivstamm markieren, kennzeichnet nur das Bele auch Femininität durch ein entsprechendes Suffix.

Im Kwami (Leger 1994: 92) ist das Genussystem vergleichsweise voll ausgeformt, wobei Maskulinum bei Nomina ohne natürliches Geschlecht leicht zu überwiegen scheint. Genuskongruenz erfolgt bei Pronomina und Demonstrativa. Nominaler Plural (ibid.: 122ff) wird durch Suffixe, Stammerweiterung oder Reduplikation markiert, einige Nomina zeigen auch Suppletivplurale. Pluralität von Subjekten wird am Perfektivstamm durch ein Suffix markiert.

Im Tangale ist weder Genus noch Numerus overt markiert, nur für sehr wenige einzelne Lexeme gibt es spezielle Pluralformen (Jungraithmayr 1991: 28). Nomina ohne natürliches Geschlecht haben feminines Genus.

Das Kanakuru besitzt eine produktive Pluralbildung (Newman 1974: 82ff). Demonstrativa und Pronomina sind genussensitiv, Nomina ohne natürliches Geschlecht erfordern maskuline Kongruenz (ibid.: 85).

Im Pero sind Pronomina nur bei solchen Nomina genussensitiv, die auf Menschen referieren (Frajzyngier 1989: 123), in allen anderen Fällen erscheint jeweils die maskuline Form. Eine Ausnahme hiervon bilden ICPs (s. dazu 4.2.2.6), die auch bei anderen Bezugsnomina häufig feminine Kongruenz verlangen. Es gibt keine produktive nominale Pluralbildung.

Im Nyam wird Femininum generalisiert für Nomina ohne natürliches Geschlecht verwendet (Andreas 2012: 77). Genuskongruenz erfolgt nur an den Pronomina. Nominale Pluralbildung ist auf einzelne Suppletivplurale beschränkt (ibid.).

2.5 Konstituentenreihenfolge

Alle hier betrachteten Sprachen zeigen die Konstituentenreihenfolge SVbO und adverbiale Angaben erscheinen am Satzanfang oder -ende. Objekte können zur Emphase an den Satzanfang gerückt werden. Im Pero und Kanakuru erscheinen fokussierte Subjekte postverbal (nach evtl. vorhandenen Objekten), im Pero gekennzeichnet durch einen Subjektmarker (Frajzyngier 1989: 157f) .

3 Pronominalsysteme und Subjektpronomina

Das vorliegende Kapitel befasst sich mit den Pronomina der Bole-Tangale-Sprachen, wobei wegen ihrer engen Beziehung zum TAM-System ein besonderer Schwerpunkt auf den Subjektpronomina liegt.

Nach einem Abschnitt (3.1) über bisherige Arbeiten zu Pronomina im Tschadischen und Westtschadischen werden die Pronominalsysteme der einzelnen Sprachen dargestellt (3.2). In einem weiteren Abschnitt (3.3) werden die Subjektpronominalformen der Einzelsprachen zueinander sowie zu den in Abschnitt 3.1 vorgestellten rekonstruierten Formen in Beziehung gesetzt. Abschließend werden wichtige Charakteristika sowie Beziehungen zwischen Form und Funktion der suffigierten Pronomina herausgearbeitet, verglichen und zusammenfassend dargestellt.

3.1 Pronomina im Tschadischen und Westtschadischen

In den meisten Afroasiatischen Sprachen lassen sich die Pronomina auf einen gemeinsamen Ursprung zurückführen. Neben ihrer genetischen Unterklassifizierung ordnet Diakonoff (1965: 11) die Afroasiatischen Sprachen drei historischen Entwicklungsstadien zu. Die Sprachen des „ancient stage" haben das ursprüngliche Phonemsystem sowie die externe nominale und verbale Flektion[17] weitgehend erhalten, bei den Sprachen des „middle stage" ist das phonologische System vereinfacht und die Vokale der externen Nominal- und Verbalflektion sind zum Teil verloren gegangen. Bei den Sprachen des „new stage" sind sowohl Phonologie als auch Morphologie komplett umgestaltet. Die tschadischen Sprachen zählt Diakonoff zum „new stage". Diakonoff (1988: 70ff) beschreibt für das Afroasiatische drei Reihen von Pronomina: Subjektpro-

---

[17] Diakonoff (1984: 1f) geht davon aus, dass das Afroasiatische zunächst bikonsonantische Wurzelstrukturen hatte, die durch Reduplikation oder „externe Flektion" durch Affixe erweitert wurden: „The Common Afrasian roots were in principle biconsonantal; most of them have been extended to a triconsonantal status either by reduplicating the second consonant of the root, or by adding a real or fictitious ‚weak' consonant (…). An addition method of forming secondary roots is the one well known from Proto-Indo-European, viz., the adding of a suffixed (very rarely a prefixed) consonant ‚complement' to the root. (…) . (…) the ‚biconsonantal cum complement' roots are well attested not only in Semitic but also in Cushitic, Berber and Egyptian, and though they are somewhat more rare in Chadic and some of the Cushitic languages, the reason for this phenomenon is: (1) the loss of external inflection which later also caused losses in the final stem consonants and (2) the loss of a number of Proto Semitic phonemes in Late Stage languages."

nomina, suffigierte Objektpronomina und suffigierte Possessivpronomina, die jeweils unabhängig und/oder affigiert bzw. enklitisch auftreten können. Das unabhängige Subjektpronomen, das immer eine emphatische Funktion habe, enthalte häufig ein Demonstrativelement, im Tschadischen besonders häufig präfigiert. Alle Pronomina unterscheiden Numerus sowie Genus in der zweiten und dritten Person Singular.

Diakonoff (1965: 80-81) rekonstruiert für die Subjektsmarkierung im tschadischen Verbalsystem drei wesentliche Charakteristika:

- Das Subjekt wird durch unveränderliche Pronominalelemente ausgedrückt.
- Die Pronominalelemente sind im Tschadischen – anders als in den übrigen Zweigen der Sprachfamilie[18] – „separate" (d.h. freie) Lexeme.
- Die Pronominalelemente werden in einigen Fällen durch spezielle aspektmarkierende Morpheme mit dem Verb „verbunden".

Kraft rekonstruiert in seinem Aufsatz von 1974 (69) Possessiv- und Objektpronomina sowie unabhängige Pronomina für das Prototschadische. Bei seiner Rekonstruktion verwendet er insgesamt 50 west- und zentraltschadische Sprachen. Folgende Sprachen der Bole-Gruppe a sind in seinem Sample enthalten: Bole, Ngamo, Karekare, Dera (=Kanakuru) und Tangale. Kraft macht keine Angaben zu seiner methodischen Vorgehensweise. In der folgenden Tabelle sind Krafts für Proto-Plateau-Sahel[19] relevante Rekonstruktionen zusammengefasst[20]:

---

[18] Diakonoff bezieht sich hier auf Akkadisch (Semitisch), Berberisch und auf Bedawye (Kuschitisch).

[19] In älteren Publikationen, die sich auf die Klassifaktionen von Newman & Ma (1966) und/oder Hoffmann (1971) beziehen, findet sich häufig die Bezeichnung „Plateau-Sahel-Sprachen" für (weitgehend) die Sprachen, die in neueren Klassifikationen als Westtschadisch und Osttschadisch kategorisiert werden.

[20] Da alle hier betrachteten Sprachen weder Dualformen noch eine Differenzierung zwischen Inklusiv und Exklusiv aufweisen, wurde – bis auf eine Ausnahme – auf die entsprechenden von Kraft für das Biu-Mandara rekonstruierten Formen in dieser Tabelle verzichtet.

Tabelle 14: Rekonstruktion der UP, PossP und OP aus Kraft (1974: 69)

		UP	PossP	OP
Sg	1. (1)	*nV	*nV (na, ni)	*nV
	1. (2)	*i	*V (a, i)	*i
	2.m	*ka(y)	*kV: velar + (high?) vowel	*ka
	2.f	*ki	*ki	*ki
	3.m (1)	*ni	*ni	*ni
	3.m (2)	*si	*sV (P-S)	*sV
	3.f	*Prefix + ta	*ta	*tV
Pl	1.d	*mV (B-M)	*ma (B-M)	*mV (B-M)[21]
	1.pi	*mun	*mu(n)	*mun
	2.	*kun	*ku(n)	*kun
	3.	*sun	*su(n)	*su(n)

Zu einigen dieser Formen gibt Kraft folgende zusätzliche Erläuterungen: Die Situation in 1.Sg sei unübersichtlich (ibid.: 71) „Both a high (usually front) vowel and a low mid vowel occur frequently in both subfamilies, and often in the company of -n." Dieser Umstand hat ihn dazu bewogen, zwei Rekonstruktionen für 1.Sg anzusetzen: *nV und *V. Zu seiner Rekonstruktion *ki für die 2.Sgf bemerkt Kraft (ibid.): „Forms showing c-, j-, and y- (as well as voiced velars) are tentatively regarded as cognate with Proto-Chadic *ki in the 2fs on the assumption that further investigation will reveal regular sound laws to justify these assumptions." Hierbei bezieht er sich auf Sprachen der Bole-Gruppe a, da diese überwiegend auf c- und y- anlautende Formen aufweisen.

Die Rekonstruktion *ni für die 3.Sgm hält Kraft (ibid.) für „fairly well attested for all three paradigms from two clusters within P-S and, except for the independent set, from virtually every B-M cluster."

Da ein Suffix -n/-nV in allen Pluralformen außer den Dualen vorkommt, vermutet Kraft, dass es sich dabei um ein Pluralsuffix handeln könnte.

---

[21] In älteren Publikationen, die sich auf die Gliederungen von Newman & Ma (1966) bzw. Hoffmann (1971) berufen, wird häufig die Bezeichnung „Biu-Mandara-Sprachen" (BM) für (weitgehend) die Sprachen verwendet, die in neueren Klassifikationen zum Zentraltschadischen gezählt werden

In der 2.Pl sei das Bild außerordentlich einheitlich und daher die Rekonstruktion besonders unkompliziert.

Als Begründung für seine Annahme, dass in 3.Pl Formen auf *s und *t als Kognaten anzusehen sind, führt Kraft (ibid.) an: „The complete complimentarity of the distribution of these forms raises the possibility that they are in fact cognate. It will, however, take furter research to establish such a **s:t** correspondence at this point since it has not to date been demonstrated elsewhere within Chadic." Abschließend stellt er fest (ibid.: 70):

> The three sets of pronouns dealt with here show enough overall similarities between the sets to raise the possibility that all three sets derive ultimately from a single set of pronouns. (...) The forms of certain of the languages (if not all) seem to lend themselves further to the possibility that at some presumably less distant point in the past there were only two sets of forms – one set functioning as direct objects and the other, as possessives – the independent set having derived from one of these sets in certain languages and from the other in certain others.

Was den Aufbau der unabhängigen Pronomina anbelangt, bezieht er sich auf eine (nicht näher identifizierte) Studie von Laura Meyers, die gezeigt habe, dass in den allermeisten P-S-Sprachen die UP mit den Objektpronomina in Beziehung zu setzen seien, in den übrigen hingegen mit den Possessivpronomina.

Newman & Schuh (1974: 5) postulieren – aufbauend auf Jungraithmayr (1968/69), der die Bestandteile von vier „conjugational sets" im Hausa, Ron und Angas als „Pronominal element + aspect morpheme + Verb Stem" rekonstruiert – folgende Charakteristika des Personalelements im Proto-Plateau-Sahel/Prototschadischen:

- Die Subjektpronomina hatten keine TAM-markierende Funktion und waren daher unveränderlich in ihrer Form.
- Subjektpronomina der dritten Personen wurden bei Anwesenheit eines nominalen Subjekts nicht verwendet, oder in den meisten TAM-Formen wurden in den dritten Personen gar keine Subjektpronomina verwendet – mit oder ohne Anwesenheit eines nominalen Subjekts.

Ohne auf den methodischen Hintergrund und die Datenbasis[22] ihrer Rekonstruktion einzugehen, führen Newman & Schuh eine Reihe rekonstruierter Subjektpronomina für das Proto-Plateau-Sahel an:

Tabelle 15: Rekonstruktion der SP im Proto-P-S aus Newman & Schuh (1974: 6)

		*SP
Sg	1.	*ni
	2.m	*ka
	2.f	*ki
	3.m	*(si)
	3.f	*(ta)
Pl	1.	*mu
	2.	*ku
	3.	*(su)

Anmerkungen zu einzelnen Personen, die Newman & Schuh machen, werden in 3.3.1.1 aufgegriffen. Bezugnehmend auf das weiter oben angeführte Zitat aus Kraft (1974: 70) kann festgestellt werden, dass die von Newman & Schuh für das Proto-Plateau-Sahel rekonstruierten SP hinreichende Ähnlichkeiten aufweisen, um sie als Kognaten der von Kraft rekonstruierten Pronominalsets ansehen zu können.

3.2 Die Pronominalsysteme der Bole-Tangale-Sprachen

Alle Bole-Tangale-Sprachen haben unabhängige Pronomina, Subjektpronomina, Objektpronomina und Possessivpronomina. ICP, die in einigen wenigen Sprachen vorkommen, sind mit einer dieser Reihen identisch oder haben eine eigene Reihe. ICP werden in Kapitel 4.2 gesondert behandelt. Genusdifferenzierung erfolgt in der 2. und 3.Sg Anders als beispielsweise viele der Sprachen der Gruppe Westtschadisch B zeigt keine der hier in den Vergleich einbezogenen Sprachen eine Dual- oder Inklusiv-/Exklusiv-Unterscheidung[23].

Die Subjektpronomina sind überwiegend Klitika[24], zuweilen aber auch freie Morpheme, die beispielsweise in Kopulasätzen als Subjekt

---

[22] Sie zitieren an verschiedenen Stellen ihrer Arbeit Beispiele aus dem Hausa, Karekare, Ngizim, Sura, Ron, Tera, Margi, Kanakuru, Bole, Angas und Mubi.
[23] Im Piya und Widala ist diese allerdings zu finden (pers. Mitt. R. Leger).
[24] Soweit das Datenmaterial ausreicht, um hierüber eine Aussage zu machen.

auftreten können. Bei einem Teil der Sprachen können zwischen SP und Verb TAM-Morpheme treten, zuweilen sind die Subjektpronomina mit TAM-Morphemen verschmolzen und auch in Anwesenheit eines nominalen Subjekts obligatorisch. Die Beteiligung der SP an der TAM-Markierung ist Gegenstand von Kapitel 4.3. Nicht alle Bole-Tangale-Sprachen haben in den dritten Personen subjektpronominale Formen. Zum Teil können dann – falls eine Desambiguierung notwendig erscheint – optional freie Pronomina verwendet werden. Einige Sprachen haben Systeme logophorischer Pronomina, die in den Vergleich in dieser Arbeit nicht einbezogen wurden (s. dazu Frajzyngier 1985a und Leger & Zoch 2006). Bei den unabhängigen Pronomina handelt es sich meist – falls sie nicht identisch mit den SP sind – um prä- oder suffixal erweiterte Formen. Ob sich diese auf Subjektpronomina oder Objekt- bzw. Possessivpronomina zurückführen lassen, ist u.a. Gegenstand dieses Kapitels.

Zur Kennzeichnung von Objekten bzw. Besitzverhältnissen werden suffigierte Pronomina verwendet, die in gleicher Weise wie die präponierten Pronomina Genus und Numerus differenzieren. Die einzelnen Sprachen unterscheiden sich u.a. darin, wie viele Reihen suffigierter Pronomina sie besitzen und wodurch diese sich voneinander abheben. Darüber hinaus sind in einigen Sprachen auch objektpronominale Reihen zu finden, die abhängig von TAM variieren. In den folgenden Abschnitten werden die Pronominalsysteme der einzelnen Sprachen tabellarisch dargestellt und kurz erläutert.

3.2.1 Bole

Tabelle 16: Bole, Pronomina

		SP	UP	OP und PossP/OP
Sg	1	ǹ	ínà	-nó/-náa-
	2.m	ká	kái	-kó/-káa-
	2.f	shí	shíi	-shí/-shíi-
	3.m	-/-	íshì	-nì/-níi-
	3.f	-/-	ítà	-tó/-táa-
Pl	1.	mú	mímmù	-mú/-múu-
	2.	màá	màá	-kú/-kúu-
	3.	-/-	màté	-sú/-súu-

Im Bole (Gimba 2000: 179) tragen die Subjektpronomina keine TAM-Markierung und treten in Anwesenheit eines nominalen Subjekts nicht in Erscheinung. Subjektpronomina gibt es nur für die ersten und zweiten Personen. Gimba analysiert diese Formen als Klitika, u.a. da sie Tonveränderungen am Verbalstamm auslösen (d.h. LTR, s. dazu 2.2.2). Das Subjektpronomen der ersten Person Singular ist tieftonig, alle anderen sind hochtonig, bzw. tief-hochtonig. Zur Vermeidung von Ambiguitäten hinsichtlich Genus und Numerus können in den dritten Personen die Formen der unabhängigen Pronomina verwendet werden. Anders als die (hochtonigen) klitischen Pronomina der übrigen Personen lösen diese keine Tonveränderungen am Verbalstamm aus. In der zweiten Person Plural zeigen die Subjektpronomina eine abweichende, auf **ma-** anlautende Form, die nicht auf die von Kraft bzw. Newman & Schuh rekonstruierten Formen zurückzuführen ist.

Die Pronominalsuffixe für direkte und indirekte Objekte sowie Possessiva sind morphologisch identisch. Für die Objektpronomina gibt es zwei Reihen, die abhängig vom morphologischen Kontext gewählt werden (in- oder auslautend) (Gimba 2000: 180) – Possessivsuffixe treten ausschließlich auslautend auf und benötigen deshalb nur eine Reihe.[25] Ein Charakteristikum der jeweils auslautenden Reihe ist der Auslautvokal **-o** in 1., 2.Sgm und 3.Sgf. Die inlautende Reihe zeigt in diesen Personen den Vokal **-aa-**. Alle Pronominalsuffixe sind auf die von Kraft rekonstruierten Formen zurückzuführen und unterscheiden sich von diesen von Fall zu Fall allein durch die Vokalqualität. Bemerkenswert ist der Tiefton auf der auslautenden Variante der Form der dritten Person Singular maskulin.

Bei Anwesenheit sowohl eines direkten als auch eines indirekten Objekts geht ein nominales direktes Objekt dem nominalen indirekten Objekt voran (wobei das indirekte Objekt durch das präpositionale Element **ń** markiert wird). Pronominale indirekte Objekte hingegen erscheinen immer in klitischer Verbindung mit dem Verb vor dem direkten Objekt und sind in den Formen des Subjunktivs/Imperativs und Futurs auf besondere Weise in den Verbalstamm integriert. Auch bei Anwesenheit

---

[25] Die Possessivsuffixe variieren tonal, abhängig vom Ton des Nomens, dem sie suffigiert sind (Schuh & Gimba 2004-2012 [Genitive Phrases]: 6)

unterschiedlicher bzw. mehrerer Derivationssuffixe erscheint ein indirektes Objektpronomen immer direkt nach dem Verb (s. dazu 4.4.2.1.4). Direkte pronominale Objekte, denen ein indirektes Objektpronomen oder ein Derivationssuffix vorangeht, müssen durch ein unabhängiges Pronomen ausgedrückt werden.

Die unabhängigen Pronomina im Bole lassen sich als erweiterte Formen der SP interpretieren. Die Pronomina der ersten und dritten Person Singular sowie der ersten Person Plural sind im Vergleich zu den SP durch Präfixe ergänzt. Die Formen der übrigen Personen sind durch Vokallängung oder ein Suffix erweitert. In der zweiten und dritten Person Plural erscheinen wiederum abweichende Formen, die weder auf die von Kraft noch von Newman & Schuh rekonstruierten Formen zurückzuführen sind. Außer zum Ausdruck von pronominalen direkten Objekten, die dem Verbstamm nicht direkt folgen können, werden die unabhängigen Pronomina zur Fokussierung, Topikalisierung und in Kopulasätzen verwendet (Lukas 1970/71: 244f).

3.2.2 Karekare

Tabelle 17: Karekare, Pronomina

		SP	DOP		Subjunktiv	IOP
			Completive ØTot/+Tot			Subj+ Comp
					ØTot/+Tot	ØTot./+Tot
Sg	1.	nà	-ná-/-nàa-		-nè/-nó	-nó/-ná-
	2.m	ká	-ká-/-kàa-		-kè/-kó	-kó/-ká-
	2.f	cí	-cí-/-càa		-cè/-cí[26]	-cí/-cí-
	3.m	-/-	-nín-/-sàa-		-sè/-nì	-nì/-nì-
	3.f	-/-	-tá-/-tàa		-tè/-tó	-tó/-tá-
Pl	1.	mú	-mún-/-múnàa		-mínè/-mú	-mú/-mú-
	2.	kú	-kú-/-kúnàa		-kúnè/-kú	-kú/-kú-
	3.	-/-	-sú-/-sínàa		-sínè/-sú	-sú/-sú-

Im Karekare (Schuh o.J.(a): 6ff) gibt es, wie im Bole, nur ein Set von Subjektpronomina für alle TAM-Paradigmata. In den dritten Personen gibt es keine Subjektpronomina, optional können unabhängige Prono-

---

[26] Schuh hat hier -kó, wie in 2.Sgm, vermutlich handelt es sich um einen Druckfehler.

mina verwendet werden. Wie im Bole wird im Perfektiv Ambiguität durch das obligatorische Erscheinen des Feminin- bzw. Pluralstamms vermieden (s. 2.4). Die Subjektsaffixe sind durchweg hochtonig – mit Ausnahme der ersten Person Singular. Die Formen aller Personen lassen sich auf die von Kraft bzw. Newman & Schuh rekonstruierten Reihen zurückführen.

Die suffigierten Pronomina zeigen sich in unterschiedlicher Gestalt, abhängig von den Erweiterungssuffixen, die das Verb trägt. Die Formen, die jeweils auslautend vorkommen – d.h. Objekspronomina in totalitätserweiterten Subjunktivformen, oder indirekte Objektpronomina, die im Subjunktiv und *Completive* ohne Totalitätserweiterung erscheinen, sowie die Possessivsuffixe – zeigen in 1.Sg, 2.Sgm und 3.Sgf auslautendes -o. Eine Ausnahme bilden die direkten Objektpronomina beim unerweiterten Subjunktiv – hier assimiliert sich der Auslautvokal der Pronominalsuffixe an den in den Bole-Tangale-Sprachen für Subjunktiv charakteristischen Verbalauslaut -e. Im *Completive* erscheinen die direkten Objektpronomina nie im Wortauslaut, da ihnen entweder der *Completive*-Marker oder ein Erweiterungssuffix folgt. Diese inlautenden Formen zeigen den Vokal -a(a)-. Schuh (ibid.: 7) bemerkt zur Form der direkten Objektpronomina im *Completive* ohne Totalitätserweiterung: „the direct object pronouns have forms that were at one time based on the independent pronouns (**nV, kV, cV, sV, tV, munV, kunV, sunV**), though Karekare has replaced this older independent set of pronouns with a set consisting of the prefix **di-** plus the possessive pronouns." Die indirekten Objektpronomina gehen – anders als die direkten Objektpronomina – eventuell vorhandenen Derivationssuffixen voran. Auch im Karekare zeigen die suffigierten Pronomina der 3.Sgm einen auffälligen Tiefton.

Weder Lukas noch Schuh führen ein Paradigma für die unabhängigen Pronomina an – dem oben angeführten Zitat aus Schuh (ibid.) und auch Kraft (1974: 70) ist jedoch zu entnehmen, dass es sich dabei um durch ein Präfix erweiterte Formen der Possessivsuffixe handeln könnte – für die allerdings ebenfalls keiner der Autoren ein Paradigma angibt.

3.2.3 Ngamo

Tabelle 18: Ngamo (Gudi), Pronomina

		SP	UP	DOP	IOP (PossP)	
				Comp + Subj	Comp + Subj	Comp + Subj
				ØTot/+Tot	ØTot = PossP	+Tot
Sg	1.	nè	nè?è	nè?è/-nô	-nò	-noo-
	2.m	kò	kôi	kôi/-kô	-kò	-koo-
	2.f	shì	shî	shî/-(n)shî	-shì	-shii-
	3.m	-/-	sî	sî/-nî	-nì	-nii-
	3.f	-/-	têe	têe/-(n)tô	-tò	-too-
Pl	1.	mù	mùnî	mùnî/-mû	-mù	-muu-
	2.	ngù	ngùnî	ngùní/-(n)kû	-kù	-kuu-
	3.	-/-	nzùnî	nzùnî/-(n)sû	-sù	-suu-[27]

Auch im Ngamo (Schuh o.J. (b): 7ff) erfolgt keine TAM-Markierung an den Subjektpronomina[28], und nur für die ersten beiden Personen gibt es spezielle Subjektsaffixe. Zur Vermeidung von Ambiguitäten hinsichtlich Genus und Numerus können in den dritten Personen – wie auch im Bole und Karekare – die Formen der unabhängigen Pronomina verwendet werden. Im Perfektiv wird Pluralität des Subjekts durch Verwendung eines besonderen Verbalstamms angezeigt.

Anders als im Bole oder Karekare sind im Ngamo alle Subjektsaffixe tieftonig. Einige Verben bestimmter Verbalklassen in gewissen TAM-Formen zeigen bei Subjekten in 1.Sg sowie 3.Sg auf der ersten Silbe einen Tiefton, in allen anderen Personen aber einen Hochton. Daraus schließt Schuh (ibid.: 7), dass das ursprüngliche Tonmuster der Subjektsaffixe (1.Sg tieftonig, der Rest hochtonig) im Ngamo von den Subjektpronomina auf die eigentlich durchweg tieftonige erste Silbe des Verbs übertragen wurde.

Die suffigierten Pronomina lassen sich – wenn man von Verschmelzungen mit dem *Completive*-Morphem bzw. Derivationssuffixen ab-

---

[27] Diese Pronominalreihe hat im Subjunktiv einen kurzen Vokal.
[28] Ibriszimow beschreibt in seinem Artikel von 2006 (S. 40) für das Ngamo Yaya zwei Reihen von SP, die sich durch ihren Auslautvokal voneinander unterscheiden – eine für Perfektiv und eine für *Imperfective*.

sieht – auf eine Reihe zurückführen, die in unveränderter Form im nicht erweiterten *Completive* und Subjunktiv auftritt.

Die direkten Objektpronomina zeigen leicht unterschiedliche Formen, abhängig davon, ob das Verb Derivationssuffixe trägt oder nicht. Nur wenn das Verb das Totalitätssuffix trägt, ist das DOP dem Verb suffigiert (ibid.):

> If the verb bears the totality extension the direct object pronoun is a bound suffix (identical in form to the possessive pronouns used with nouns). In the completive, this pronoun at the end of a phrase has a long vowel and Falling tone, a result of combining the pronoun with the original completive ending -*kò*. Otherwise direct object pronoun suffixes are Low.

Nach einer unerweiterten Verbalform erscheinen die unabhängigen Pronomina zur Kennzeichnung eines pronominalen direkten Objekts. Hierbei zeigen die beiden Dialekte leicht unterschiedliches Verhalten, in Tabelle 18 sind die Formen des Gudi-Dialekts angegeben.

Die indirekten Objektpronomina sind identisch mit den Possessivpronomina, die an Nomina suffigiert werden. Sie gehen – im Gegensatz zu den direkten Objektpronomina – Derivationssuffixen immer voran. Sieht man von Verschmelzungen mit Erweiterungssuffixen ab, lassen sich die suffigierten Pronomina auf eine einzige Reihe zurückführen, die in unveränderter Form im nicht erweiterten *Completive* vorkommt.

Bei den unabhängigen Pronomina handelt es sich gegenüber den Subjektpronomina um durch Suffixe erweiterte Formen.

3.2.4 Bele

Tabelle 19: Bele, Pronomina

		SP		UP	DOP	IOP	PossP
		Pfv u. Subj	*Ipfv*		Pfv	Pfv	
Sg	1	nì	?	ínà	-náŋó	-núŋó	-nó
	2.m	kì	?	kéyì	-káŋó	-kúŋó	?
	2.f	shì	?	shéyì	-sháŋí	-shíŋí	?
	3.m	hì	há	tíyà	-nàŋì	-nìŋì	-nì
	3.f	tì	tá	títà	-táŋó	-túŋí	?

		SP	UP	DOP	IOP	PossP
Pl	1.	mù	?	mímmà	-máŋú/ -mámú	-múŋú	?
	2.	màká	?	màká	-káŋú	-kúŋú	?
	3.	màahá	màaháa	màaháyì	-háŋú	-húŋú	?

Das Datenmaterial zu den Pronomina im Bele in Schuh (1978) – wie auch das zu den anderen Bole-Tangale-Sprachen des Bauchi-Gebiets – ist nicht vollständig, da Schuh nur ausgewählte TAM-Paradigmata abgefragt hat und auch nicht immer für alle Personen. Die Tabelle führt alle Pronominalformen auf, die Schuhs Material zu entnehmen sind.

Die Subjektpronomina im Bele scheinen teilweise mit TAM-Morphemen verschmolzen zu sein. Für Perfektiv und Subjunktiv wird dieselbe Reihe verwendet – ein vollständiges Paradigma der Subjektpronomina gibt Schuh aber nur im Perfektiv an (ibid.: 21). Im Futur, das Schuh als repräsentativ für den Imperfektiv ansieht, erscheinen andere, auf **-a** auslautende Formen (ibid.: 26). Anders als in den bisher beschriebenen Sprachen gibt es auch in den dritten Personen eigene subjekpronominale Formen; darüber hinaus werden Genus und Numerus auch noch durch ein Feminin- bzw. Pluralmorphem innerhalb der Verbalform des Perfektiv markiert. Bei den Subjektpronomina im Plural sind in zweiter und dritter Person wieder Formen mit **ma-** zu finden.

An suffigierten Pronominalreihen führt Schuh direkte und indirekte Pronomina im Perfektiv (ibid.: 23f) auf, Possessivsuffixe der 1.Sg und 3.Sgm sind zwei Beispielen zu entnehmen (ibid.: 21). Die direkten Objektpronomina im Perfektiv haben die Form KaŋV, wobei K den für die jeweilige Person charakteristischen (und auf die Rekonstruktion zurückzuführenden) Konsonanten repräsentiert. Während der Ton auf **-a-** abhängig von der Verbalwurzel variiert, trägt -V in allen Personen außer 3. Sgm einen Hochton. Den Velarnasal interpretiert Schuh als eine Kombination aus *-**n** und *-**k**, wobei -**k** auf den Perfektivmarker zurückzuführen sei und -**n** möglicherweise als Reflex des Totalitätsmarkers -**n** aufgefasst werden könne, der auch im Ngamo und Karekare in Verbindung mit direkten Objektpronomina auftritt (wobei er in diesen Sprachen dem Pronomen vorangeht). Die indirekten Objektpronomina im Perfektiv, deren Aufbau Schuh als -**Ku/iŋ**V darstellt, unterscheiden sich nur hinsichtlich der Qualität ihres ersten Vokals von den direkten Objektpronomina (-**i**- erscheint in 2.Sgf und 3.Sgm, -**u**- überall sonst). Man kann die Formen der direkten und indirekten Objektpronomina daher so interpretieren, dass es sich in den meisten Personen (d.h. bis auf 3.Sgm) um Pronominalformen handelt, die hinsichtlich ihres Anlautkonsonanten identisch mit den Subjektpronomina sind, worauf dem Perfektiv-Morphem -**ko** der häufig für suffigierte Pronomina charakteristische Auslautvokal -**o** bzw. -**i** folgt. Für die übrigen TAM-Formen gibt Schuh keine Konstruktionen mit Objektpronomina an. Es lässt sich deshalb nur spekulieren, dass es für diese eigene Reihen geben müsste, die weder mit dem Perfektiv-Morphem noch mit dem im Perfektiv augenscheinlich obligatorischen Totalitätsmorphem verschmolzen sind.

Bei den unabhängigen Pronomina (ibid.: 19) handelt es sich um erweiterte Formen, die nicht in allen Personen ohne weiteres mit den Formen einer der anderen Reihen in Beziehung zu setzen sind. Auch hier sind in 2. und 3.Pl auf **ma**- anlautende Formen zu finden.

3.2.5 Kirfi

Tabelle 20: Kirfi, Pronomina

		SP		UP	DOP/IOP		PossP[29]
		Pfv u. Subj	*Ipfv*		Pfv[30]	Subj	
Sg	1.	nà	?	nàá	-no/-nô	-nà/-ná	-nó
	2.m	kà	?	kàá	-ko/-kô	-kà/-ká	-kó
	2.f	shì	?	cìí	-she/-shê	?	-shí
	3.m	shì	shí(i)	shìí	-she/-nê	-shì/-nì	-dí
	3.f	tà	tá(a)	tàá	-to/-tô	-tà/-tá	-tó

---

[29] Man kann zwischen inalienablen Possessivkonstruktionen sowie alienablen mit maskulinem bzw. femininem Bezugswort differenzieren. Diese unterscheiden sich hinsichtlich des Elementes **m** bzw. **mí**, an das das in der Tabelle aufgeführte Possessivsuffix suffigiert wird (Schuh 1978: 35).

[30] Die direkten Objektpronomina sind hier tonlos angegeben; aus Schuhs Daten ist ersichtlich, dass ihr Ton morphosyntaktisch determiniert ist. Er gibt keine Erklärung dazu.

		SP Pfv u. *Ipfv* Subj		UP	DOP/IOP Pfv[30]	Subj	PossP[29]
Pl	1.	mù	?	mùnnú	-mu/-mû	-mù/-mú	-mú
	2.	kù	?	kùnnú	-ku/-kû	-kù	-γúnú
	3.	sù	?	sùnnú	-Su (-cu, -shu)/-sû	-sù	-shúnú

Im Kirfi tragen die Subjektpronomina – abhängig von der TAM-Kategorie – unterschiedliche Töne. Perfektiv und Subjunktiv teilen sich eine tieftonige, auf kurzen Vokal auslautende Reihe. Im *Imperfective* erscheinen hochtonige Subjektpronomina, deren Auslautlänge nicht eindeutig ist (Schuh 1978: 46): „My notes are inconsistent in the length of vowel on the subject pronoun (...)." Auch die dritten Personen haben eigene Subjektpronomina, im Perfektiv wird Pluralität zusätzlich durch ein Suffix **-n-** bzw. **-ín-** am Verbalstamm markiert.

Schuh führt an suffigierten Pronominalreihen direkte und indirekte Objektpronomina (ibid.: 39ff und 44) sowie Possessivsuffixe (ibid.: 35) auf. Bei den Objektpronomina gibt es jeweils eigene Reihen für Perfektiv und Subjunktiv, wobei sich direkte und indirekte Objektpronomina durch ihren Ton voneinander unterscheiden. Im Perfektiv ersetzt das DOP den Perfektivmarker. Schuh bemerkt dazu: „When object pronouns (DO or IO) are expressed, the subjunctive uses the same verb stem as the ventive perfective, the difference between aspects being marked by the difference in object pronouns (note that with plural pronouns the two aspects are formally identical)." S. dazu auch 4.3.2.5.1 und 4.3.2.5.3.

In der 3.Sgm haben die indirekten Objektpronomina die Form **-nê** bzw. **-nì** anstelle von **-she** bzw. **-shí** der direkten Objektpronomina. Bemerkenswert ist, dass das **-ni** in der Reihe der indirekten Objektpronomina im Subjunktiv im Gegensatz zu allen anderen Personen dieser Reihe einen Tiefton trägt. Der Unterschied zwischen Ventiv Perfektiv und Ventiv Subjunktiv ist bei Anwesenheit pronominaler Objekte im Singular allein durch deren Form markiert, im Plural sind beide nicht voneinander zu unterscheiden.

Die Possessivsuffixe zeigen große Ähnlichkeit zu den Objektpronomina im Perfektiv, einzige auffällige Abweichung ist die Form -dí in 3.Sgm.
Die unabhängigen Pronomina stellen gegenüber den Subjektpronomina erweiterte Formen dar, wobei im Singular eine Auslautlängung inklusive Hochton erfolgt und im Plural ein Suffix -**nnú** erscheint.

3.2.6 Galambu

Tabelle 21: Galambu, Pronomina

		SP Pfv u. Subj	*Ipfv*	UP	DOP/IOP Pfv	PossP[31]
Sg	1.	nà		nàá	-n-aala	-ná
	2.m	kà		kàá	-g-aala	-gá
	2.f	cì		cìí	-y-aala	-jí
	3.m	shì	shí	shìí	-sh-aala	-n[32]
	3.f	tà	tá	tàá	-z-aala	-dá
Pl	1.	mù		mùndí	-mw-aala	-ḿ
	2.	kù		kùndí	-gw-aala	-gú
	3.	sù		sùndí	-s-aala	-sí

Im Galambu bilden tonale Veränderungen der Subjektpronomina einen Teil der TAM-Markierung: Während die Subjektpronomina im Perfektiv und Subjunktiv tieftonig sind (Schuh 1978: 66 & 72), tragen sie im *Imperfective* einen Hochton (ibid.: 73).

Schuh führt suffigierte Pronominalformen für Objektpronomina im Perfektiv (ibid.: 68) und Possessivpronomina (ibid.: 64) auf. Die Objektpronomina verschmelzen mit dem Perfektiv-Suffix -**aala**. Direkte und indirekte Objektpronomina unterscheiden sich durch ihr Tonmuster voneinander, das bei den direkten HT ist, und bei den indirekten TH. Bei

---

[31] Wie auch im Kirfi, ist zu unterscheiden zwischen inalienablen Possessivkonstruktionen und alienablen mit maskulinem bzw. femininem Bezugswort. Der wesentliche Unterschied besteht darin, dass in inalienabler Konstruktion das Possessivelement seinem Bezugswort direkt suffigiert wird, wobei bei maskulinem bzw. femininem Bezugswort **mà**- resp. **cá**- als Verbindungselement erscheinen, an die das in der Tabelle aufgeführte Possessivsuffix angefügt wird.

[32] Diese Form ist schwer aus den vorhandenen Beispielen abstrahierbar und deshalb in der hier aufgeführten Form nur als tentativ zu betrachten.

Anwesenheit von sowohl indirektem als auch direktem Objektpronomen geht das indirekte dem direkten Objektpronomen voraus, wobei dann das IOP den zugrundeliegenden Vokal trägt (ibid.: 70). Leider gibt Schuh hierfür nur zwei Formen an: 3.Sgm **-shi** und 1.Sg **-na**. Ein nominales indirektes Objekt hingegen folgt einem direkten Objekt.

Hinsichtlich der Possessivsuffixe ist zu bemerken, dass sie in Bezug auf ihre Anlautvokale große Ähnlichkeit zu den Objektpronomina zeigen. In 3.Sgm unterscheiden sie sich von den Objektsuffixen dadurch, dass sie eine Form mit **n** anstelle von **sh** zeigen. Zumindest bei maskulinem Bezugswort scheint das Possessivsuffix der 3.Sgm einen abweichenden Tiefton zu tragen. Der Auslautvokal der Possessivsuffixe ist dadurch zu erklären, dass rekonstruiertes wortfinales *e und *o im Galambu zu **-a** neutralisiert wurde (Schuh 1984: 176), somit sind die Possessivsuffixe auf die von Kraft rekonstruierten Formen zurückzuführen.

3.2.7 Gera

Tabelle 22: Gera, Pronomina

		SP	UP	OP	PossP m/f
Sg	1.	nì	nàá	-nì	mini/cini
	2.m	kì	kàá	-kì	mui/ciwi
	2.f	shì	shàá	-cì/-shì	mishi/?
	3.m	sì	sàá	-sì	sa/cii
	3.f	tì	tàá	-ɗì	ta~miɗi/ciɗi
Pl	1.	mù	mùndí	-mbù	mumbi/cimbi
	2.	kù	kùndí	-kùn	mukuni/cikuni
	3.	sù	sùndí	-sùn	musuni/susuni

Im Gera tragen die Subjektpronomina keine TAM-Markierung und die Formen aller Personen sind auf die Rekonstruktion von Newman & Schuh (1974) zurückzuführen (Schuh 1978: 98f).

Direkte und indirekte Objektpronomina im Perfektiv unterscheiden sich nicht voneinander (ibid.: 100f). Abhängig vom Ton der vorangehenden Verbalwurzel sind sie entweder tief- oder falltonig. Während sowohl direkte als auch indirekte Objektpronomina – und auch nominale direkte Objekte, die dann einem eventuellen IOP folgen – eine Position zwischen Verbalwurzel und Perfektivmarker -**mí** einnehmen, erscheint ein nominales indirektes Objekt nach dem Perfektivmarker. Schuh gibt kein Beispiel für eine Konstruktion sowohl mit direktem als auch indirektem Objektpronomen, ebensowenig wie für Konstruktionen mit Objektpronomina im Subjunktiv und *Imperfective*.

Suffigierte Possessivpronomina scheint es nicht zu geben. Schuh (ibid.: 96) führt die in der Tabelle zitierten freien Formen an, deren Gestalt abhängig vom Genus des Bezugswortes variiert. Sie lassen sich analysieren als ein Element **mi-** bzw. **ci-**[33], dem ein pronominales Suffix folgt.

Bei den unabhängigen Pronomina (ibid.: 95) handelt es sich um gegenüber den Subjektpronomina erweiterte Formen – im Singular durch **-á**, dem sich der ursprüngliche Auslautvokal bei Erhaltung seines Tons vollständig assimiliert hat, und im Plural durch das Suffix **-ndí**.

3.2.8 Geruma

Tabelle 23: Geruma, Pronomina

		SP		UP	OP	PossP
		Pfv	Subj			
Sg	1.	nà	?	nàá	-n-áalà	-ná
	2.m	kà	ká	kàá	-k-áalà	-ká
	2.f	shì	?	shìí	-s-áalà	?
	3.m	shì	shí	sìí	-ŋ-áalà	-ʔí
	3.f	tà	tá	tàá	-t-áalà	-tá
Pl	1.	mù	?	mùnú	-m-áalà	-mú
	2.	kù	?	kùndí	-kw-áalà	-kú
	3.	sù	sú	sùndí	-sw-áalà	-sú

Im Geruma werden unterschiedliche Töne auf den Subjektpronomina zur TAM-Markierung herangezogen. In Tabelle 23 sind alle Formen aufgeführt, die Schuhs Material zu entnehmen sind. Während die Subjektpronomina im Perfektiv durchgehend tieftonig sind (Schuh 1978:

---

[33] Die Formen **mi-** und **ci-** lassen sich historisch auf maskuline resp. feminine Formen zurückführen, allerdings korrespondiert diese Unterscheidung im Gera nicht mehr mit tatsächlichem Genus (Schuh 1978: 95).

126), tragen sie im Subjunktiv einen Hochton (Schuh gibt hier kein vollständiges Paradigma an, diese Beobachtung lässt sich aber an den zum Subjunktiv angeführten Beispielen machen (ibid.: 131)). Auch im *Imperfective* hat Schuh kein Paradigma abgefragt, er gibt lediglich einige Formen für „go" und „come" an, in denen die Subjektpronomina unterschiedliche Töne tragen (ibid.: 132).

Direkte und indirekte Objektpronomina unterscheiden sich im Perfektiv nicht voneinander, und beide erscheinen – wie auch nominale direkte Objekte – vor dem Perfektivmarker **-áalà** (ibid.: 128f). Möglicherweise wird zwischen beiden durch den Ton auf der Verbalwurzel unterschieden (H bei folgendem IOP, T bei DOP), Schuh ist sich hierbei nicht sicher (ibd.: 129). Indirekte nominale Objekte erscheinen nach dem Perfektivmarker. Über die Reihenfolge von indirektem und direktem Objekt bei Anwesenheit beider kann keine Aussage gemacht werden, da Schuh hierzu kein Beispiel anführt.

Die Possessivpronomina stimmen segmental weitgehend mit den Subjektpronomina – und, was die Anlautkonsonanten angeht, auch Objektpronomina – überein (ibid.: 124).

Ganz ähnlich wie im Gera handelt es sich bei den unabhängigen Pronomina wiederum um erweiterte Formen, die im Singular einen gelängten Auslaut + Hochton und im Plural ein Suffix **-ndí** (bzw. **-nú**) zeigen.

3.2.9 Kwami

Tabelle 24: Kwami, Pronomina

		SP	UP, IOP	DOP, PossP *Perf*, *Perf*+Dest/ Vent	nicht-*Perf*, ØErw.=PossP	nicht-*Perf*, Dest (Fut, Prog, Imp)
Sg	1	nì/nè	ʔànè	-ná/-nà	-nò	-nè
	2.m	kè	kèʔè/kèe	-gá/-gà	-gò	-gè
	2.f	shì	shìʔì/shìi	-já/-jà	-jì (-shì)	-jè
	3.m	yì	yìʔì/yìi	-yá/-yà	-nì	-yè/-yì
	3.f	tè	tèʔè/tèe	-dá/-dà	-dò	-tè

		SP	UP, IOP	DOP, PossP		
				Perf,	nicht-*Perf,*	nicht-*Perf,*
				Perf+Dest/	ØErw.=PossP	Dest (Fut,
				Vent		Prog, Imp)
Pl	1.	mìn	mìnì	mìnì/mìn	-mù	-mù
	2.	mày	màyì	màyì/mày	-mà	-mà
	3.	yìn	yìnì	yìnì/yìn	-wù	-wù

Im Kwami gibt es nur eine Reihe von Subjektpronomina für alle TAM-Paradigmata (Leger 1994: 144). In 2.Pl findet sich eine mit **ma-** anlautende Form.

Es gibt zwei Reihen suffigierter Pronomina: eine, die im unerweiterten *Perfekt* verwendet wird, und eine andere, die in den unerweiterten nicht-*perfektischen* Formen erscheint (ibid.: 146ff). Im *Perfekt* erscheint eine spezielle Reihe von direkten Objektpronomina, die im Singular den Vokal **a** enthalten und deren Ton morphosyntaktisch determiniert ist, in allen übrigen TAM-Paradigmata erscheinen die Possessivsuffixe (dies könnte zunächst darauf zurückgeführt werden, dass in diesen Paradigmata nominalisierte Verbformen erscheinen – was aber nur im Futur und Progressiv der Fall zu sein scheint). Bei Antritt eines Objektpronomens kann in den nicht-*perfektischen* Formen (Futur, Progressiv und Imperativ) eine Unterscheidung zwischen Destinativ und Ventiv gemacht werden (siehe dazu die speziellen Objektpronomina für den Ventiv in Tabelle 24). Es gibt keine suffigierten indirekten Objektpronomina, an ihrer Stelle erscheinen die UP (vor einem evtl. ebenfalls vorhandenen direkten Objekt).

Die unabhängigen Pronomina stellen gegenüber den Subjektpronomina durch Vokallängung bzw. ein vokalisches Suffix erweiterte Formen dar (ibid.: 143).

3.2.10 Tangale

Tabelle 25: Tangale, Pronomina

		SP		UP[34]	LOG	OP und PossP
		Jungraith-	Kidda			
		mayr				
Sg	1.	nà/n	nà	nà	-/-	-no/-nɔ, -n-
	2.m	kà	ká	ká/gá/ŋá	-/-	-ko/-kɔ, -k-
	2.f	sì	shí	sì/jì/njì	-/-	-si/-sɪ, -z-/-s-
	3.m	mbɛ́ɛndâm	mbɛ́ndâm	mbɛ́ɛndám	yi	-ni/-n
	3.f	mbáastâm	mbástâm	mbáastám	ta	-to/-tɔ
Pl	1.	mìn	miní	mìn	-/-	-mu/mʊ, -m-
	2.	mà	mà	mà	-/-	-ku/-kʊ, -k-
	3.	mbíindâm	mbíndôŋ	ànàmbὲɛn	yìní	-wu/-wʊ

Im Tangale gibt es eine Reihe von Subjektpronomina, die zum Teil kleinere – überwiegend morphosyntaktisch bedingte – Abweichungen von den hier aufgeführten Formen zeigen können. Da Jungraithmayr (1991) und Kidda (1993) voneinander abweichende Dialekte beschreiben, sind – falls bekannt – die Formen beider Autoren Tabelle 25 aufgeführt.

Während Kidda nur eine Reihe von Subjektpronomina mit unterschiedlichen Tönen in den verschiedenen Personen beschreibt (ibid.: 105: „For the subject pronouns, there is variation in tone structure as much as there is variation in segmental structure"), analysiert Jungraithmayr den Ton der Subjektpronomina (d.h. im wesentlichen Hoch- oder Tiefton – wobei die erste Person Singular in jedem Fall tieftonig ist) als einen der Paramater, die TAM markieren[35]. In Tabelle 25 ist nur die tieftonige Reihe aufgeführt. Daraus, dass in den dritten Personen kein Subjektpronomen verwendet werden muss (dies ergab eine kursorische Analyse der Texte in Jungraithmayr 2002) sowie der Tatsache, dass das Subjekt-

---

[34] Jungraithmayr (1991: 33) führt drei – abhängig von der morphosyntaktischen Umgebung – leicht voneinander abweichende Sets von unabhängigen Pronomina auf; hier ist das erste wiedergegeben, das Jungraithmayr übersetzt mit „I alone" usw.

[35] Die drei Subjektpronominalreihen, die Jungraithmayr (1991: 34f) aufführt, unterscheiden sich tonal nicht voneinander, sondern nur in der Form des Pronomens der 1.Sg (**nà/n** resp. **n**). Die von ihm zitierte hochtonige Reihe, die zur Bildung des *Absolute Progressive-Continuous* herangezogen wird (ibid.: 55), führt er als unabhängige Pronominalreihe an (ibid.: 33).

pronomen der 1.Sg immer tieftonig ist, lässt sich schließen, dass die funktionale Last des Tons der Subjektpronomina hinsichtlich der TAM-Markierung nicht hoch sein kann.

Eine Besonderheit im Tangale stellen die logophorischen Pronomina dar (Jungraithmayr 1991: 36) – interessanterweise werden zur Kennzeichnung der Koreferenz mit dem Sprecher die ererbten Pronomina verwendet (**yi/ta/yini**)[36], wohingegen zur Kennzeichnung der Verschiedenheit von Sprecher und Subjekt des abhängigen Satzes innovative, auf Demonstrativa zurückzuführende Pronominalformen verwendet werden (Jungraithmayr 1995: 202). Die Formen der logophorischen Pronomina sind hier nur der Vollständigkeit halber angeführt (s. Leger & Zoch 2006).

Objekt- und Possessivpronomina teilen sich ein Paradigma, das auf **-o** bzw. **-i** auslautet (Jungraithmayr 1991: 36). In der Tabelle sind auch inlautende Formen der Objektssuffixe angegeben. Zur 3.Sgm der Objekt- und Possessivsuffixe bemerkt Kidda (1993: 105): „Although the **-ní** suffix is assumed to have a high tone (like its counterparts), it is always pronounced with a low tone." Zur Reihenfolge des Auftretens von indirekten und direkten Objekten in einer Verbalphrase erlaubt das mir vorliegende Material keine eindeutigen Schlüsse.

Die unabhängigen Pronomina unterscheiden sich nur unwesentlich von den Subjektpronomina (Jungraithmayr 1991: 33). Krafts Behauptung (1974: 70), die unabhängigen Pronomina im Tangale seien abgeleitet von den Possessivpronomina, lässt sich durch das hier vorliegende Material nicht belegen.

---

[36] Wie auch im Angas (pers. Mitt. Mirka Grünwaldt)

3.2.11 Kanakuru

Tabelle 26: Kanakuru, Pronomina

		UP	SP I		SP II		DOP	IOP, PossP	ICP
			a	b	a	b			
Sg	1.	náaní	nà	-nò	náa	nàa	né	nó	-nó
	2.m	kái	kà	-kò	kái/káa	kàa	hé	wó (<*hó)	-kó
	2.f	shíjí	shì	-shì	shíjí	shìjì	jí	jí	-shí
	3.m	shíi	(à)[37]	-n/-nì	shíi	shìi	yí	nì	-n(í)
	3.f	shíré	(à)[37]	-tò	shée	shèe	ré	ró	-tó
Pl	1.	mə́ní	mə̀	-m/-mù	mə́n	mə̀n	mə́ní	mú	-m(ú)
	2.	kámàì	kə̀	-kù	káa	kàa	màì	màì	-kú
	3.	wúní (<*wə́ní)	wù	-/-wù	wún	wùn	wúní	wú	-w(ú)

Im Kanakuru übernehmen die Subjektpronomina einen Teil der TAM-Markierung und sind daher auch bei Anwesenheit eines nominalen Subjekts obligatorisch (Newman 1974: 16). Es gibt im Wesentlichen zwei Reihen von Subjektpronomina – eine „lange" (ibid.: 46) und eine „kurze" (ibid.: 45). Während die „lange" Reihe (II) – mit langem Vokalauslaut bzw. geschlossener Silbe – hoch- (a) oder tieftonig (b) (ibid.: 50) sein kann, ist die „kurze" Reihe (Ia) immer tieftonig. Zusätzlich gibt es noch eine Reihe „suffigierter" Subjektpronomina (Ib) (ibid.: 51), die in bestimmten TAM-Paradigmata in präverbaler Position einem TAM-Marker folgen: im negierten Subjunktiv (mit vorangestelltem, obligatorischem **bò**(-)), im Futur (hier in Verbindung mit **à**-) und im *Past Continuous* (mit dem Präfix **jí**-). Diese Pronominalreihe ist segmental identisch mit den ICP und weist große Ähnlichkeiten mit den OP auf.

Indirekte Objektpronomina und Possessivpronomina teilen sich eine Pronominalreihe (ibid.: 21). Die indirekten Objektpronomina verschmelzen mit dem Verbalstamm, der seinen Auslautvokal verliert, bzw., falls seine Silbenstruktur dies erfordert, **-o-** suffigiert. Bei zweisilbigen Verben ist das Tonmuster durch den Ton des Verbalstamms als Ganzes deter-

---

[37] nur im Perfektiv.

miniert, dreisilbige Verben mit indirektem Objektpronomen verhalten sich tonal wie Verben mit direktem Objekt. ICP – wenn auch mit leicht modifizierten Formen – erscheinen wie die indirekten Objektpronomina direkt nach dem Verb und zeigen das gleiche tonale Verhalten wie diese.

Es ist bemerkenswert, dass sowohl die suffigierten SP als auch die indirekten Objektpronomina/Possessivpronomina in der dritten Person Singular maskulin die Form **-nì** zeigen. In der Reihe der IOP/PossP bildet diese Form auch hinsichtlich ihres tiefen Tons eine Ausnahme, da die Formen der anderen Personen alle hochtonig sind.

Pronominale direkte Objekte folgen einem indirekten Objekt und anstelle der Objektssuffixe erscheinen in einem solchen Fall dann die unabhängigen Pronomina. Direkte und indirekte Objektpronominalsuffixe unterscheiden sich morphologisch durch ihren Auslautvokal, wobei die direkten Objektpronomina **-e/-i** und die indirekten **-o/-i** zeigen.

Die unabhängigen Pronomina (ibid.: 18) sind der „langen" Reihe der Subjektpronomina sehr ähnlich, wobei sie in einigen Personen ihnen gegenüber noch Erweiterungen zeigen: Die Formen der 3.Sgf und 2.Pl lassen sich als Zusammensetzungen aus SP und DOP/IOP bzw. SP und DOP analysieren. Die Tatsache, dass UP und die „lange" Reihe der SP so auffällige Gemeinsamkeiten zeigen, könnte den Schluss nahelegen, dass im Kanakuru eine ähnliche Entwicklung stattgefunden hat, wie Newman & Schuh (1974) in ihrem Artikel für die Entwicklung der Perfektiv-SP des Hausa postulieren: In den dritten Personen gab es keine Subjektpronomina, optional wurden UP verwendet; deren Gebrauch wurde mit einer neuen Bedeutung verbunden und dann auf alle Personen durch Analogiebildung ausgedehnt. Die höhere Frequenz der neuen Pronominalreihe gegenüber den „ursprünglichen" UP könnte dann gewisse Abschleifungen mit sich gebracht haben, bspw. eine Entwicklung von **shíré** zu **shée** in 3.Sgf.

3.2.12 Pero

Tabelle 27: Pero, Pronomina

		SP	UP	LOG[38]	DOP/IOP/ICP/PossP
Sg	1.	nì	nè	-/-	-nò
	2.m	kà, ké	kài, kè	-/-	-kò
	2.f	cì	cì	péemò	-cì
	3.m	-/-	cákkà	péejè	-nì
	3.f	-/-	tè	-/-	-tò/-te[39]
Pl	1.	mínì (mín)	mínù	-/-	-mù
	2.	mà	mà	-/-	-mà
	3.	-/-	cínù	péemè	-cù

Im Pero gibt es nur eine Reihe von Subjektpronomina für alle TAM-Paradigmata, deren Formen weitestgehend identisch sind mit denen der unabhängigen Pronomina (Frajzyngier 1989: 87 & 122). In den dritten Personen gibt es kein Subjektpronomen, zur Desambiguierung können die jeweiligen Formen der unabhängigen Pronomina herangezogen werden. Wie auch im Tangale findet man ein System logophorischer Pronomina (s. dazu Frajzyngier 1985a sowie Leger & Zoch 2006).

Es gibt nur eine Reihe suffigierter Pronomina, d.h. direkte und indirekte Objektpronomina, Possessivpronomina und ICP sind identisch (Frajzyngier 1989: 109). Erscheint sowohl ein direktes als auch ein indirektes Objektpronomen in einer Verbalphrase, so erlaubt die Reihenfolge ihres Auftretens ihre Identifikation: indirekte Objekte erscheinen immer vor direkten.

---

[38] Diese logophorischen Pronomina zeigen Koreferenz mit dem Adressaten in indirekter Rede an, sie können sowohl Subjekt als auch Objekt vertreten.

[39] Frajzyngier macht keine Angaben dazu, wann -tò und wann -te verwendet wird.

3.2.13 Nyam

Tabelle 28: Nyam, Pronomina

		SP SP1, UP	SP1a Subj	SP2a	SP2b	DOP, IOP, PossP
Sg	1.	n (Ø)	(nà)⁴⁰-n(´)	ndà	ndàa	-ni/-nɔ⁴¹
	2.m	kì	nàa-gí	khá	kháa	-gi/gɔ
	2.f	kyì	nàa-jí	kyá	kyáa	-ji
	3.m	nyì	(nàa)-nyí	nyà	nyàa	-nyi
	3.f	sì	nàa-rí	sá	sáa	-si/ri/sɔ/rɔ
Pl	1.	án	(na)-án	ándà	ándàa	-mu
	2.	kà	nàa-gá	kàará	kàaráa	-ga
	3.	kày	nàa-gáy	kàyrá	kàyráa	-gay
	4.⁴²	Ø	nà	tà	tàa	-/-

Obwohl es im Nyam mehrere Reihen von Subjektpronomina für verschiedene TAM- Paradigmata gibt, ist deren Auftreten in Anwesenheit eines nominalen Subjekts nicht obligatorisch, da in diesem Fall entsprechende TAM-Morpheme[43] zwischen Subjekt und Verb erscheinen. Es handelt sich dabei um **ta** bzw. **taa**, wobei sich die SP-Reihen 2a und b als Zusammensetzungen aus SP1 + **ta** resp. **taa** analysieren lassen. Im Subjunktiv erscheint vor einem nominalen Subjekt der Marker **nà** (der auch den – dann hochtonigen – Subjektpronomina vorangestellt ist). In den TAM-Formen, die durch die SP-Reihen 2a und 2b gebildet werden, folgt dem nominalen Subjekt **tà** bzw. **tàa**. Besonders in der Reihe SP1 sind in einigen Personen tonale Besonderheiten festzustellen: Das **n** der ersten Person Singular ist unsilbisch – d.h. es bewirkt Pränasalierung des Anlautkonsonanten des Verbs, trägt aber selbst keinen Ton – und löst auf der Anlautsilbe des Verbs einen Tiefton aus. Gleichermaßen folgt dem **nyi** der dritten Person Singular maskulin immer eine tieftonige Verbalform (s. zum Ton im Nyam auch 2.4 und 4.3.2.13).

---

[40] **naa** bzw. **na** in 1.Sg, 3.Sgm und 1.Pl kann wegfallen.
[41] Die Formen auf -ɔ erscheinen jeweils im absoluten Auslaut.
[42] Mit 4.Plural ist impersonale Referenz gemeint (‚man'), s. auch FN 194.
[43] Wobei es sich hier eigentlich um Konditional-Marker handelt, s. dazu 4.3.2.13.

Es gibt nur eine Reihe suffigierter Pronomina, die in 1., 2.m, 3.Sgf im absoluten Auslaut auf -ɔ und ansonsten auf -i auslauten. Im Anterior verschmelzen die Objektpronomina mit dem Anteriormarker -**wa**, und es entstehen auf -**a** bzw. -**wa** (2. u. 3.Pl) auslautende Formen.

Der einzige auffällige, nicht eindeutig ableitbare Unterschied zwischen SP und suffigierten Pronomina ist in 1.Pl festzustellen. Hier zeigen die SP die Form **án**, die nicht auf die Rekonstruktion von Newman & Schuh zurückzuführen ist. Diese Form ist in mehrfacher Hinsicht bemerkenswert: Tonal weicht sie von den anderen SP1 ab, und wird ihr im Subjunktiv der Marker **na** vorangestellt, wird dessen Auslautvokal nicht gelängt (Pronomina bewirken in zusammengesetzten Formen Längung der vorangehenden Silbe[44]). Insbesondere die fehlende Fähigkeit, Längung der vorangehenden Silbe zu bewirken, könnte darauf hindeuten, dass es sich nicht um eine „echte" pronominale Form handelt. Leger (pers. Mitt.) vermutet, **án** könne möglicherweise auf ein Lexem mit der Bedeutung „Mensch" zurückzuführen sein (Nyam: **kán** „Menschen", Tangale: **ana**- Pluralzeichen bzw. Präfix zur Bildung von Nomina agentis oder zur Bezeichnung eines Besitzers; evtl. könnte man auch das Pluralzeichen im Pluralstamm -**an**-, das im Bole, Karekare, Ngamo und Kwami zu finden ist, damit in Verbindung bringen).

Zusätzlich zu den in der Tabelle aufgeführten, mit den Subjektpronomina identischen unabhängigen Pronomina gibt es noch stärker emphatische, mit einem Präfix **yee**- erweiterte Formen, die sich nur tonal von den unabhängigen Possessiva unterscheiden. Da der pronominale Bestandteil dieser Formen identisch ist mit den suffigierten Pronomina, sind diese Formen in der oben stehenden Übersichtstabelle nicht aufgeführt (zu den Pronomina s. auch Andreas 2012, 4.1 und 4.2).

3.3 Vergleich der Pronomina

In den folgenden Abschnitten werden die Befunde aus den einzelnen Sprachen zu prä- und postponierten Pronomina miteinander verglichen und analysierend ausgewertet. Die Darstellung der Pronominalsysteme der einzelnen Bole-Tangale-Sprachen in 3.2 hat gezeigt, dass sowohl präponierte als auch suffigierte Pronominalreihen so große Ähnlichkeiten

---

[44] Auch in der 1.Sg ist das vorangestellte **na** nicht gelängt.

zueinander aufweisen, dass davon ausgegangen werden kann, dass sie – wie Kraft (1974: 70) schon für UP, OP und PossP vermutete – auf ein einziges Pronominalparadigma zurückgeführt werden können. Zu der Frage, welche Pronominalreihe, d.h. eine prä- oder eine postponierte, als zugrundeliegend anzunehmen ist, kann nicht eindeutig Stellung bezogen werden, da sich die jeweils unerweiterten Reihen im Wesentlichen durch Wechsel ihrer Auslautvokale, d.h. Substitution, voneinander unterscheiden (s. dazu 3.3.2).

Der besseren Übersichtlichkeit halber ist der nun folgende Vergleich in zwei Abschnitte unterteilt. Zunächst werden die präponierten Pronomina betrachtet, wobei für den detaillierten morphologischen Vergleich der einzelnen Personen das kürzeste aller Paradigmata – d.h. die unerweiterten SP – ausgewählt wurde. Im Anschluss daran wird die Zusammensetzung der UP in den jeweiligen Sprachen vergleichend betrachtet. In einem weiteren vergleichenden Abschnitt zu den präponierten Pronomina werden auch funktionale Aspekte in den Vergleich einbezogen und zueinander in Beziehung gesetzt.

Der zweite Abschnitt beschäftigt sich mit den postponierten bzw. suffigierten Pronomina, wobei hier besonderes Augenmerk auf zwei Fragestellungen liegt: Worin unterscheiden sich prä- und postponierte Pronominalreihen voneinander? Und: Gibt es einen grundsätzlichen Unterschied zwischen solchen Pronomina, die Nomen, und solchen, die Verben suffigiert werden?

3.3.1 Präponierte Pronomina

Ohne sich darauf festlegen zu wollen, dass es sich bei den Subjektpronomina um dasjenige Pronominalparadigma handelt, das allen übrigen zugrundeliegt, bleibt der morphologische Vergleich der Pronomina der einzelnen Personen unter anderem auch aus praktischen Gründen auf diese beschränkt. Sollte es in anderen Pronominalreihen Abweichungen von dem für die SP Gesagten geben, so wird dies in den entsprechenden Abschnitten beschrieben und erläutert.

Bei den unabhängigen Pronomina handelt es sich in fast allen Sprachen um eindeutig erweiterte Formen, deren Zusammensetzung in 3.3.1.2 diskutiert werden soll.

3.3.1.1 Morphologischer Vergleich der Subjektpronomina

In diesem Abschnitt sollen die Formen der Subjektpronomina in den einzelnen Personen mit der jeweiligen von Newman & Schuh (1974) rekonstruierten Form sowie untereinander verglichen werden. In Sprachen, die mehrere Subjektpronominalreihen aufweisen, wurde die kürzeste, mutmaßlich unerweiterte Reihe zum Vergleich herangezogen. Meistens handelte es sich dabei um die Reihe von Subjektpronomina, die im Perfektiv/*Perfekt* verwendet wird (s. dazu auch 4.3.3.1). Wenn es geboten erschien, diese aufzuführen, werden Formen, die nicht als Kognaten der Rekonstruktion zu betrachten sind, in den Tabellen durch eckige Klammern markiert.

3.3.1.1.1 Erste Person Singular: *ni

Tabelle 29: Pronominalvergleich 1. Sg

*ni	ǹ, n`[45]	Bole, Nyam
	nà	Karekare, Kirfi, Galambu, Geruma, Tangale, Kanakuru
	nì, nè	Ngamo, Bele, Gera, Pero, Kwami

In der ersten Person Singular zeigen alle Sprachen nasalhaltige Formen, die auf die Rekonstruktion *ni zurückzuführen sind. Im Bole, Karekare, Ngamo, Tangale und Nyam ist das Pronomen der ersten Person Singular – abweichend von den anderen Personen – tieftonig, bzw. löst einen Tiefton auf der folgenden Silbe aus. Bezüglich der unterschiedlichen Vokalqualitäten kann davon ausgegangen werden, dass es sich hierbei um Analogiebildungen handelt. Dies wird bei Betrachtung der Formen der weiteren Personen deutlich.

Bei solchen Sprachen, in denen die SP einen Teil der TAM-Markierung tragen, erfolgt dies zum Teil auch durch die Qualität des Auslautvokals. Diese Zusammenhänge werden in 3.3.1.3 beleuchtet.

---

[45] Der nachgestellte Tiefton soll andeuten, dass das **n** zwar selbst keinen Ton trägt, aber einen Tiefton auf dem folgenden Verb auslöst.

3.3.1.1.2 Zweite Person Singular maskulin: *ka

Tabelle 30: Pronominalvergleich 2.Sgm

*ka	kà, ká	Bole, Karekare, Kirfi, Galambu, Geruma, Tangale, Kanakuru, (Pero)
	kì, kè	Ngamo, Bele, Gera, Kwami, Nyam

Auch in der zweiten Person Singular maskulin zeigen alle Sprachen Formen, die auf die Rekonstruktion zurückzuführen sind. Wiederum lassen sich die Sprachen hinsichtlich der Vokalqualität ihres Subjektpronomens in zwei Gruppen einteilen, solche, die einen hohen, vorderen Vokal und solche, die -a zeigen. Die Sprachen, die schon in der Pronominalform der ersten Person Singular einen hohen vorderen Vokal hatten, haben ihn auch hier, Entsprechendes gilt auch für -a.

3.3.1.1.3 Zweite Person Singular feminin: *ki

Tabelle 31: Pronominalvergleich 2. Sgf

*ki	kyì	Nyam
	cì, cí	Karekare, Galambu, Pero
	shì, shí	Bole, Ngamo, Bele, Kirfi, Gera, Geruma, Kanakuru, Kwami
	sì	Tangale, Gera

Gegenüber der für das Proto-Plateau-Sahel rekonstruierten Form weisen die Bole-Tangale-Sprachen unterschiedliche Palatalisierungsgrade des Anlautkonsonanten auf. Die schon von Kraft (1974: 71) vermutete Lautentsprechung wird von Schuh (2008: 274) bestätigt: „One change that has affected Bole-Tangale as a group is *k > c (>sh in some languages) before i." In manchen Sprachen fallen dadurch 2.Sgf und 3.Sgm zusammen (Kirfi, Geruma).

In der Rekonstruktion unterscheiden sich 2.Sgm und 2.Sgf nur durch ihre Vokalqualität. Es erscheint plausibel, dass zunächst durch Palatalisierung in der 2.Sgf ein Kontrast in den Anlautkonsonanten entstand, worauf der Vokal der 2.Sgm analogisch angeglichen werden konnte, wie beispielsweise im Ngamo, Bele, Gera und Nyam.

3.3.1.1.4 Dritte Person Singular maskulin: *(si)

Tabelle 32: Pronominalvergleich 3.Sgm

*(si)	sì	Gera
	shì	Kirfi, Galambu, Geruma (Kanakuru)
	yì	Kwami, Tangale
	hì	Bele
	[nyì	Nyam]

Newman & Schuh geben ihre Rekonstruktion in Klammern an, denn (1974: 6): „The third person pronouns were normally optionally or obligatorily omitted in verbal sentences." Im hier betrachteten Sample haben (bzw. verwenden) fünf Sprachen keine subjekpronominalen Formen in den dritten Personen (Bo, Ka, Nga, Ta, Kana (nur im Perfektiv) und Pe). Zur ihrer rekonstruierten Form führen Newman & Schuh (ibid.) aus: „it may have been [si], or it may have been [š] with non-distinctive palatalization before the front vowel." Im Falle von Palatalisierung können allerdings Ambiguitäten mit der zweiten Person feminin auftreten (s. dazu 3.3.1.1.3).

Bis auf das Nyam – auf dessen Form **nyi** weiter unten noch eingegangen wird – zeigen alle Sprachen, die ein entsprechendes Subjektpronomen besitzen, Formen, die auf die Rekonstruktion zurückgehen. Abweichungen sind durch regelmäßige Lautensprechungen zu erklären: Kwami und Tangale zeigen einen Lautwechsel von *s > y/w und im Bele ist eine regelmäßige Lautentsprechung *s,*z > h belegt (s. 2.1.1).

Das Nyam zeigt die nicht auf die Rekonstruktion zurückzuführende Form **nyi**, die auf eine ursprünglich suffigierte Pronominalform zurückgehen dürfte – wie in 3.1 bei der Darstellung der Pronominalrekonstruktionen von Kraft erwähnt. Newman & Schuh (ibid.) haben **ni** nicht als subjektpronominale Form rekonstruiert und begründen dies wie folgt:

> The *ni* form of the 3m pronoun, while absent in Hausa, is found in most Chadic languages and is reconstructed for Proto-Chadic (cf. Kraft 1972[46]).
> It has not been included in the above paradigm for the following reason:

---

[46] Diese Angabe bezieht sich auf ein Paper mit dem Titel „Reconstruction of Chadic Pronouns", das Kraft 1972 auf der Annual Conference on African Linguistics in Bloomington präsentiert hat. Kraft (1974) dürfte daraus hervorgegangen sein.

although *si and *ni both existed in Proto-Chadic, only *si functioned as a PVP, *ni serving in object and complement positions.

Geht man davon aus – wie Newman & Schuh es postulieren –, dass in den dritten Personen ursprünglich kein Subjektpronomen verwendet wurde (und daher auch keines existierte), könnte man vermuten, dass im Nyam zur Füllung dieser „Lücke" das vorhandene, ursprünglich nur suffigierte Pronomen der 3.Sgm herangezogen wurde.

Einige Sprachen haben andere Strategien entwickelt, Ambiguitäten in den dritten Personen zu vermeiden – einerseits durch die Verwendung spezieller Feminin- und/oder Pluralstämme im Perfektiv (Bo, Ka, Nga Be, Ki, Gera, Geru, Kwa, s. 2.4), andererseits durch die Entwicklung logophorischer Pronominalsysteme (Tangale, Pero). Es ist interessant, dass im Tangale die ererbten Formen (**yi, ta, yini**) die mutmaßlich „neuere" Funktion der Logophorizität erfüllen, während aus Demonstrativa innovierte Formen die Kennzeichnung nicht-logophorischer Verhältnisse übernommen haben[47].

3.3.1.1.5 Dritte Person Singular feminin: *(ta)

Tabelle 33: Pronominalvergleich 3.Sgf

*(ta)	tà	Kirfi, Galambu, Geruma, Tangale
	tì/tè	Bele, Gera, Kwami, Pero
	sì, shée	Nyam, Kanakuru

Bis auf das Karekare und Nyam zeigen alle Sprachen Formen, die unmittelbar auf die Rekonstruktion zurückzuführen sind. Die unterschiedlichen Vokale lassen sich wiederum schlüssig durch Analogiebildung erklären: die Sprachen, die in 2.Sgm **ka** haben, zeigen in 3.Sgf **ta**.

Im Nyam unterscheidet im Singular der auslautende Vokal die beiden subjekpronominalen Paradigmata voneinander. Da in der 3.Sgm die Form **nyi** verwendet wird, kann das anlautende **t** in der 3.Sgf zu **s** palatalisiert werden, ohne dass Ambiguitäten entstehen, so dass auch hier die vorliegende Form **sì** mit einiger Plausibilität als Entsprechung der rekonstruierten Form zu betrachten ist. Im Kanakuru würde man eine

---

[47] Ganz ähnliche Verhältnisse herrschen auch im Angas, einer ebenfalls zum Unterzweig A des Westtschadischen gehörenden Sprache (pers. Mitt. Mirka Grünwaldt).

Form **ta** erwarten (da 2.Sgm **ka** ist), und die vorliegende Form **shée** bildet insofern eine Ausnahme. Hier ist die Genusdifferenzierung in der 3. Person Singular durch die jeweiligen Auslautvokale – Maskulinum **-ii**, Femininum **-ee** – gewährleistet.

3.3.1.1.6 Erste Person Plural: *mu

Tabelle 34: Pronominalvergleich 1.Pl

*mu	mù, mú, mə̀,	Karekare, Ngamo, Bole, Bele, Kirfi, Galambu,
	mùn	Gera, Geruma, Kanakuru,
	mìn, mínì	Kwami, Tangale, Pero,
	[án	Nyam]

Die überwiegende Mehrheit der Sprachen zeigt Formen, die kaum von der Rekonstruktion abweichen. Der Wechsel von **u/i** scheint wiederum als weitgehend analogiebedingt erklärbar – ein Großteil der Sprachen, die im Singular einen hohen vorderen Vokal bevorzugen, zeigen auch in der 1.Pl **-i**.

Eine Ausnahme bildet das Nyam, dessen Form **án**, die sich auch aufgrund ihrer tonalen und anderer Charakteristika (s. 3.2.13) vom Rest des Paradigmas abhebt, nicht auf die rekonstruierte Form zurückzuführen ist. Wie in 3.2.13 gezeigt, enthält das Paradigma der suffigierten Pronomina im Nyam die ererbte Form **mu**.

3.3.1.1.7 Zweite Person Plural: *ku

Tabelle 35: Pronominalvergleich 2. Pl

*ku	kú, kù, ngù, kə	Karekare, Ngamo, Kirfi, Galambu, Gera, Geruma, Kanakuru
	kà	Nyam
	[màá, màká, mày, mà	Bole, Bele, Kwami, Tangale, Pero]

In der zweiten Person Plural steht einer Gruppe von Sprachen, die der Rekonstruktion entsprechende Formen zeigen, eine andere gegenüber, deren Formen auf **ma-** anlauten. Zum Teil verhalten sich diese **ma**-haltigen Pronomina auch syntaktisch abweichend von den übrigen Pronomina, die überwiegend Klitika sind und als solche bspw. bestimmte tonale Prozesse auslösen können. Auch die **ma**-haltigen Formen in der 3.Pl (s. 3.3.1.1.8) sind unabhängige Pronomina. Die Ähnlichkeit dieser Pronomina mit der von Kraft für die 1. Person Dual im Biu-Mandara rekonstruierten Form könnte Anlass für Spekulationen über ihre Herkunft geben, für die das vorliegende Datenmaterial allerdings keine ausreichende Grundlage bietet – von den Schwierigkeiten, einen semantischen Zusammenhang zwischen 1.Pl Dual und 2.Pl herzustellen, ganz abgesehen. Zu beantworten bliebe auch die Frage, aus welchem Grund eine ererbte Pronominalform der 2.Pl durch eine (evtl. nicht mehr gebrauchte) Dualform ersetzt worden sein sollte.

Die Form **kà** aus dem Nyam fällt aufgrund ihres tiefen Auslautvokals im Vergleich zu den anderen Sprachen aus dem Rahmen, was aber sprachintern durch Konformität mit dem Muster: Singular – hoher Vokal, Plural – tiefer Vokal erklärt werden kann.

3.3.1.1.8 Dritte Person Plural: *su

Tabelle 36: Pronominalvergleich 3.Pl

*su	sù	Kirfi, Galambu, Gera, Geruma
	yìn, yìní, wù, wùn	Kwami, Kupto, Tangale, Kanakuru
	[màté, màahá	Bole, Bele]
	[kày	Nyam]

Die überwiegende Mehrheit der Sprachen zeigt in der dritten Person Plural Kognaten der rekonstruierten Form. Nur zwei der Sprachen (Bo, Be), die in der 2.Pl eine **ma**-haltige Form haben, zeigen hier eine Form, die evtl. als **ma** + ererbtes Pronomen interpretiert werden kann (Bele: **màahá**, eine regelmäßige Lautentsprechung führte zur Entwicklung *s > h).

3.3.1.2 Unabhängige Pronomina

Bei den unabhängigen Pronomina handelt es sich überwiegend um erweiterte Formen, die als Zusammensetzungen von SP und Suffix analysiert werden können. In einigen wenigen Sprachen sind SP und UP (zumindest segmental) identisch (oder fast identisch). Im Nyam gibt es zwei Reihen unabhängiger Pronomina, die eine ist identisch mit den (unerweiterten) Subjektpronomina, bei der anderen erscheinen die suffigierten Pronomina nach einem Element **yee**-. Auch im Karekare – für das es nur vage Belege für die UP gibt – sieht die Bildung ähnlich aus, d.h. die PossP folgen einem Präfix.

In den dritten Personen haben die Sprachen, denen an dieser Stelle die Subjektpronomina fehlen, Formen, die auf *sV und *ta zurückzuführen sind. In einzelnen Fällen (bspw. Bole: **íshì, ítà**) sind diese Formen insofern leicht abweichend, als sie statt durch ein Suffix durch ein Präfix erweitert sind.

Tabelle 37 gibt eine Übersicht über die Zusammensetzungen der UP in den verschiedenen Sprachen.

Tabelle 37: Vergleich UP

	Bo	Ka[48]	Nga	Be[49]	Ki	Ga	Gera	Geru	Ta	Kana	Pe	Kwa	Nya
SP + Suff	✔		✔	?	✔	✔	✔	✔		✔		✔	
UP=SP				?				✔		✔		✔	
Präf + suffP		(✔)		?									✔

3.3.1.3 Funktionale Aspekte sowie Korrelationen zwischen Form und Funktion

Hinsichtlich des Status der Subjektpronomina lässt sich feststellen, dass es sich in der überwiegenden Mehrzahl der hier betrachteten Sprachen bei den SP tatsächlich um freie Lexeme handelt, die teilweise durch aspektmarkierende Morpheme mit dem Verbalstamm verbunden sind – wie es Diakonoff (1965) rekonstruiert hat. In den Sprachen, in denen die SP auch bei Anwesenheit eines nominalen Subjekts obligatorisch sind, hängt dies damit zusammen, dass das SP TAM-markierende Funktion übernommen hat – sei es durch Verschmelzung mit einem TAM-Morphem oder durch tonale Variation. Hinsichtlich der Funktion der SP lässt sich daher feststellen, dass sie in keiner der Sprachen als obligatorische Konkordanz- oder Subjektmarker zu verstehen sind. Weder SP noch suffigierte Pronomina dienen der Konstitutentenmarkierung, diese erfolgt

---

[48] Im Karekare gibt es kein Material zu den UP, Schuh (o.J.(a)) und Kraft (1974: 70) deuten an, dass es sich um durch ein Präfix erweiterte Formen der Possessivsuffixe handelt, s. dazu auch 3.2.2.

[49] Im Bele sind die Formen durch unterschiedliche Elemente modifiziert bzw. erweitert und nicht eindeutig analysierbar, weshalb sie hier nicht in den Vergleich mit einbezogen werden konnten.

Pronominalsysteme und Subjektpronomina 95

in den hier betrachteten Sprachen im Wesentlichen durch Konstituentenreihenfolge (soweit das Datenmaterial ausreicht, um diesen Schluss zu ziehen).

Die untersuchten Sprachen lassen sich somit in zwei Gruppen einteilen: solche, die nur eine Reihe von Subjektpronomina haben, und solche, in denen die Subjektsporonomina TAM-markierende Funktion übernehmen.

Folgende Tabelle gibt einen Überblick darüber, bei welchen Sprachen TAM am Subjektpronomen markiert ist und wodurch dies erfolgt (Tonveränderung des SP, Veränderung des Auslautvokals und/oder Auslautlängung).

Tabelle 38: Vergleich TAM-Markierung am SP

	Bo	Ka	Nga	Be	Ki	Ga	Gera	Geru	Kwa	Ta	Kana	Pe	Nya
SP+TAM	✗	✗	✗	✓	✓	✓	✗	✓	✗	(✓)	✓	✗	✓
Ton				✓	✓	✓		✓		(✓)			
Vokal				✓								✓	✓
Auslautlängung												✓	✓

Wie Diakonoff (1965) gehen auch Newman & Schuh (1974) davon aus, dass die SP ursprünglich keine TAM-markierende Funktion hatten. Das vorliegende Datenmaterial stützt diese Annahme, da die TAM-markierenden Elemente am SP in den Sprachen, die TAM-Markierung am SP haben, sich schwerlich auf einen gemeinsamen Ursprung zurückführen lassen.

Bei der überwiegenden Mehrzahl der Sprachen, die nur eine Subjektpronominalreihe besitzen bzw. bei denen der Ton des SP keine funktionale Last trägt, bildet das SP der 1.Sg tonal eine Ausnahme (Bo, Ka, Nga, Nya und möglicherweise auch Ta). In den Sprachen, in denen der Ton der SP TAM-markierende Funktion hat (Be, Ki, Ga, Geru, Kana), muss diese Unregelmäßigkeit naturgemäß ausgeglichen sein.

Schuh hat an verschiedenen Stellen bemerkt, dieses tonal abweichende Verhalten der 1. Sg sei ein ererbtes Merkmal der Bole-Tangale-Sprachen (u.a. Schuh o.J.(a): 6): „This is an inherited feature from proto-

Bole-Tangale as can be seen from the fact that Bole, which is not closely related to Karekare within Bole-Tangale, has the same tonal properties."

Die in Tabelle 39 zu erkennende überwiegend komplementäre Verteilung von tonaler Abweichung in 1.Sg und TAM-Markierung am SP könnte als deutliches Indiz für die Rekonstruierbarkeit der Tieftonigkeit der SP in der 1.Sg aufgefasst werden.

Tabelle 39: Vergleich SP+TAM und Ton SP 1.Sg

	Bo	Ka	Nga	Be	Ki	Ga	Gera	Geru	Kwa	Ta	Kana	Pe	Nya
SP+TAM				✓	✓	✓	?	✓	✗	(✓)	✓	✗	✓
1.Sg T	✓	✓	✓						✗	✓		✗	✓

Newman & Schuh (1974) nahmen an, dass es im Proto-Westtschadischen kein SP in den dritten Personen gab. Bei sechs der betrachteten Sprachen (Bo, Ka, Nga, Ta, Kana und Pe) gibt es in den dritten Personen in mindestens einem TAM-Paradigma kein Subjektpronomen. Bei fast allen anderen Sprachen sind in den dritten Personen Formen gemeinsamen Ursprungs zu finden, die sich auf Newman & Schuhs (tentative) bzw. Krafts Rekonstruktion zurückführen lassen. Diese Datenlage erlaubt keinen eindeutigen Schluss darüber, ob es ursprünglich keine Pronomina gab, oder ob diese in einem Teil der Sprachen wegen Redundanz optional wurden und später ganz weggefallen sind. Ein Zusammenhang mit dem Abbau des Genussystems ist ebenfalls nicht ersichtlich – ein Teil der Sprachen ohne SP in den dritten Personen hat ein robustes Genussystem (Bo, Nga), die anderen (Ta, Kana, Pe) ein mehr oder weniger reduziertes (s. dazu auch 2.4).

Da die in den dritten Personen in den Subjektpronominalreihen vorkommenden Formen (zurückzuführen auf *si, *ta, *su) – wie ein Vergleich mit Krafts Rekonstruktion zeigt – für das Gesamttschadische anzusetzen sind, ist ein denkbares Szenario vielleicht das Folgende: Weil die Subjektpronomina der dritten Personen nicht in allen Kontexten obligatorisch waren (z.B. in Anwesenheit eines nominalen Subjekts oder wenn es nicht wichtig erschien, Genus und Numerus des Subjekts zu spezifizieren), wurden diese Formen in einigen Sprachen immer weniger gebraucht, bis sie ganz wegfielen oder eine speziellere Bedeutung erhielten (wie beispielsweise im Tangale, wo die ererbten Pronominalformen logophorische Funktion übernehmen).

Eine Kompensation des Fehlens von Subjektpronomina in den dritten Personen durch das Vorhandensein einer Genus- und Numerusmarkierung im Perfektivstamm konnte nicht bestätigt werden. In drei der betrachteten Sprachen (Be, Ki, Gera) gibt es sowohl Subjektpronomina in den dritten Personen als auch eine Genus- und Numerusunterscheidung am Perfektivstamm. In drei anderen Sprachen (Bo, Ka, Nga) fehlen Subjektpronomina der dritten Personen und es gibt Genus- und Numerusunterscheidung am Perfektivstamm. Allerdings gibt es einen Zusammenhang mit dem Vorhandensein bzw. Umfang des Genussystems: die Sprachen, die zumindest noch Teile eines Genus- und Numerussystems haben (s. dazu 2.4), zeigen auch einen Feminin- und Pluralstamm. In den Sprachen, deren Genus- und Numerussystem schon weitgehend abgebaut ist, erfolgt auch an keiner anderen Stelle eine Kompensation.

Unter den Sprachen, die keine SP der dritten Personen besitzen, sind zwei, die Systeme logophorischer Pronomina entwickelt haben. Da keine der anderen Sprachen logophorische Pronomina hat, könnte hier ein Zusammenhang vermutet werden[50].

In Tabelle 40 – die einen Teil der Informationen aus Tabelle 13 und aus 2.4 wiederholt – ist dieser Zusammenhang dargestellt. Hierbei sind in der ersten Zeile die Sprachen markiert, denen in den dritten Personen SP fehlen, die übrigen Zeilen geben einen Überblick über dasVorhandensein logophorischer Pronomina und den Umfang des Genus- und Numerussystems. Hierbei ist zunächst angegeben, welche Sprachen am Perfektivstamm Genus- und Numerus des Subjekts markieren, in den nächsten drei Zeilen ist gekennzeichnet, welche Elemente genusmarkiert sind (Demonstrative, Pronomina, Genitivmarker) und in der letzten Zeile ist ggf. angezeigt, dass die jeweilige Sprache ein produktives nominales Pluralsystem besitzt.

---

[50] Piya und Widala besitzen allerdings sowohl Pronominalformen der dritten Personen als auch logophorische Pronomina (pers. Mitt. Rudolf Leger)

Tabelle 40: Vergleich Fehlen SP 3.Pers. und Genus- bzw. Numerussystem

	Bo	Ka	Nga	Be	Ki	Ga	Gera	Geru	Kwa	Ta	Kana	Pe	Nya
ØSP 3.Pers	✓	✓	✓							✓	✓	✓	
LOG										✓		✓	
Pfv- St f	✓	✓		✓									
Pl	✓	✓	✓	✓	✓		✓	✓	✓				
Dem	✓		✓	?	?	?	?	?		✓	?	✓	
Pron	✓	✓	✓	?	?	?	?	?	✓	✓	?	✓	✓
Gen		✓	✓	?	?	?	?	?			?		
Plural	(✓)	(✓)	(✓)	✓	✓	✓	✓	✓		✓		✓	

3.3.1.4 Zusammenfassung

Unerweiterte bzw. nicht durch ein Suffix ergänzte präponierte Pronomina lassen sich in allen Sprachen auf eine zugrundeliegende Reihe zurückführen, die der der Subjektpronomina entspricht und auf die rekonstruierte Reihe zurückzuführen ist. Solche Pronomina, die durch ein Präfix erweitert sind, basieren auf einer der postponierten Pronominalreihen.

In einigen Personalformen der SP zeigen sich Auffälligkeiten, die hier nochmals kurz zusammengefasst werden:

Die Pronomina der 1.Sg sind in vielen Sprachen – abweichend von den Pronomina der anderen Personen – tieftonig. Hierbei scheint es sich um ein ererbtes Merkmal zu handeln.

In den dritten Personen haben viele der Sprachen keine SP. In einigen dieser Sprachen gibt es in den dritten Personen Systeme logophorischer Pronomina. Das Nyam zeigt in der 3.Sgm die Form **nyì**, die möglicherweise auf die Form eines suffigierten Pronomens zurückzuführen ist.

In der 1.Pl zeigt das Nyam eine abweichende Form (**án**), deren Herkunft nicht schlüssig geklärt werden kann.

In 2. und 3. Pl zeigen eine Reihe von Sprachen Formen, die mit dem Element **ma-** gebildet sind. Dies ist insbesondere deshalb bemerkenswert, da Kraft (1974: 71) konstatierte, in der 2.Pl sei das Bild besonders einheitlich und die Rekonstruktion für das Prototschadische unproblematisch. Es ist anzunehmen, dass es sich bei den **ma**-haltigen Formen um Innovationen handelt. Die folgende Tabelle gibt einen Überblick darüber, in welchen Sprachen diese abweichenden Formen wo vorkommen:

Tabelle 41: Übersicht ma-haltige Pronominalformen der 2. und 3.Pl

	Bo	Ka	Nga	Be	Ki	Ga	Gera	Geru	Kwa	Ta	Kana	Pe	Nya
2.Pl ma-	✓		✓						✓	✓		✓	
3.Pl ma-	✓[51]		✓									-/-	
Paradigma	SP, UP		SP						SP, UP	SP		SP, UP	

3.3.2 Postponierte Pronomina

Die vergleichende Betrachtung der postponierten Pronomina ist in zwei Abschnitte unterteilt. Der erste Abschnitt konzentriert sich auf die Beschreibung morphologischer und tonologischer Charakteristika suffigierter Pronomina und der zweite bezieht funktionale und syntaktische Aspekte in die Analyse mit ein.

3.3.2.1 Morphologische und tonologische Betrachtungen

In den meisten Sprachen unterscheiden sich präponierte und suffigierte Pronomina (hierbei handelt es sich zumeist um Objekt- und Possessivpronomina) durch ihre Auslautvokale: Während Subjektpronomina und unabhängige Pronomina im Singular überwiegend auf -a/-i auslauten, zeigt die überwältigende Mehrheit der Sprachen mindestens eine Reihe auslautender suffigierter Pronomina auf -o bzw. -ɔ in 1.Sg, 2.Sg und 3.Sgf. Folgende Tabelle gibt einen Überblick, welche Sprachen mindestens eine auf -o auslautende Reihe suffigierter Pronomina haben und um welche Reihe(n) es sich dabei handelt.

Tabelle 42: Vorkommen von auslautendem -o bei suffigierten Pronomina im Singular

	Prononominalreihe	-o
Bo	alle ausl.	✓
Ka	alle ausl.	✓
Nga	ausl. u. inl.	✓
Be	DOP Pfv, PossP	✓

---

[51] Es handelt sich hierbei um die Form des unabhängigen Pronomens.

	Prononominalreihe	-o
Ki	DOP	✔
Ga	?	(✔?)
Gera	-/-	✗
Geru	-/-	✗
Kwa	nicht-*Perf* unerw., PossP	✔
Ta	alle	✔
Kana	IOP, PossP, ICP	✔
Pe	alle	✔
Nya	alle, nur im abs. Ausl.	(✔)

Zu den Sprachen, die anscheinend kein auf -o auslautendes Paradigma suffigierter Pronomina haben, ist Folgendes zu bemerken: Im Galambu lauten die suffigierten Pronomina aufgrund der regelmäßigen Lautentsprechung *-e, *-o > -a auf -a aus. Im Gera und Geruma führt Schuh nur Formen der Objektpronomina vor dem jeweiligen Perfektivmarker an. Daher ist es nicht auszuschließen, dass in den Subjunktiv- oder Imperfektivformen auf -o auslautende suffigierte Pronominalformen erscheinen. Im Nyam lauten die suffigierten Pronomina nur im absoluten Auslaut auf -ɔ aus, ansonsten auf -i.

In den Sprachen, die inlautende suffigierte Pronomina haben, lauten diese entweder auf -a(a)- (Bo, Ka) aus oder sind vokallos (Ga, Ta). Die einzige Ausnahme bildet das Ngamo, dessen inlautende Pronominalreihe ebenfalls auf -o auslautet. Da in (fast) allen Sprachen eine auf -o auslautende Pronominalreihe zu finden ist und diese auch diejenige Reihe ist, die bei solchen Sprachen vorkommt, die nur eine Reihe suffigierter Pronomina besitzen, ist es gerechtgertigt, diese Reihe als für suffigierte Pronomina zugrundeliegend anzunehmen.

Ein weiterer interessanter Aspekt bei der Betrachtung der suffigierten Pronomina ist die Frage, ob und ggf. wodurch sich die Reihen der DOP, IOP und PossP voneinander unterscheiden. Kraft nimmt bei seiner Rekonstruktion für das Prototschadische zwei Reihen suffigierter Pronomina an: eine für Objektpronomina und eine für Possessivpronomina, d.h. eine Reihe von Pronomina, die an Verben, und eine für solche, die an Nomina suffigiert werden. In Tabelle 43 ist für jede der hier betrachteten Sprachen aufgeführt, wie viele unterschiedliche suffixpronominale Reihen es gibt, und – falls es sich um mehrere handelt – wodurch diese sich voneinander unterscheiden, d.h. durch einen unterschiedlichen Auslautvokal, tonal und/oder durch unterschiedliche Formen in der 3.Sgm. Pronominalreihen sind mit A, B und/oder C bezeichnet. So bedeuten für Kirfi die Einträge A, B und C jeweils in den Zeilen DOP, IOP und PossP, dass es sich hierbei um unterschiedliche Pronominalreihen handelt. Bole hingegen hat nur eine suffigierte Pronominalreihe und dementsprechend erscheint in den drei Zeilen für DOP, IOP und PossP jeweils A.

Tabelle 43: Übersicht suffigierte Pronominalreihen

	Bo	Ka	Nga	Be	Ki	Ga	Gera	Geru	Kwa	Ta	Kana	Pe	Nya
DOP	A	A	A	?	A	(A)	(A)	A	A,B	A	A	A	A
IOP	A	B	B	?	B	(A)	(A)	A	UP	A	B	A	A
PossP	A	B	B	?	C	(B?)	?	?	B	A	B	A	A
Vokal		✓	✓	?					✓		✓		
Ton			✓	?	✓								
sV/ni		✓		?	✓						✓		

Bei drei der im Bauchi-Gebiet gesprochenen Sprachen sind aufgrund unvollständigen Datenmaterials folgende Einschränkungen hinsichtlich der Auswertung angebracht: Im Gera sind die Reihen der DOP und IOP identisch, Schuh führt allerdings nur eine Reihe unabhängiger Possessivpronomina auf, so dass keine Aussage über die Anzahl unterschiedlicher Paradigmata gemacht werden kann. Im Galambu ist nur eine Objektpronominalreihe für den Perfektiv angegeben (DOP und IOP sind identisch) – da es sich aber um inlautende Formen handelt, lässt sich keine Aussage darüber treffen, ob diese Reihe mit den PossP identisch ist. Auch im Geruma beziehen sich die Angaben in der Tabelle allein auf die Form des Objektpronomens im Perfektiv.

Im Kwami können indirekte Objekte nicht durch suffigierte Pronomina ausgedrückt werden, es erscheinen immer die unabhängigen Pronomina. Im nicht-*Perfekt* unterscheiden sich PossP und DOP nur im Singular voneinander.

Zusammenfassend lässt sich feststellen, dass kein grundsätzlicher Unterschied zwischen Pronomina gemacht werden kann, die an Verbalformen, und solchen, die an Nomina suffigiert werden. Die beiden einzigen Sprachen, in denen die Reihe der PossP nicht mit mindestens einer der Pronominalreihen identisch ist, sind Kirfi und Kwami, die drei verschiedene Reihen aufweisen. Die größte Untergruppe von Sprachen (Bo, Ta, Pe, Nya) hat nur ein Paradigma für alle suffigierten Pronomina. Drei Sprachen haben zwei Paradigmata auslautender Pronomina, wobei sich IOP und PossP ein Paradigma teilen (Ka, Nga, Kana). Nur eine der betrachteten Sprachen hat für alle drei suffigierten Pronominalreihen jeweils eigene Formen (Ki).

Wenn Sprachen DOP und IOP voneinander unterscheiden, tun sie dies durch Vokal (DOP eher -**e**, IOP eher -**o**, s. z.B. Kanakuru) und/oder durch unterschiedliche Pronominalformen in der 3.Sgm, wobei meist bei den DOP eine auf *sV zurückzuführende Form erscheint, während die IOP eine Form zeigen, die als Kognate von ***ni** anzusehen ist (Ka, Ki, Kana, Kwa). Die Unterscheidung in der 3.Sgm ist allerdings in keiner Sprache der einzige Unterschied zwischen IOP und DOP.

Im Hinblick auf Krafts Rekonstruktion einer Objektpronominalreihe und einer Possessivsuffixreihe lässt sich konstatieren, dass das hier vorliegende Material diese Annahme nicht stützt. Vielmehr zeigen überwiegend DOP von IOP und PossP abweichende Formen, wobei in diesem Fall die Reihe der IOP/PossP die auf -**o** auslautende und somit möglicherweise zugrundeliegende ist.

Schuh hält das in einer ganzen Anzahl der Sprachen wiederkehrende Abweichen des Tons bei suffigierten Pronomina in der 3.Sgm für ein ererbtes Merkmal (1978: 27, FN7): „Note the low tone on the third masculine singular DO complex. A low tone associated with the **n**- masculine singular pronoun, even where other persons are high, is typical of the Bole-Tangale group." Auch im vorliegenden Datenkorpus ist diese tonale Abweichung charakteristisch für Formen der suffigierten Pronominalsets. In Tabelle 44 sind die Sprachen markiert, in denen in mindestens einem suffigierten Pronominalset in der 3.Sgm ein abweichender Tiefton festzustellen ist.

Tabelle 44: Vorkommen von Tiefton bei suffigierten Pronomina 3.Sgm

	Pronominalreihe	3.Sgm T
Bo	alle	✓
Ka	OP, Subj	✓
Nga		✗
Be	DOP, PossP	✓
Ki	IOP, Subj	✓
Ga	PossP	✓
Gera		✗
Geru		?
Kwa		✗
Ta		✗
Kana	IOP, PossP, ICP	✓
Pe		✗
Nya	SP	✓

Bei den meisten der anderen Sprachen (Nga, Gera[52], Ta, Pe, Kwa) ist die ganze Reihe der suffigierten Pronomina tieftonig – eine etwaige Abweichung der 3.Sgm kann also nicht festgestellt werden. Im Geruma ist nur eine Reihe von Objektpronomina im Perfektiv angegeben, die mit dem Perfektivmarker -**aala** verschmelzen, wodurch keine eindeutige Aussage über ihr tonales Verhalten gemacht werden kann. Es ist nicht auszuschließen, dass in der Reihe der Possessivpronomina (wie im Ga) oder Objektpronomina im Subjunktiv oder Imperfektiv eine tonale Abweichung der 3.Sgm festzustellen wäre. Im Kwami markieren überdies im Singular Tonunterschiede am direkten Objektpronomen den Unterschied zwischen Destinativ und Ventiv.

Im Nyam, wo die auf die rekonstruierte Form *ni zurückzuführende Form ***nyi** als Subjektpronomen erscheint, gelten die tonalen Abweichungen hier auch im präverbalen Bereich. Da alle Pronomina, die einen abweichenden Tiefton zeigen bzw. eine Tonabsenkung bewirken, einen Nasal enthalten, könnte man hier unter Umständen einen Zusammenhang vermuten.

---

[52] Gera hat überdies in der 3.Sgm die Form -**sì**, bei der kein abweichender Tiefton zu erwarten ist.

Schuhs Annahme, bei dem Tiefton der suffigierten Pronomina der 3.Sgm handele es sich um ein typisches Merkmal der Bole-Tangale-Sprachen, wird also durch das Material der hier betrachteten Sprachen gestützt.

3.3.2.2 Funktionale und syntaktische Betrachtungen

In einigen der Sprachen sind in den verschiedenen TAM-Paradigmata unterschiedliche Reihen von suffigierten Pronomina festzustellen. In den meisten Fällen ist dies darauf zurückzuführen, dass im Perfektiv/*Perfekt*/*Completed Aspect*[53] das Objektpronomen mit dem ihm folgenden Perfektivsuffix verschmilzt oder eine enge Verbindung mit ihm eingeht (Ka, Be, Ga, Nya). In den anderen Paradigmata ist dann die eigentlich zugrundeliegende, zumeist auf -o auslautende, suffigierte Pronominalreihe zu finden.

In einigen wenigen Sprachen zeigen sich auch Abweichungen in anderen als dem Perfektiv-Paradigma. Im Karekare lauten die Objektpronomina im Subjunktiv auf -e aus, was darauf zurückzuführen sein könnte, dass das Objektpronomen den für den Subjunktiv charakteristischen Auslautvokal übernimmt (s. 4.3.2.2.5). Diese Annahme wird dadurch gestützt, dass bei Anwesenheit des Totalitätsuffixes, das zwischen stammauslautendes -e und das direkte Objektpronomen tritt, das Objektpronomen auf -o auslautet. Für das Bele, Galambu, Gera und Geruma ist es nicht möglich eine Aussage zu treffen, da suffigierte Pronominalreihen nur im Perfektiv angegeben sind. Im Bele und Galambu ist allerdings davon auszugehen, dass es unterschiedliche suffigierte Pronominalreihen in den verschiedenen TAM-Paradigmata gibt, da im Perfektiv die OP mit dem Perfektivmarker verschmelzen. Eine eindeutige Aussage ist in diesem Zusammenhang nicht möglich.

Im Kirfi unterscheiden sich die Objektpronomina im Perfektiv und Subjunktiv durch ihren Auslautvokal, -o respektive -a. Das vorliegende Datenmaterial lässt keine weiteren Schlüsse über den Ursprung dieses Vokalwechsels zu. Der Subjunktiv wird durch Veränderungen am Verbalstamm markiert, der Vokalwechsel am Objektpronomen trägt in dieser Hinsicht keine funktionale Last und könnte den morphosyntakti-

---

[53] Diese werden im Folgenden zusammenfassend als Perfektiv bezeichnet.

schen Bedingungen geschuldet sein. Im Kwami erscheint in den nichtperfektischen TAM dieselbe suffigierte Pronominalreihe, die auch als PossP an Nomina suffigiert wird. Dies könnte möglicherweise darauf zurückzuführen sein, dass bei einem Teil der nicht-perfektischen TAM-Formen der Verbalstamm in nominalisierter Form vorliegt. Die Verwendung der „nominalen" Suffixe für alle nicht-perfektischen Paradigmata könnte auf eine Verallgemeinerung bzw. Analogiebildung zurückzuführen sein. Auch hier tragen nicht die Objektpronomina die funktionale Last der TAM-Unterscheidung. Eine weitere Reihe auf -e unterscheidet in den nicht-perfektischen TAM-Formen den Destinativ vom Ventiv.

Zusammenfassend lässt sich sagen, dass in keiner der betrachteten Sprachen suffigierte Pronomina eine direkt ersichtliche TAM-markierende Funktion übernehmen. Vielen der Sprachen, die unterschiedliche suffigierte Pronomina in unterschiedlichen TAM-Formen haben, ist allerdings gemeinsam, dass die Pronominalreihe im Perfektiv auf -a, in den übrigen TAM aber auf -o auslautet. Dies trifft auf das Karekare, Bele (inlautende suffigierte Pronominalreihe im Perfektiv) und Kwami zu. Im Kirfi – wie oben schon beschrieben – verhält es sich gerade umgekehrt: Im Perfektiv lauten die Objektpronomina auf -o aus, im Subjunktiv auf -a.

Bei zwei der hier betrachteten Sprachen (Bo und Ka) werden indirekte pronominale Objekte in den Verbalstamm inkorporiert, was Gimba (2000: 37) als weit verbreitetes Merkmal des Tschadischen ansieht. Schuh & Gimba (2004-2012 [Objects, Direct and Indirect: 3]) halten es für ein rekonstruierbares Merkmal des Proto-Bole-Tangale, wenn nicht sogar einer zeitlich tieferen Ebene des Tschadischen, da Schuh (1998: 296) ein ähnliches Verhalten indirekter Objektpronomina auch im Miya (Westtschadisch B) feststellt. In der vorliegenden Studie konnte in keiner weiteren Sprache vergleichbares Verhalten festgestellt werden. Es fällt aber auf, dass in allen Sprachen, von denen ausreichend Material vorlag, um dies zu beurteilen – mit Ausnahme des Nyam[54] – d.h. Bo, Ka, Nga, Ga, Gera, Kana, Pe und Kwa, indirekte Objektpronomina vor direkten Objekten erscheinen. Hopper & Thompson (1980: 259) führen diese Eigen-

---

[54] Im Nyam folgt das indirekte Objektpronomen immer dem direkten Objekt(spronomen), und sogar dem Negationsmorphem **dak**

schaft, die viele Sprachen der Welt teilen, darauf zurück, dass indirekte Objekte zumeist definit und belebt – und daher hoch in der von ihnen postulierten Transitivitätsskala[55] anzusiedeln sind – was in vielen Sprachen dazu führe, dass sie dem Verb direkt folgen müssen. Es ist also naheliegend, dass es sich hierbei auch im Bole und Karekare möglicherweise eher um eine typologische Eigenschaft als um ein ererbtes Merkmal handelt.

3.3.2.3 Zusammenfassung

Die Ergebnisse der Betrachtung der postponierten Pronomina lassen sich folgendermaßen zusammenfassen:

Die meisten Sprachen haben mindestens eine Reihe suffigierter Pronomina, die auf -o auslautet. Es lässt sich zeigen, dass es sich hierbei wahrscheinlich um die den suffigierten Pronomina zugrundeliegende Reihe handelt.

Obwohl einige der Sprachen in unterschiedlichen TAM-Paradigmata verschiedene Reihen suffigierter Pronomina zeigen, war in keinem Fall zu belegen, dass die Objektpronomina TAM-markierende Funktion haben.

Der abweichende Tiefton des suffigierten Pronomens der 3.Sgm ist auch für die hier betrachteten Bole-Tangale-Sprachen charakteristisch – wie Schuh (1978) bereits annahm.

Die meisten der hier betrachteten Sprachen haben nur eine Reihe suffigierter Pronomina. Bei den Sprachen, die zwei Reihen besitzen, sind PossP und IOP in einer Reihe – die der zugrundeliegenden entspricht – zusammengefasst und stehen den DOP, die eine andere, modifizierte Reihe verwenden, gegenüber. Dies steht der Rekonstruktion von Kraft (1974) entgegen, der je eine Reihe OP und eine Reihe PossP postulierte.

Die in zwei der Sprachen vorkommende Inkorporation von IOP in den Verbalstamm ist kein typisches Merkmal der Bole-Tangale-Sprachen und könnte möglicherweise eher als typologische Eigenheit aufgefasst werden.

---

[55] Hopper & Thompson postulieren in ihrem Artikel, dass Transitivität durch eine Reihe von Merkmalen gefasst werden kann, denen entweder ein hoher oder niedriger Grad an Transitivität zugewiesen wird. Auf diese Weise ist es möglich, einer Proposition insgesamt auf einer Skala eine „hohe" oder „niedrige" Transitivität zuzuordnen (s. dazu auch 4.2.3).

4 Morphologie des Verbalkomplexes

Während im Bereich des Verbalkomplexes die vergleichende Beschreibung der TAM-Systeme der Bole-Tangale-Systeme den Schwerpunkt darstellt, werden darüber hinaus auch die Verbalklassen, Markierung von Transitivität – hierunter fallen insbesondere die für das Tschadische bisweilen als charakteristisch angesehenen „intransitive copy pronouns" – und die Verbalderivation zur kontrastiv-vergleichenden Betrachtung herangezogen.

Im ersten Unterkapitel (4.1) ist das Augenmerk auf die Verbalklassen gerichtet, die sich in einem Teil der Sprachen aufgrund unterschiedlicher Auslautvokale oder Tonmuster konstituieren.

4.2 beschäftigt sich mit Transitivität in den Bole-Tangale-Sprachen, wobei es vor allem um semantische Eigenschaften transitiver und intransitiver Verben sowie overte Markierung von Transitivität/Intransitivität geht. Das dritte und längste Unterkapitel (4.3) beschäftigt sich mit der Beschreibung und Analyse der TAM-Systeme. Im letzten Teil des vierten Kapitels (4.4) geht es um drei Verbalerweiterungen, die in vielen der Bole-Tangale-Sprachen zu finden sind.

4.1 Verbalklassen

In den meisten Bole-Tangale-Sprachen lassen sich die Verben zunächst entsprechend ihrer Silben- bzw. Konsonantenzahl unterteilen, wobei einsilbige (bzw. einkonsonantische, auch: Monoverben) generell mehrsilbigen (bzw. mehrkonsonantischen, auch: Polyverben) gegenüberstehen. Mitunter lassen sich diese Gruppen – entsprechend ihrer Auslautvokale und Tonmuster – in Verbalklassen untergliedern. Eine zentrale Frage bei der Betrachtung der Verbalklassen ist zunächst, welche Verbalform – bzw. welcher Verbalstamm – als zugrundeliegend zu betrachten ist. Weiterhin gibt es unterschiedliche Annahmen darüber, ob verbalstammauslautende Vokale als integraler Bestandteil der lexikalischen Verbalform zu verstehen sind oder nicht. Zu diesen Fragestellungen werden bisherige Arbeiten zu den Verbalklassen im Tschadischen vorgestellt. Daran schließt sich eine Beschreibung der Verbalklassensysteme an, und im letzten Teil werden die Befunde der einzelnen Sprachen miteinander verglichen und analysiert.

4.1.1 Verbalklassen in einschlägigen Publikationen

Während zunächst in Analysen tschadischer Sprachen[56] – ausgehend von Parsons' (1960) Beschreibung des Verbalsystems des Hausa – zugrundeliegende Verbalformen häufig als auslautvokallos angenommen wurden, hält Newman (1975) den verbalstammauslautenden Vokal im Prototschadischen für lexikalisch determiniert. Abhängig von ihrem Auslautvokal – *-a oder *-ə – unterteilt er Mono- und Polyverben in zwei Verbalklassen. Im Proto-Plateau-Sahel, für das kein ə rekonstruiert werden kann, entsprechen diesen Auslautvokalen *-a und *-i (<*-ə). Auch den verbalen Ton hält Newman für lexikalisch determiniert und (ibid.: 66) „not grammatical or derivative". Er äußert sich nicht dazu, auf welchen Verbalstamm bzw. welche Verbalform sich seine Klasseneinteilung bezieht.

Newman berücksichtigt für seine Rekonstruktion die zentraltschadischen Sprachen Tera, Ga'anda, Margi und Kotoko. Aus dem Westtschadischen bezieht er sich auf das Bole, Kanakuru, Ngizim und Hausa.

Auch Schuh (1977) ist der Ansicht, dass es sich bei den stammauslautenden Vokalen um integrale Bestandteile der Verbalbasis handelt, wobei er sich bei seiner Rekonstruktion auf das Westtschadische beschränkt. Zunächst beschäftigt er sich mit der Frage, welcher Verbalstamm als zugrundeliegend zu betrachten ist. Er entscheidet sich für den Perfektivstamm – d.h. den Verbalstamm, der zur Bildung des Perfektivparadigmas herangezogen wird, da dieser in Form seiner stammauslautenden Vokale Merkmale trägt, die nicht vorhersagbar und in anderen TAM-Kategorien häufig neutralisiert sind.

Anders als Newman hält er den verbalen Ton für gänzlich, und den stammauslautenden Vokal für teilweise vorhersagbar: Während Monoverben und Polyverben mit leichter erster Silbe entweder auf *-a oder *-u auslauten können, haben Polyverben mit schwerer erster Silbe immer ein finales *-u. Das rekonstruierte Tonmuster aller Verben ist (T...)H, d.h. alle Silben außer der letzten sind tieftonig; da Monoverben nur eine „letzte" Silbe haben, sind sie hochtonig. Für seine Rekonstruktion zog Schuh folgende westtschadische Sprachen in Betracht: Kana-

---

[56] Beispielsweise in Lukas (1970/71).

kuru, Karekare, Gera, Geruma, Galambu, Kirfi, Ngamo, Bole und Bele aus der Gruppe der Bole-Tangale-Sprachen sowie Duwai, Ngizim und Bade aus der Bade-Gruppe. Problematisch stellt sich seine Analyse des Kanakuru[57] dar, das im Perfektiv Formen auf -i bzw. -e zeigt, die augenscheinlich Entsprechungen der Subjunktivformen in den anderen Sprachen, bspw. dem Bole, sind. Schuh erklärt dies damit, dass das Kanakuru zu irgendeinem Zeitpunkt begonnen habe, seinen Subjunktiv als lexikalischen Stamm zu verwenden (ibid.: 158): „The historical path by which Kanakuru began utilizing the subjunctive stem as its lexical stem remains to be discovered." Auch das Tonsystem im Kanakuru weist erhebliche Differenzen zu dem von Schuh rekonstruierten System auf, indem die Verben zwei tonalen Klassen zugewiesen werden können (HT und TH). Zu diesem Problem bemerkt Schuh (ibid.): „Without going into further detail here, I will simply say that all the evidence suggests that the present tonal system for verbs in Kanakuru involves considerable modification of the original system since the split of that language from its Bole group relatives."

Frajzyngier legt in zwei Artikeln (1982a, 1982b) seine Ansichten hinsichtlich der zugrundeliegenden Form des Verbs sowie der Verbalklassen im Prototschadischen dar. Er hält Schuhs Argumentation für rekonstruierbares auslautendes -u nicht für plausibel und einen hohen vorderen Vokal für wahrscheinlicher. Zunächst zeigt er, dass stammauslautendes -u vor allem bei solchen Verben auftritt, deren Silbenstruktur die Einfügung eines epenthetischen Konsonanten vor Antritt eines Suffixes erfordert. Was die Qualität solcher epenthetischer Konsonanten anbelangt, konstatiert er (1982a: 27f):

> It has been shown in several Chadic languages (e.g. Kanakuru, Newman 1974, Pero, Frajzyngier 1980) that the inserted vowel is always high. In addition, it has been shown that the value of the feature [back] of the inserted high vowel is determined by the following vowel. Were a similar rule

---

[57] Dies verwundert im Nachhinein nicht – bis auf das Kanakuru hat Schuh nur Sprachen ausgewählt, die dem Yobe-Sprachbund angehören (Bade, Duwai, Ngizim, Bole, Karekare und Ngamo, s. dazu auch Schuh 2005b), und das Bole, das dem Bole sehr nahe steht (s. 1.2, Schuh 1978).

to operate in Bolanci and Karekare, the epenthetic vowel before a perfective suffix would have to be [u], since the suffix contains a back vowel.[58]

In Frajzyngier (1982b) vertritt er die Ansicht, dass die zugrundeliegende Form des Verbs im Proto-Tschadischen aus all seinen Konsonanten sowie dem ersten Vokal bestand. Sein Hauptargument dafür ist, dass stammauslautende Vokale häufig bestimmten Einschränkungen unterliegen, die für Vokale in anderen Umgebungen keine Rolle spielen. Die in modernen Sprachen bei Polyverben auftretenden stammauslautenden Vokale hält er für Reflexe von (in vielen Sprachen nicht mehr produktiven) grammatischen Formativen. Für seine Rekonstruktion berücksichtigte er Material aus den beiden (südlichen) Bole-Tangale-Sprachen Pero und Kanakuru, sowie aus den zentraltschadischen Sprachen Musgu und Bachama und dem osttschadischen Mubi und Migama.

4.1.2 Verbalklassen in den Bole-Tangale-Sprachen

In den folgenden Abschnitten werden die Verbalklassensysteme in den für den Vergleich ausgewählten Bole-Tangale-Sprachen dargestellt. Aussagen über Tonmuster beziehen sich – wenn nicht anders angegeben – auf Verbalstämme einschließlich der jeweiligen Auslautvokale aber ohne Einbeziehung etwaiger danach auftretender Suffixe.

4.1.2.1 Bole

Im Bole weisen die Perfektivformen die größte Vielfalt an Klassenunterschieden auf. Die Klasseneinteilung bezieht sich hierbei auf die Form des Verbalstamms, der vor dem PM KO[59] erscheint. Sind diese Formen bekannt, lassen sich alle weiteren TAM-Formen ableiten. Das Tonmuster des Verbalstamms ist (T...)H, d.h. alle Silben bis auf die letzte sind T, einsilbige Verben sind demzufolge H[60]. Bei pluralem oder femininem Subjekt ersetzt der Feminin- bzw. Pluralmarker den stammauslautenden

---

[58] Schuh geht in einem Aufsatz von 2003 (S. 34) auf Frajzyngiers Rekonstruktion in einer Fußnote folgendermaßen ein: „Verbs in the ‚non-*a*' class in some languages have final -ə or Ø rather than -u. While I find evidence for -u to be the most compelling, there are also reasonable arguments favoring -ə or Ø. *Pace* Frajzyngier (1982a), the reconstructable vowel for the completive was certainly NOT -*i*."

[59] KO steht hier stellvertretend für die als Kognaten anzusehenden Perfektivmarker der Form -**wo**/-**ko**/-**go** (s. dazu 4.3.3.1).

[60] Auch die Verben der Klasse A1 verhalten sich tonal so, als wären sie einsilbig (was ja für diejenigen, die ohne stammauslautenden Vokal auftreten, auch zutrifft).

Vokal, wodurch die Verbalklassenunterschiede nivelliert werden. Die folgende Tabelle zeigt die fünf Verbalklassen des Bole mit allen Unterklassen (Schuh 2009d: V). Die Perfektivformen sind jeweils einschließlich PM angegeben, so wie sie in Pausalform erscheinen:

Tabelle 45: Bole, Verbalklassen

A1		-Ø oder -u	2 Konsonanten, kurzer Basisvokal	mótúwò	he died
A2	A2a	-u	2 Konsonanten, langer Basisvokal	gòonúwò	he became silent
	A2b		3 Konsonanten	ɗùnkúwò[61]	he stooped
	A2bg		2 Konsonanten (2. Konsonant Geminate)	nòssúwò	he rested
	A2c		>3 Konsonanten	bòngìrúwò	he turned
B(i)		-aa	2 Konsonanten, kurzer Basisvokal	pàtáawò	he went out
B(ii)			2. Konsonant Geminate oder >2 Konsonanten	màssáawò	it remains
C		-ii	1 Konsonant	ndíiwò	he went
D		-aa	1 Konsonant	máawò	he returned

Dieses Verbalklassensystem entspricht weitestgehend dem von Schuh (1977) für das Westtschadische rekonstruierten – was nicht überrascht, da Schuh für seine Rekonstruktion vor allem solche Sprachen verwendet hat, die mit dem Bole eng verwandt sind oder dem von ihm postulierten Yobe-Sprachbund angehören (Bade, Duwai und Ngizim) (s. auch FN 57).

4.1.2.2 Karekare

Die Verbalklassen des Bole lassen sich fast unverändert auf das Karekare übertragen (Schuh o.J.(a): 1). Wie im Bole ist das Tonmuster der Verben (T...)H.

---

[61] Silbengrenzen: ɗùn.kú.wò

Tabelle 46: Karekare, Verbalklassen

A1	-Ø oder -u	2 Konsonanten, kurzer Basisvokal	àsúkò	he picked up
A2	-u	2 Konsonanten und langer Basisvokal oder >3 Konsonanten	bìskúkò	he accepted
B	-aa	2 Konsonanten, kurzer Basisvokal	bàsáakò	he shot
C	-u	1 Konsonant	túkò	he ate
D	-aa	1 Konsonant	wáakò	he received

4.1.2.3 Ngamo

Im Ngamo lassen sich die Verben im Perfektiv wie im Bole und Karekare in fünf Verbalklassen einteilen, wobei der PM KO nur in den Verbalklassen A1 und C dem Verbalstamm folgt, die übrigen Verbalklassen zeigen ihren stammauslautenden Vokal. In der folgenden Tabelle (Schuh o.J.(b): 1) sind Formen aus dem Gudi-Ngamo aufgeführt.

Tabelle 47: Ngamo, Verbalklassen

A1	-Ø	2 Konsonanten, kurzer Basisvokal	ngàrkô	he tied
A2	-a/ -o	2 Konsonanten und langer Basisvokal oder >3 Konsonanten	bìskâ	he accepted
B	-a	2 Konsonanten, kurzer Basisvokal	bàsâ	he shot
C	-u	1 Konsonant	tùkô	he ate
D	-aa	1 Konsonant	wâ	he received

4.1.2.4 Bele

Im Bele lassen sich nur Monoverben auf der Basis ihres stammauslautenden Vokals in zwei Klassen (-ee und -ii) einteilen. Polyverben haben einen stammauslautenden hohen Vokal, der entfällt, wenn es die Silbenstruktur erlaubt. Schuh (1978: 19) hat diesen Vokal z.T. als -u, aber auch als -i transkribiert und er vermutet, dass eine regelmäßige Alternation vorliegen könnte, bei der -i vor overtem Objekt erscheint. Schuh (ibid.) hat ein Verb gefunden (**pet-** „go out"), das sowohl stammauslautendes -**u** als auch -**a** vor dem PM zeigen kann – interessanterweise mit vom Auslautvokal abhängig wechselndem Tonmuster. Monoverben und KVK-**u**-Verben sind immer hochtonig. Verben mit schwerer Basissilbe sowie das eine KVK-**a**-Verb sind tieftonig (ibid.: 20).

Tabelle 48: Bele, Verbalklassen

Polyverben	-**u**/-**i**	KVK-u: H; KVVK-u: T		
	-Ø	H		
	-**a**	nur ein Verb; T	pet-	go out
Monoverben	-**ee**			
	-**ii**			

4.1.2.5 Kirfi

Monoverben lauten auf -**ee** oder -**ii** aus (Schuh 1978: 36). Zweikonsonantische Verben mit kurzem Basisvokal sind entweder auslautvokallos oder lauten auf -**u** aus. Zweikonsonantische Verben mit langem Basisvokal sowie Verben mit mehr als zwei Konsonanten lauten immer auf -**u** aus. Das Tonmuster aller Verben ist abhängig von ihrer Silbenstruktur: Monoverben und zweikonsonantische Verben mit kurzem Basisvokal sind hochtonig, alle übrigen tieftonig.

Tabelle 49: Kirfi, Verbalklassen

Polyverben	-**u**	KVK-u: H; KVVK-u:
	-Ø	T
		H
Monoverben	-**ee**	H
	-**ii**	H

4.1.2.6 Galambu

Im Galambu tritt der PM -**aala** direkt an den auslautlvokallosen Verbalstamm. Das Tonmuster ist nur bei mehrkonsonantischen Verben mit kurzem Basisvokal lexikalisch determiniert (H oder T), die übrigen mehrkonsonantischen Verben sind ausnahmslos tieftonig, und alle Monoverben sind hochtonig (Schuh 1978: 65).

Tabelle 50: Galambu, Verbalklassen

Polyverben	-Ø	KVK: H oder T
		KVVK u.a.: T
Monoverben	-Ø	H

4.1.2.7 Gera

Einsilbige Verben lauten im Perfektiv auf -**uu**, -**oo**, -**ii** oder -**ee** aus, wobei Schuh (1978: 97) zeigt, dass auslautendes -**uu** und -**oo** nur bei solchen Verben vorkommt, die ihren zweiten Wurzelvokal verloren haben, und somit sekundären Ursprungs ist. Tonal verhalten sich die Verben weitgehend einheitlich und haben, bis auf eine Ausnahme, das Tonmuster F.

Der stammauslautende Vokal von Polyverben ist phonologisch determiniert und kann deshalb nicht zur Klasseneinteilung herangezogen werden: KVK-Verben mit glottalisiertem oder sonorantem zweiten Konsonant sind auslautvokallos, alle übrigen lauten auf einen hohen Vokal aus, dessen Qualität (-**i**, -**u** oder -**ə**[62]) – wie Schuh meint – von der Umgebung determiniert ist.

KVK-Verben lassen sich in zwei lexikalisch determinierte Tonklassen einteilen: HT oder TT, wobei Schuh (ibid.) feststellt, dass die HT-Klasse etwa doppelt so umfangreich wie die TT-Klasse ist. Er macht keine Angaben zu Verben mit anderen Silbenstrukturen.

Tabelle 51: Gera, Verbalklassen

Polyverben	-Ø	KVK-Verben: HT oder TT
	-i	
	-u	
	-ə	
Monoverben	-ii	F
	-ee	
	(-uu)	
	(-oo)	

---

[62] Schuh 1978 (112, FN 6): „I have sometimes transcribed this vowel as -*i*, sometimes as -*u*, sometimes as -*ə*. In fact it is a high vowel whose quality is determined by the environment."

4.1.2.8 Geruma

Monoverben lassen sich hinsichtlich ihrer stammfinalen Vokale im Perfektiv in zwei Klassen einteilen, auf **-ii** bzw. **-ee** auslautend (Schuh 1978: 125). Polyverben lauten – wenn ihnen nicht der PM **-(a)la** direkt suffigiert ist – auf **-i** aus. Hinsichtlich der verbalen Töne bzw. Tonmuster ist Schuhs Material nicht umfangreich genug, um eine Aussage über deren Status zu erlauben.

Tabelle 52: Geruma, Verbalklassen

Polyverben	-i	?
Monoverben	-ii	?
	-ee	?

4.1.2.9 Kwami

Im Kwami unterscheiden sich die Verben nicht durch unterschiedliche stammauslautende Vokale voneinander – im *Perfekt* Sg lauten alle Polyverben vor dem PM auf **-u** aus, das im Plural durch das Pluralsuffix **-an** ersetzt wird. Monoverben sind sehr selten, Leger findet nur fünf, die auf **-o, -oo, -e, -ee** und **-a(a)** auslauten. Die Verbalklassen, die Leger (1994: 202) beschreibt, sind nicht durch unterschiedliche lexikalische Auslautvokale sondern durch unterschiedliches tonales Verhalten determiniert, das im Zusammenhang steht mit der Transitivität des jeweiligen Verbs (s. dazu 4.2.3).

Leger (ibid.: 200) beschreibt die Verbalbasis in der Zitierform (d.h. beim Verbalnomen) im Kwami als auslautvokallos und verbalstammauslautend erscheinendes **-u** im *Perfekt* (Sg) interpretiert er als TAM-markierend (ibid.: 247). Interessant ist die (fast) freie Variation zwischen stammauslautendem **-e** und **-i** im Subjunktiv und Narrativ (4.3.2.9.5 und 4.3.2.9.6) – möglicherweise handelt es sich hierbei um einen ursprünglich phonologisch konditionierten vokalischen Auslautwechsel, wie beispielsweise im Kanakuru belegt (s. 4.1.2.11), dessen Auslöser in Vergessenheit geraten bzw. geschwunden ist.

Im Kwami kann Verben kein lexikalischer Ton zugewiesen werden, da ihr Tonmuster vollständig von der jeweiligen TAM-Form abhängig ist.

4.1.2.10 Tangale

Jungraithmayr (1991: 43) findet im Kaltungo-Tangale zwei lexikalische Verbalklassen, die sich im Aoriststamm manifestieren, der entweder auf -e oder -i auslautet. Im Subjunktiv-Imperativ-Stamm lassen sich zwei Tonklassen feststellen, TT oder HT. In seinem Wörterbuch gibt Jungraithmayr lediglich die (immer tieftonige) Form des Aorist-*Intentional*-Stamms an, was man als Indiz begreifen kann, dass er diesen als die zugrundeliegende Form des Verbs versteht. Vor dem *Perfekt*-Marker sind die Verben auslautvokallos, u.U. erscheint ein hoher hinterer, möglicherweise epenthetischer Vokal.

Im Shongom-Tangale unterscheiden sich die Verben innerhalb eines TAM-Paradigmas nicht durch verschiedene Auslautvokale. Tonal unterteilt Kidda (1993: 101) die Verben in zwei Klassen, in hoch- und tieftonige – wobei an der von ihr gewählten Darstellung ersichtlich wird, dass sie – anders als Jungraithmayr – die lexikalische Form von Verben (mit Ausnahme der Monoverben) als auslautvokallos versteht. Die Monoverben sind alle hochtonig, während die tonale Klassenzugehörigkeit der übrigen Verben nur teilweise vorhersagbar ist – KVKK-Verben, d.h. solche mit schwerer Basissilbe, sind immer tieftonig. Kidda macht keine Angaben dazu, in welchen Kontexten die lexikalischen Töne der Verben auftreten, und auch aus den aufgeführten Beispielen ist hierüber kein Rückschluss zu ziehen.

4.1.2.11 Kanakuru

Zunächst lassen sich die Verben des Kanakuru aufgrund ihrer (durch das Konsonantengerüst weitgehend vorhersagbaren) Tonmuster in zwei Tonklassen einteilen: Alle Verben sind entweder HT oder TH, wobei Newman für die (scheinbar) einsilbigen Verben ebenfalls ein zweitoniges zugrundeliegendes Tonmuster postuliert, auch wenn jeweils nur der zweite Ton zu hören ist. Das lexikalische Tonmuster interagiert mit den für die TAM-Kategorien charakteristischen Tonmustern (s. dazu 4.3.2.11).

Während Newman die Verben des Kanakuru entsprechend ihrer Auslautvokale – -i resp. -e – auch morphologisch in lexikalische Klassen einteilt, zeigt Frajzyngier (1976), dass die Vokalqualität durch das Gewicht der Verbalsilbe determiniert ist: Nach schwerer Silbe erscheint -e, auch dann, wenn infolge eines historischen Prozesses ursprünglich schwere Silben synchron leicht sind.

Bei den Verbalstämmen auf -e handelt es sich einerseits um nicht erweiterte mehrsilbige Verbalstämme, andererseits auch um mehrsilbige intransitive Verben, denen ein ICP folgt, sowie um solche Verbalstämme, die untrennbar mit einem Pronomen verbunden sind (IOP oder ICP). In folgender Tabelle ist zunächst das von Newman (1974: 41) beschriebene Verbalklassensystem zusammengefasst.

Tabelle 53: Kanakuru, Verbalklassen

lexikalisches Tonmuster	einsilbige	mehrsilbige		
		i-Stämme		e-Stämme
		nicht-final	final	
TH	ˋtúi to eat ˋyíe to do	shènˊ to remember	shèní to remember	tìlé to burn
HT	ˈbùi to shoot ˊdèe to finish	gɔ́mˋ to fill	gɔ̀mí[63] to fill	dɔ́lɔ̀ to push

Frajzyngier (1976) zeigt, dass die unterschiedlichen Auslautvokalqualitäten im Perfektiv des Kanakuru durch die (zugrundeliegende) Silbenstruktur der Verben zu erklären sind: Betrachtet man die entsprechenden Verbalformen, so stellt man fest, dass auslautendes -e außer bei Verben, deren erste Silbe die Form KVV hat – und somit schwer ist –, auch bei solchen vorkommt, deren zweiter Konsonant ein Obstruent[64] ist[65]. Da eine historische Lautveränderung im Kanakuru zur intervokalischen

---

[63] Newman (1974: 40): „In final position all i-stems behave as if they were intrinsically Lo-Hi regardless of the true underlying tone, e.g. gɔ́mì → gɔ̀mí/____#."

[64] In Bezug auf e-Stämme mit medialem Sonorant (s. die beiden Beispiele in Tabelle 53) äußert sich Frajzyngier (1976: 202) folgendermaßen: „It is thus possible that in Kanakuru there is no difference between the phonetic realizations of single and reduplicated sonorants."

[65] Auch alle dreisilbigen Verben lauten im Perfektiv auf -e aus – auch in anderen Sprachen, in denen das Silbengewicht eine Rolle für die Qualität des Auslautkonsonanten spielt, bspw. im Bole, verhalten sich Verben mit mehr als zwei Silben analog zu solchen mit schwerer (erster) Silbe.

Abschwächung von Plosiven geführt hat, führt Frajzyngier diese Formen auf ursprüngliche, durch Gemination des zweiten Wurzelkonsonanten gebildete, verbale Plurale zurück. Geminaten waren nicht der Lautveränderung unterworfen und wurden, nachdem diese nicht mehr produktiv war, zu ihren einfachen Gegenstücken reduziert, so dass synchron auch bei Verben mit leichter Basissilbe auslautendes -**e** auftritt.

4.1.2.12 Pero

Frajzyngier (1989) beschreibt zwei Verbalstammformen, in denen Verben in unterschiedlichen Kontexten auftreten. Stammform A lautet bei Monoverben auf vorderen, mittleren bzw. hohen Vokal aus, d.h. **-ii** oder **-ee**. Polyverben sind womöglich in den entsprechenden syntaktischen Umgebungen auslautvokallos – Frajzyngier macht hierzu keine eindeutige Aussage. In Stammform B lauten alle Verben bis auf eine kleine Untergruppe auf einen hinteren Vokal aus, dessen Qualität vollständig durch die Silbenstruktur des Verbs determiniert ist.

Die zwei- und mehrsilbigen Verben unterteilt Frajzyngier nach der Qualität ihres Auslautvokals in zwei Klassen:

- zwei- oder mehrkonsonantische Verben mit beliebigem kurzen oder langen Stammvokal, die in Stamm B auf einen nicht-tiefen Vokal (d.h. **-u** oder **-o**) auslauten. Welcher Vokal gewählt wird, ist durch die Silbenstruktur bzw. Qualität des Wurzelvokals vollständig vorhersagbar. Diese Verben können transitiv oder intransitiv sein.
- zweikonsonantische Verben, deren Stammvokal kurz und hoch ist, und die in Stamm B auf tiefen Vokal (d.h. **-a**) auslauten. Diese Verben sind ausnahmslos intransitiv.

Hinsichtlich der zweiten Verbalklasse stellt Frajzyngier (1989: 73) fest:

(a) all have two consonants and the first vowel is high and short; (b) all of these verbs are intransitive, including the verb 'to wash' which really means 'to wash oneself'. (…)

The second class is obviously a marked class, but nevertheless one has to postulate the existence of two classes for it is not possible to predict which verbs will belong to the high vowel class and which will belong to the low vowel class, for the type occurring in the low vowel class also occurs in the high vowel class.

Da Stamm A nur bei Monoverben vokalisch auslautet und die Verbalklassenunterschiede am deutlichsten an Stamm B zu sehen sind, nimmt Frajzyngier diesen als zugrundeliegend an (ibid.: 74). Eine Sichtung der Pero-Beispiele legt die Annahme nahe, dass Verbalstamm B zumindest bei Polyverben immer dann erscheint, wenn aus phonologischen Gründen ein stammauslautender Vokal erforderlich ist (s. dazu auch 4.3.2.12).

Hinsichtlich des Tons wird nicht ganz klar, in welchem Kontext die von Frajzyngier beschriebenen verbalen Tonmuster auftreten – vermutlich handelt es sich um den Imperativ, in dem die Verben in Stammform B erscheinen. Einsilbige Verben sind zumeist hochtonig, Frajzyngier gibt nur zwei Beispiele für tieftonige Monoverben. Die große Mehrheit der zweisilbigen Polyverben trägt das Tonmuster HT, dreisilbige sind zumeist HHT, wenige haben das Tonmuster THT.

Tabelle 54 gibt einen Überblick über die beiden Verbalstammformen bei Mono- und Polyverben sowie die beiden durch ihren Auslautvokal determinierten Verbalklassen, in die Frajzyngier die Polyverben einteilt (ibid.: 71).

Tabelle 54: Pero, Verbalklassen

	Monoverben			Polyverben	
	A	B		B	
Klasse I	cí	cí	eat	cákù	choose
	lí	lú	put, keep	cálù	go from one place to another
	rí	rú	enter	cúpù	show
	yí	yú	do, make	yíwù	know
	cé	có	drink	kúbù	to taste a liquid
	lé	lá	call	ɗígù	build
	ké	ká	give birth	kárò	separate grain from shells
	wé	wá	cut	káttò	remember
	kpé	kpá	fetch water	kémò	fill
		cù	run away	kóopò	go
				tóoɓò	tie

Monoverben A B	Polyverben B	
Klasse II cáa cáa[66] descend	ɗíyà bínà kúmá cínà níyà cúgà	stay wash listen sleep ripen fall down

4.1.2.13 Nyam

Im Nyam lässt sich die als zugrundeliegend anzunehmende Form von Verben – abgesehen von der grundsätzlichen Unterteilung in ein- und mehrkonsonantische – weder anhand ihres Auslautvokals, noch tonal in Klassen einteilen. Hierbei handelt es sich um den Verbalstamm, der u.a. auch im Anterior (s. 4.3.2.13.1.2) auftritt – dem TAM-Paradigma, das – zumindest semantisch – möglicherweise dem Perfektiv der anderen Sprachen entspricht. Monoverben können auf alle im Nyam vorkommenden Vokale auslauten, wobei Belege für auslautendes -e äußerst rar sind. Polyverben sind auslautvokallos, aus silbenstrukturellen Gründen wird ihnen mitunter ein epenthetisches i angefügt, das sich durch bestimmte Charakteristika deutlich von einem – in anderen TAM-Kategorien auftretenden – suffixalen -i unterscheidet (s. dazu 4.3.2.13). Es ist nicht möglich, Verben einen lexikalischen Ton zuzuweisen, da das Tonmuster jeder Verbalform vollständig von der TAM-Kategorie und der verbalen Silbenstruktur determiniert ist.

4.1.3 Vergleich und Analyse

Betrachtet man die einzelsprachlichen Befunde, so lässt sich feststellen, dass in den Sprachen, die ein ausgeprägtes Verbalklassensystem zeigen, die Verbalstämme, die im Perfektiv bzw. vor dem PM auftreten, aus verschiedenen Gründen als zugrundeliegend betrachtet werden können. Bei allen Sprachen – mit Ausnahme des Kanakuru – kann man grundsätzlich zwischen Mono- und Polyverben unterscheiden.

---

[66] Die Zuweisung dieses Verbs zur Klasse II aufgrund seines Auslautvokals ist von mir, Frajzyngier nimmt bei Monoverben keine Klasseneinteilung vor.

Morphologie des Verbalkomplexes

Das detailreichste Verbalklassensystem haben das Bole und die eng mit ihm verwandten Sprachen Karekare und Ngamo. Die vier bzw. fünf Verbalklassen dieser Sprachen lassen sich auf zwei Klassen herunterbrechen, die durch einen auslautenden hohen bzw. tiefen Vokal gekennzeichnet sind. Ihnen ist gemeinsam, dass die Qualität des Auslautvokals zumindest teilweise von der Silbenstruktur abhängig ist. Verbale Tonmuster sind aufgrund der verbalen Silbenstruktur vollständig vorhersehbar. Bei der Mehrzahl der übrigen Sprachen lauten die entsprechenden Verbalstämme bei Polyverben auf hohen Vokal aus – bei den Sprachen, deren PM eine Kognate von KO ist, handelt es sich dabei um -**u**, bei den anderen um -**i** (s. dazu auch 4.3.3.1). Mit Ausnahme des Pero – das einige wenige auf -**a** auslautende Verben zeigt – hat keine der übrigen Sprachen eine auf -**a** auslautende Verbalklasse.

In Tabelle 55 sind in der ersten Zeile die jeweils bei Monoverben und in der zweiten Zeile die bei Polyverben vorkommenden stammauslautenden Vokale aufgeführt. In der dritten Zeile ist angegeben, ob Verben ein lexikalisches Tonmuster haben – bei den übrigen ist das Tonmuster entweder phonologisch und/oder morphosyntaktisch bedingt.

In der letzten Zeile sind die Sprachen angezeigt, deren PM eine Kognate von KO ist (s. dazu auch 4.3.3.1).

Tabelle 55: Vergleich Verbalklassensysteme

	Bo	Ka	Nga	Be	Ki	Ga	Gera	Geru	Kwa	Ta	Kana	Pe	Nya
Mono- verben	ii aa	u aa	u aa	ii ee	ii ee	Ø	ii ee (uu oo)	ii ee	o(o) e(e) a(a)	?	-/-	i/u[67] e/o (a)	i e a o ɔ u

---

[67] Da im Pero die Distribution der Verbalstämme A und B nicht ganz klar ist, wurden alle möglichen verbalstammauslautenden Vokale aufgeführt.

	Bo	Ka	Nga	Be	Ki	Ga	Gera	Geru	Kwa	Ta	Kana	Pe	Nya
Poly-verben	Ø/u	Ø/u	Ø	Ø/ u/i	Ø/u	Ø	Ø/u/i	Ø/i	Ø/u	Ø[68]	i	Ø/u/o	Ø/i
	aa	aa	a/o								e	(a)	
Ton lex						(✓)	(✓)	?		✓	✓	✓	
KO	✓	✓	(✓)	✓	✗				✓	✓	✗	✓	

In vier der betrachteten Sprachen (Ge, Kwa, Pe, Nya) können Monoverben auf (fast) alle verfügbaren Vokale auslauten. Im Bole, Karekare und Ngamo, die die detailreichsten Verbalklassensysteme besitzen, können Monoverben in die gleichen beiden Klassen (hoher und tiefer Vokal) wie Polyverben eingeteilt werden. In drei (möglicherweise vier) der Sprachen (Bele, Kirfi, Geruma – u.U kann hier auch das Gera hinzugezählt werden, s. 4.1.2.7) lauten Monoverben entweder auf -i(i) oder -e(e) aus. Da es sich bei den Monoverben in allen Sprachen um eine vergleichsweise kleine Untergruppe von Verben handelt und das Datenmaterial sich zumeist vorwiegend auf Polyverben bezieht, kann hier keine weitergehende Analyse vorgenommen werden.

Betrachtet man die verbalstammauslautenden Vokale von Polyverben, so fällt auf, dass der hohe Vokal in allen Sprachen gewissen Modifikationen unterliegt. Im Kanakuru ist seine Qualität abhängig von der Silbenstruktur des Verbs (d.h. -i oder -e). Wenn die Silbenstruktur dies erlaubt, kann der hohe Vokal bei fast allen Sprachen entfallen. Auch wenn dies einzelsprachlich nicht immer zu belegen ist[69] (s. 4.3.3.1), legt der eindeutige, in Tabelle 55 abzulesende Zusammenhang zwischen PM KO und hinterer Qualität des stammauslautenden Vokals nahe, dass – zumindest historisch – sich dessen Qualität an die des Vokals des PM assimiliert. Diese Merkmale machen die Annahme plausibel, dass es sich – wie auch Frajzyngier (1982a) annimmt – um einen ursprünglich epenthetischen Vokal von vorderer, hoher Qualität handelt und nicht um einen integralen Bestandteil der lexikalischen Verbalbasis – d.h., dass die zugrundeliegende Verbalform als auslautvokallos anzunehmen ist.

---

[68] Diese Angabe bezieht sich auf den *Perfect*-I-Stamm. Jungraithmayr beschreibt den Aoriststamm als zugrundeliegend, s. 4.1.2.10.
[69] Im Pero und Kwami erscheint stammauslautendes -i, wenn der PM KO unter bestimmten Umständen nicht auftritt, s. dazu 4.3.3.1.

Der in einigen Sprachen erscheinende tiefe stammauslautende Vokal hingegen ist stabil – d.h. weder abhängig von der Silbenstruktur noch betroffen von assimilatorischen Wandlungen. Im Pero, das nur einige wenige Verben auf -**a(a)** kennt, sind diese Verben semantisch von den anderen abgegrenzt (s. dazu 4.1.2.12). Man könnte spekulieren, dass es sich bei dem auslautenden -**a(a)** ursprünglich um einen Marker handelte, möglicherweise im Zusammenhang zu sehen mit gespaltener Intransitivität (s.dazu 4.2).

Hinsichtlich des Status tonaler Verbalklassen lässt sich Folgendes feststellen: In den wenigsten Sprachen haben die Verben lexikalische Tonmuster, in den meisten ist das Tonmuster durch Silbenstruktur und/oder Konsonantengerüst bzw. Morphosyntax und TAM festgelegt.

Interessant ist in diesem Zusammenhang eine Betrachtung des Kanakuru, das die einzige der Sprachen ist, die keinen PM hat, sowie eine der wenigen, deren Verben lexikalische Tonmuster zugeordnet werden können. Wie in 4.3 beschrieben, interferieren in diesem Fall lexikalische verbale Tonmuster mit TAM-bedingten tonalen Veränderungen. Das Wesen der Tonsysteme der Bole-Tangale-Sprachen ist hier von entscheidender Bedeutung: In solchen Sprachen, in denen Ton im Hinblick auf das TAM-System eine große funktionale Last trägt, ist nicht davon auszugehen, dass Verben lexikalische Tonmuster haben. Auch der Umkehrschluss ist logisch folgerichtig: Je mehr kanonische lexikalische Tonmuster es bei Verben gibt, desto weniger ist davon auszugehen, dass Ton eine wichtige Funktion bezüglich der TAM-Markierung hat. Auf diesen Aspekt wird in 4.3 ausführlicher Bezug genommen.

4.1.4 Zusammenfassung

Im Bole, Karekare und Ngamo bestehen – basierend auf den stammauslautenden Vokalen von Perfektivformen – voll ausgeformte Verbalklassensysteme, die sich auf zwei auf hohen resp. tiefen Vokal auslautende Verbalklassen herunterbrechen lassen. In diesen Sprachen ist das Tonmuster aufgrund der verbalen Silbenstruktur ableitbar. In den übrigen Sprachen lauten Polyverben auf hohen Vokal aus; Verben, die auf tiefen Vokal auslauten, kommen nur in wenigen Sprachen vereinzelt vor. Im Pero, der einzigen dieser Sprachen, die eine etwas größere Anzahl von Verben besitzt, die auf -**a** auslauten, lassen sich diese (zumindest ansatzweise) semantisch klassifizieren.

Da der bei Polyverben vorkommende hohe Vokal in allen Sprachen gewissen Modifikationen unterliegt, erscheint die Vermutung naheliegend, dass es sich zugrundeliegend bzw. historisch um einen vorderen, hohen epenthetischen Vokal handelt.

In den Sprachen mit detailreichen Verbalklassensystemen ist das Tonmuster von Verben durch die Silbenstruktur determiniert. Nur in wenigen Sprachen tragen Verben lexikalische Töne bzw. Tonmuster.

4.2 Transitive und intransitive Verben und „intransitive copy pronouns" (ICPs)

Im vorliegenden Kapitel wird die Rolle der „intransitive copy pronouns" (ICPs) für die Markierung von Transitivität in den Bole-Tangale-Sprachen beschrieben und analysiert. Es handelt sich hierbei meist formal um Objekt- oder Possessivpronomina, die einem intransitiven Verb suffigiert sind und mit dem Subjekt kongruieren. Ihr Vorkommen ist für eine Anzahl von tschadischen Sprachen sowie einige Benue-Kongo-Sprachen dokumentiert (s. dazu Leger & Zoch (2011)).

In 4.2.1 wird ein Überblick über bisherige Arbeiten zu den ICPs v.a. im Tschadischen gegeben. Darauf folgen in 4.2.2 Beschreibungen von ICP-Konstruktionen in den Bole-Tangale-Sprachen. Das Kapitel schließt mit einer Zusammenfassung und Analyse des präsentierten Datenmaterials, wobei neben der Morphologie vor allem die Funktion der ICPs im Vordergrund steht.

4.2.1 Transitivität und ICPs im Tschadischen

Newman (1971) ist der erste Autor, der sich explizit mit ICPs befasst und den Terminus prägt. Er stützt sich bei seiner Analyse überwiegend auf das Kanakuru, wo alle intransitiven Konstruktionen in Aux1 (mit finitem Verb gebildete TAMs, s. Kapitel 4.3.2.11) mit einem ICP markiert sein müssen. Da in Aux2 (mit nominalisiertem Verbalstamm gebildete TAMs, s. 4.3.2.11) transitive Konstruktionen ohne overtes Objekt durch einen niO-Marker gekennzeichnet sind, tragen Verben somit in allen syntaktischen Kontexten eine eindeutige Markierung ihrer Transitivität.

Aus diesem Grund analysiert Newman die ICPs im Kanakuru als Teil eines Systems zur Transitivitätsmarkierung.

Der nächste Autor, der sich mit ICPs beschäftigt, ist Frajzyngier. In einem ersten analytischen Artikel von 1977, der sich fast ausschließlich auf Material aus dem Pero stützt, beschreibt Frajzyngier ICPs als Teil eines Derivationssystems, innerhalb dessen sie destativierende und intransitivierende Funktion haben. In seiner Pero-Grammatik (1989: 116) revidiert er diese Ansicht und schreibt den ICPs hauptsächlich Punktualis-Funktion zu. In einem Artikel von 2000 betrachtet er verschiedene tschadische Sprachen, die unterschiedliche Strategien zur Markierung von Reflexivität besitzen – ICPs analysiert er bspw. im Mina als eine davon, mit der Funktion der Markierung von "affectedness of the subject with verbs of movement" (ibid.: 142).

Wolff & Gerhardt (1977: 1525) beschäftigen sich in ihrem Artikel mit Interferenzerscheinungen zwischen dem Tschadischen und Benue-Kongo. Da ICPs in beiden Sprachfamilien zu finden sind, widmen sie ihnen einen kurzen Abschnitt. Sie vermuten, dass es sich bei den ICPs um eine Plateau-Sahel (d.h. tschadische) Innovation handelt, die sich ins Benue-Kongo ausgebreitet hat.

Tuller (1997) betrachtet ICPs in den tschadischen Sprachen vor einem generativen Hintergrund. Nachdem sie ICPs aufgrund ihres syntaktischen Verhaltens als Objektpronomina identifiziert hat, stellt sie fest, dass sich die Verben, die ICPs tragen, aufgrund bestimmter semantischer Merkmale gruppieren lassen: Es finden sich unter ihnen keine agentiven intransitiven Verben (in ihrer Terminologie: inergative Verben). Daraus schließt Tuller, dass es sich bei den ICPs um Marker für Inakkusativität handelt.

4.2.2 ICPs in den Bole-Tangale-Sprachen

Einige der in den Vergleich einbezogenen Bole-Tangale-Sprachen besitzen ICP-Konstruktionen. Es handelt sich hierbei im Einzelnen um: Bole, Karekare, Ngamo, Tangale, Kanakuru und Pero. Obwohl Schuh (1978) für Bele, Kirfi, Galambu und Gera – jeweils im Abschnitt zur Totalitätserweiterung – Konstruktionen mit intransitiven Verben beschreibt, die er als Zusammensetzungen mit ICPs interpretiert, sind diese hier nicht in den Vergleich einbezogen. Es handelt sich dabei um Formen, bei denen dem Wort für „Ding, Sache" ein Pronomen suffigiert wird, möglicherweise vergleichbar mit der Konstruktion **tàfí àbínkà**, etwa: „geh deines Wegs" aus dem Hausa. Eine ähnliche Konstruktion, die Schuh & Gimba (2001: 4) als "anaphoric thing" bezeichnen, ist auch für das Bole belegt[70]. Diese Parallelen legen den Schluss nahe, dass es sich möglicherweise nicht um Entsprechungen der in den übrigen Sprachen vorkommenden ICP-Konstruktionen handelt. Darüber hinaus reicht das vorliegende Datenmaterial nicht aus, um eine Aussage über Distribution und Funktion dieser Konstruktionen und einen Vergleich mit den anderen Sprachen möglich zu machen. Zusätzlich in den Vergleich einbezogen sind die Bole-Tangale-Sprachen Kushi, Widala (Kholok) und Kupto (s. dazu Leger & Zoch (2011)).

4.2.2.1 Bole

Im Bole beschreiben sowohl Lukas (1970/71-1971/72) als auch Gimba (2000) und Schuh (2005a) Konstruktionen, die Pronomina enthalten, die womöglich als ICPs interpretiert werden können.

Diese Formen unterscheiden sich insofern von den in den meisten anderen Bole-Tangale-Sprachen vorkommenden dadurch, dass die ICPs nicht direkt dem Verbalstamm suffigiert werden, sondern einem Formans. Lukas erwähnt in seinem Artikel von 1971 (S. 12) eine „Erweiterung" mit **jìi-** „Körper" (**jìiwò** ist die freie Form) und einem Possessivsuffix, die zur Differenzierung von „Aktivität und Intransitivität-Passivität" verwendet wird. Während diese optionale Konstruktion transitive Verben intransitiviere, sei sie bei intransitiven Verben ein pleonastischer Intransitivitätsmarker.

Gimba (2000: 126ff) präsentiert eine etwas anders gelagerte Sicht: Morphologisch setzen sich ICP-Konstruktionen aus Subjekt + Verb + **jìi-** + Pronominalsuffix zusammen. Sie können nur mit intransitiven Verben gebildet werden und sind inkompatibel mit Negation. Funktional hält er das ICP im Bole für die Entsprechung der Totalitätserweiterung bei intransitiven Verben. Dies ist in Tabelle 56 veranschaulicht, die intransitive

---

[70] Auch im Nyam ist eine solche Konstruktion zu finden, die hier ebenfalls nicht in die Betrachtung einbezogen wird.

Konstruktionen mit und ohne ICP (s. Bsp.(1)) transitiven Konstruktionen mit und ohne Totalitätserweiterung (s. (2)) einander gegenübergestellt:

Tabelle 56: Bole, ICP-Konstruktionen (Gimba 2000: 127)

		ohne ICP	mit ICP
(1)	intr	ʔyórú-wò	ʔyórúu-jìi-nì
		stop.PFV-PM	stop.PFV-body-3.SGM(ICP)
		he stopped	he completely stopped
		(is moving now or will move later)	(is not moving now, or will not move)
(2)	tr	unerweitert	mit Totalitätserweiterung
		ngór-wòo-yí	ngór-tù-wó
		tie-PM-NIO	tie-TOT-PM
		he tied (it)	he tied (it) well

Auch Schuh (2005a: 21) stellt fest, dass ICPs als intransitive Entsprechung der Totalitätserweiterung bei transitiven Verben aufgefasst werden können. Die Totalitätserweiterung in den im Yobe-Staat gesprochenen Sprachen[71] interpretiert er – vor allem aus distributionalen Gründen[72] – als Auxiliarfokus im Sinne von Hyman & Watters (1984)[73] und folgert deshalb: „In short, distribution of ICPs and their formal linkage with the totality extension indicate that they comprise the functional intransitive counterpart to transitive verbs with the totality extension and thus that their function is that of auxiliary focus."

4.2.2.2 Karekare

Im Karekare erscheinen ICPs nur in Verbindung mit dem Totalitätsmorphem, das Schuh (o.J.(a): 9) in dieser Verbindung auf eine Form *it zurückführt: „In effect, then, the ICP is the form the totality extension takes with intransitive verbs, since totality and ICP can never occur one without the other on intransitive verbs." Die ICPs sind so eng mit dem Totalitätsmorphem verschmolzen, dass keine Aussage über ihre ursprüngliche Form möglich ist.

---

[71] Hierzu gehören die Bole-Tangale-Sprachen Bole, Karekare und Ngamo (s. 1.3).
[72] Verben werden bevorzugt mit der Totalitätserweiterung zitiert. Sie erscheint nicht in negierten Sätzen und solchen, in denen eine Konstituente fokussiert ist (s. dazu 4.4.2.1.2, 4.4.2.2.2 und 4.4.2.3.2).
[73] d.h. Fokussierung des Prädikats im Gegensatz zu Fokus auf einer der Konstituenten (s. dazu 4.4.1).

4.2.2.3 Ngamo

Auch im Ngamo erscheinen ICPs nur in Verbindung mit dem Totalitätsmorphem, und es gilt das schon zum Karekare Gesagte.

4.2.2.4 Tangale

Jungraithmayr (1991: 59) bezeichnet die im Tangale vorkommende ICP-Konstruktion als „suffix- or ambifixal conjugation". ICPs können intransitiven Verben sowie transitiven Verben in intransitiven Konstruktionen suffigiert werden und kommen in allen TAM-Formen vor (Kidda 1993: 37). Bei einigen Verben scheint das ICP obligatorisch zu sein, bei anderen optional, einzig stative Verben sind von Konstruktionen mit ICPs ausgenommen. Formal sind die ICPs mit den suffigierten Pronomina (s. 3.2.10) identisch. Beispiel (3) zeigt ein intransitives Verb mit ICP und Beispiel (4) ein transitives Verb mit ICP in einer intransitiven Konstruktion.

Tabelle 57: Tangale, ICP-Konstruktionen (Jungraithmayr 1991: 60)

(3) intr n sìdú-**n(ɔ́)**-gɔ́
     1.SG return-1.SG-PM
     I returned
(4) làndɛ́-í pàŋdà-**d**-gɔ́[74]
     dress-DEF tear-3.SGF-PM
     the dress got torn

4.2.2.5 Kanakuru

Im Kanakuru unterscheiden sich die ICPs morphologisch von den übrigen suffigierten Pronomina (Newman 1974: 24). Sie werden direkt dem Verbalstamm suffigiert und verhalten sich tonal analog zu den indirekten Objektpronomina, d.h. sind in das Tonmuster des Verbalstamms integriert. Das Vorkommen von ICPs ist bei allen intransitiven Konstruktionen in bestimmten TAM-Kategorien (Aux1) obligatorisch. Es handelt sich dabei um die TAM-Konstruktionen mit finitem Verbalstamm (s. dazu 4.3.2.11). In Aux2 (d.h. den TAM-Kategorien, die mit einem nominalisierten Verbalstamm gebildet werden) sind transitive Verben,

---

[74] Kidda (1993: 36)

die ohne overtes Objekt konstruiert sind, durch einen niO-Marker gekennzeichnet – Transitivität bzw. Intransitivität ist also in allen syntaktischen Umgebungen overt markiert, sei es durch ein overtes Objekt oder einen Marker (ICP bzw. niO-Marker).

In Aux1 werden deshalb ohne ICP erscheinende Konstruktionen als transitiv interpretiert, wie in Tabelle 58 Bsp. (5) zu sehen. Eine Ausnahme hiervon bilden Bewegungsverben, die nicht durch Weglassung des ICPs transitiviert werden können – sie verwenden das Kausativsuffix **-nu**.

Tabelle 58: Kanakuru, ICP-Konstruktionen (Newman 1974: 25)

	intr	ohne ICP	mit ICP
(5)		nà por panda	nà poro-**no**
		I took out the mat	I went out
(6)		à yíli	à yilo-**to**
		she raised (it)	she got up

4.2.2.6 Pero

Im Pero sind die ICPs identisch mit den suffigierten Objektpronomina, unterscheiden sich von diesen aber dahingehend, dass ihnen immer -**ée**- vorausgehen muss. Sie können in allen TAM-Formen auftreten, allerdings gibt es keinen Beleg für ihr Vorkommen in der Negation. ICPs erscheinen mit intransitiven Verben und transitiven Verben in intransitiven Konstruktionen. Das Erscheinen der ICPs ist optional, eine „intransitive construction does not automatically require an icp suffix" (Frajzyngier 1977: 74).

Wie in 4.2.1 kurz angesprochen, interpretierte Frajzyngier die ICPs im Pero in seinem Artikel von 1977 zunächst als Teil eines Derivationssystems mit destativierender Funktion. Diese Ansicht widerruft er in der Pero-Grammatik von 1989 (S. 113), wo er den ICPs Punktualis-Funktion zuschreibt, was er etwa durch Beispiel (8) zu belegen versucht:

Tabelle 59: Pero, ICP-Konstruktionen (Frajzyngier 1989: 114)

(7) intr tà-rí-ée-tò ní-**té**
         FUT-enter-3.SGF SJ-**3.sgf**
         she is entering
(8)   cíndí n-ámb-ée-tò[75]
         story KONS-go.up-ee-**3.sgf**
         the story ended

4.2.2.7 ICPs im Kushi, Piya, Widala (Kholok) und Kupto

Im Kushi (Leger ms(b)) erscheinen ICPs in allen TAM-Kategorien sowie in negierten und Fragesätzen. Im nicht-perfektiven Aspekt (in dem das Verb in nominalisierter Form erscheint) sind sie identisch mit den Possessivpronomina, im perfektiven mit den Objektpronomina.

Im Piya (Leger ms(c)) scheinen die ICPs identisch mit den Possessivpronomina zu sein und unterliegen keinen distributionalen Einschränkungen im TAM-System.

Auch im Widala (Kholok) (Leger ms(d)) sind ICPs identisch mit den Possessivpronomina und sie erscheinen in allen Verbalparadigmata einschließlich Negation. Ihr Vorkommen ist weitgehend optional und bedingt keine erheblichen Bedeutungsveränderungen.

Im Kupto (Leger ms(a)) sind die ICPs im nicht-perfektiven Aspekt und im Perfektiv Plural (der einen zusätzlichen Pluralmarker trägt) identisch mit den Possessivpronomina, im Perfektiv Singular entsprechen sie den Objektpronomina. ICPs erscheinen fakultativ an bestimmten Verben in intransitiven Konstruktionen.

4.2.3 Vergleich und Analyse

Ein Vergleich der hier präsentierten ICP-Konstruktionen zeigt, dass sie sich hinsichtlich der Morphologie der verwendeten Pronominalreihe sowie ihrer Distribution und Funktion voneinander unterscheiden. In den Sprachen, in denen die ICPs an Nomina (wie z.B. im Bole) oder bei bestimmten TAM-Formen an Verbalnomina suffigiert werden (wie bspw. im Kushi und Kupto), sind sie identisch mit den Possessivpronomina, d.h. mit der Pronominalreihe, die an Nomina suffigiert wird. In

---

[75] Frajzyngier (1989: 116)

den übrigen Sprachen, in denen ICPs an finite Verbalformen antreten, entsprechen sie der Reihe der suffigierten Objektpronomina. Im Kanakuru werden die ICPs nur finiten Verbalformen suffigiert. Die verwendete Pronominalreihe ist mit keiner der Objektpronominalreihen identisch, steht der Reihe der IOP aber sehr nahe. Im Karekare und Ngamo sind die ICPs so eng mit dem Totalitätsmarker verschmolzen, dass keine Aussage über ihre eigentliche Gestalt möglich ist.

In Tabelle 60 ist in den ersten drei Zeilen eingetragen, welcher Pronominalreihe die ICPs entsprechen bzw. ob es eine eigene Reihe gibt. In der vierten Zeile ist angegeben, ob die ICPs mit Totalität assoziiert sind. In den letzten drei Zeilen sind Angaben zur Distribution der ICPs aufgetragen, d.h. Beschränkungen hinsichtlich des Vorkommens der ICPs in Verbindung mit bestimmten TAM-Kategorien bzw. der Negation.

Tabelle 60: ICPs, Vergleich der Morphologie und Distribution

	Bo	Ka	Nga	Ta	Kana	Pe	Kus	Pi	Wi	Kup
PossP	✓		✓[76]			✓		✓	✓	✓
OP					✓	✓ (Pfv)				✓ (Pfv)
eigene Reihe		(✓)	(✓)		✓					
+Tot	✓	✓	✓	✗	✗	✗	✗	✗	✗	✗
Pfv	✓	✓	✓	✓	✓	✓	✓	✓	✓	✓
Ipfv	✓	✓	✓	✓	✗	✓	✓	✓	✓	✓
Neg	✗	✗	✗	?	✓	✗	✓	✓	✓	(✓)[77]

Hinsichtlich der Distribution der ICP-Konstruktionen lässt sich feststellen, dass in den Sprachen, in denen sie mit Totalität assoziiert sind, ihre Kombination mit Negation ausgeschlossen ist. In den Sprachen, in denen ICPs keine Konnotation von Totalität haben, ist ihr Erscheinen in der Negation nicht ausgeschlossen – mit Ausnahme des Pero, was möglicherweise auch an lückenhaftem Datenmaterial liegen kann (s. dazu 4.2.2.6).

Im Kanakuru können ICPs nur in perfektiven TAM-Formen auftreten, und ein breiter angelegter Vergleich zeigt, dass diese distributionelle

---

[76] Im Tangale gibt es nur eine Reihe suffigierter Pronomina, s. 3.2.10.
[77] ICPs erscheinen nur in nicht-perfektiven TAM-Formen in der Negation.

Einschränkung für eine Anzahl von weiteren Sprachen gilt (s. Leger & Zoch (2011) und Zoch (2012)). Diese Beschränkung könnte mit der Semantik der ICP-tragenden Verben zusammenhängen, wie im Weiteren zu sehen sein wird.

Für die Analyse der Funktion der ICPs besonders bedeutsam ist die Betrachtung der Verben, die optional oder obligatorisch ICPs tragen. Es handelt sich dabei um solche Verben, deren Semantik eine gewisse Betroffenheit des Subjekts von der oder durch die Verbalhandlung impliziert. Einige Zitate mögen dies belegen (Frajzyngier 1989: 117): „Thus the ICPs have ergative characteristics in their behaviour, for they occur in clauses with subjects of intransitive verbs or with patients of transitive verbs, but they do not occur with agents of transitive verbs."

Schuh (2005a: 22): „ICPs are strikingly like middle reflexive pronouns used in many languages to *detransitize* otherwise transitive verbs, as in French *je me lave* 'I am bathing' ('I wash myself'), *la foule se disperse* 'the crowd is dispersing' ('the crowd disperses itself')."

Auch Tuller (1997: 223) stellt bei der Sichtung der Verben, die ICPs tragen können bzw. müssen, fest: „Absents de cette liste sont des verbes intransitifs agentifs comme *parler* ou *crier*. On n'y trouve pas non plus des verbes qui expriment des activités, tels que *chanter*, *travailler* ou *danser*, ou des verbes météorologiques tels que *pleuvoir* ou *venter*."

Ausgehend von der Beschreibung der Argumente transitiver Verben als Agens (A) und Objekt (O), lässt sich feststellen, dass das Subjekt (S) gewisser intransitiver Verben eher einem A entspricht (d.h. S=A, z.B. „er spielt") und das anderer eher einem O (d.h. S=O, z.B. „er stirbt"). Betrachtet man die ICP-tragenden Verben in den Sprachen, in denen sie nicht mit Totalität assoziiert sind, kann man verallgemeinernd sagen, dass es sich um solche intransitiven Verben handelt, deren Subjekt semantisch eher dem Objekt (S=O) als dem Agens eines transitiven Verbs entspricht. Dies trifft auch auf transitive Verben zu, die in intransitiver Konstruktion ein ICP annehmen: Dabei handelt es sich um sogenannte ambitransitive Verben[78] vom Typ S=O, d.h. solche transitive Verben, de-

---

[78] D.h. Verben, die sowohl transitiv als auch intransitiv gebraucht werden können. Ambitransitive Verben können in ihrem intransitiven Gebrauch S=A (z.B. „stricken") oder S=O (z.B. „kochen", „zerbrechen") sein.

ren Subjekt bei intransitivem Gebrauch eher dem Objekt eines transitiven Verbs als seinem (agenshaften) Subjekt gleicht, wie z.B. in „die Vase zerbricht".

Während typologisch gesehen die meisten Sprachen trotz dieser semantischen Unterschiede Subjekte intransitiver Verben einheitlich markieren (bei Nominativsprachen einheitlich wie das Agens transitiver Verben, bei Ergativsprachen wie das Objekt), gibt es Sprachen – in der Literatur auch als Aktivsprachen bezeichnet – die diesem Unterschied Rechnung tragen. Bei Sprachen mit solchermaßen „gespaltener" Intransitivität kann man weiterhin dahingehend differenzieren, ob die Markierung intransitiver Konstruktionen als S=A bzw. S=O aufgrund der jeweiligen, von der spezifischen Situation abhängigen Verwendung eines Verbs vorgenommen wird (fluid-S), oder ob die Markierung intransitiver Verben aufgrund ihrer inhärenten Semantik jeweils festgelegt ist (split-S) (Dixon 1994: 71, 78). Einer der Faktoren, die ebenfalls eine „Spaltung" der intransitiven Verben auslösen können, ist die Wahl von TAM (ibid.: 56):

> A third type of split can be conditioned by a further component of a sentence – the tense or aspect or mood choice. Something that is complete can be viewed either from the point of view of the patient ('something happened to X') or of the agent ('Y did something'); but a prospective activity is best viewed in terms of a proclivity of an agent. In the latter case, there is pressure for S and A to be dealt with in the same way.

Wenn man die ICPs als Marker für S=O auffasst, könnte dies eine Begründung dafür sein, dass sie im Kanakuru nur im perfektiven Aspekt erscheinen können. Dies, zusammengenommen mit der weiter oben beschriebenen Semantik der ICP-tragenden Verben, lässt eine solche Analyse plausibel erscheinen.

Vor dem Hintergrund der Transitivitätsinterpretation von Hopper & Thompson (1980) als durch verschiedene Merkmale „hoher" und „niedriger" Transitivität definiertes Kontinuum argumentiert Kemmer (1993), das semantische Spektrum zwischen prototypischer Transitivität und Intransitivität sei u.a. in Reflexivität (näher an Transitivität) und Medialität (näher an Intransitivität) zu unterteilen. In diesem Sinne lassen sich ICPs auch als Mediummarker interpretieren (s. dazu Leger & Zoch

(2011)). Da der Begriff „Medium" in der Sprachwissenschaft für viele unterschiedliche Phänomene in Gebrauch ist, wird in dieser Arbeit dem allgemeineren und neutraleren Terminus „gespaltene Intransitivität" der Vorzug gegeben.

In einigen der Sprachen des Samples, auch solchen ohne ICPs, lassen sich weitere Hinweise finden, dass gewisse Bole-Tangale-Sprachen sensitiv für graduelle Abstufungen von Transitivität sind. Dies zeigt sich beispielsweise in den Verbalsystemen des Kwami und des Kupto (Leger 1989 und ms(e), vergleiche auch Zoch (2012)) .

Im Kwami unterscheiden sich transitive und intransitive Verben morphologisch voneinander, indem sie auf **-áy** resp. **-àn** auslauten[79]. Im *Perfekt* scheint diesem jeweils **-ùgó** resp. **-úgò** zu entsprechen. Bei genauerer Betrachtung stellt man jedoch fest, dass die Gruppe der Bewegungs- und Körperpositionsverben innerhalb der intransitiven Verben im *Perfekt* das scheinbar „transitive" Tonmuster **-ùgó** zeigt, und eine Untergruppe der transitiven Verben („suchen", „finden", „vergessen", „betrachten", „berühren", „ziehen", „sammeln") das scheinbar „intransitive" Tonmuster **-úgò**. Es handelt sich hierbei jeweils um solche Verben, die hinsichtlich ihrer Semantik zwischen den beiden Extrempunkten des Transitivitätskontinuums anzusiedeln sind – wobei sich die Bewegungsverben näher an prototypischer Intransitivität, die Untergruppe der transitiven Verben hingegen näher an prototypischer Transitivität befindet, beiden aber eine gewisse Subjektsbetroffenheit gemeinsam ist.

Tabelle 61: Kwami, Zitier- und *Perfekt*-Formen und Transitivität

	Zitierform auf **-áy**, transitiv	Zitierform auf **-àn**, intransitiv
Perfekt **-úgò**	„mediale" Verben	intransitive Verben
Perfekt **-ùgó**	transitive Verben	**Bewegungsverben**

Auch im Kupto – das, wie in 4.2.2.7 beschrieben, ICP-Konstruktionen kennt – zeigen die Verben ein vergleichbares Verhalten (Leger ms(e)). Wiederum lassen sie sich gemäß ihrer Zitierform in zwei Klassen einteilen, die exakt intransitiv und transitiv entsprechen. Im *Perfekt*[80] zeigt sich

---

[79] Leger (1994: 202) bezeichnet diese beiden Gruppen als Verbalklasse I und II.
[80] Es handelt sich hierbei um die kürzeste der drei *Perfekt*-Formen.

dagegen ein etwas anderes Bild: Während sowohl ein Teil der transitiven als auch der intransitiven Verben das Tonmuster HT zeigt, haben die intransitiven Verben, die ICPs annehmen können, das Tonmuster TT – ebenso wie eine Untergruppe der transitiven Verben, die Leger als „medial" bezeichnet und die semantisch als nicht prototypisch transitiv eingestuft werden können (u.a. to „like/love", „to hate/deny", „to touch/try", „to wash", „to cohabit", „to begin").

Tabelle 62: Kupto, Zitier- und *Perfekt*-Formen und Transitivität

	Verbalklasse I -éy transitiv	Verbalklasse II -ò intransitiv
Perfekt HL	transitive	intransitive Verben
Perfekt LL	„mediale" Verben	intransitive Verben mit ICP

4.2.4 Zusammenfassung

Die Betrachtung der ICP-Konstruktionen in den Bole-Tangale-Sprachen sowie der in 4.2.3 beschriebenen Zusammenhänge zwischen tonaler Markierung und Transitivität im Perfektiv im Kwami und Kupto legt den Schluss nahe, dass in den verschiedenen Sprachen unterschiedliche Ausprägungen von Systemen gespaltener Intransitivität vorliegen.

In den Sprachen, in denen ICPs mit Totalität assoziiert sind, könnte man davon ausgehen, dass die Ähnlichkeit von völliger Objektsbetroffenheit (bei der Totalität) und Subjektsbetroffenheit (bei ICP-tragenden S=O-Verben) dazu geführt hat, dass beide miteinander in Verbindung gebracht wurden – bis hin zur Verschmelzung, wie im Ngamo und Karekare.

Im Kanakuru, wo alle intransitiv gebrauchten Verben ein ICP tragen, fällt auf, dass es (fast) gar keine intransitiven Verben vom Typ S=A gibt – zum Ausdruck solcher Aktivitäten werden Aktionsnomina in Verbindung mit einem Verb für „tun" verwendet. Dies ist charakteristisch für viele tschadische Sprachen – beispielsweise auch das Hausa –, wenn auch nicht in dem Ausmaß wie im Kanakuru. In den Sprachen, in denen die Verwendung von ICPs bei bestimmten (intransitiven) Verben obligatorisch und bei anderen optional ist, könnte man von unterschiedlich ausgeprägten Systemen von fluid-S und split-S sprechen. Um hierüber eine gesicherte Aussage treffen zu können, müsste umfangreicheres Material zur Distribution der ICPs zugänglich sein.

4.3 Tempus, Aspekt und Modus (TAM)

In diesem Kapitel werden die TAM-Systeme der Bole-Tangale-Sprachen einzeln vorgestellt und miteinander verglichen, wobei die Herausarbeitung der TAM-markierenden Elemente sowie der Struktur der TAM-Systeme im Vordergrund steht. In einem einleitenden Abschnitt werden zunächst die grundlegenden Fragestellungen der Tschadistik kurz dargestellt, die den Hintergrund für den vorgenommenen Vergleich bilden.

Der Beschreibung und Analyse der TAM-Systeme der einzelnen Sprachen schließt sich ein Vergleich der vorkommenden TAM-Kategorien an. Den Abschluss des Kapitels bildet die Zusammenfassung der Ergebnisse.

4.3.1 TAM im Tschadischen

Vor dem Hintergrund von Greenbergs (1963) Klassifikation der tschadischen Sprachen als gültigem Primärzweig des Afroasiatischen hat sich – ausgehend von einer Artikelserie von Jungraithmayr (1966, 1968/69, 1974, 1975, 1977, 1978) sowie einigen Publikationen von Gouffé (1963/66, 1966/67 und 1967/68) – eine wissenschaftliche Kontroverse über die Natur des TAM-Systems im Tschadischen (und Prototschadischen) entwickelt. Jungraithmayr ist überzeugt von der Existenz einer grundlegenden, sowohl semantisch als auch morphologisch zu begründenden Aspektdichotomie Perfektiv-Imperfektiv, wobei der Imperfektiv gegenüber dem Perfektiv die markierte Kategorie darstelle. Er hält diese Zweiteilung des Aspektsystems für eine wichtige Retention aus dem Afroasiatischen (Jungraithmayr 1966[81], modifiziert und weiterentwickelt in 1968/69). Sein Modell lässt sich folgendermaßen schematisch darstellen:

---

[81] In diesem Artikel postulierte er ein dreigliedriges System, in dem der Imperfektiv nochmals in Punktualis und kursiv-durativ unterteilt war. Von dieser Untergliederung distanzierte sich Jungraithmayr ausdrücklich in (1974: 584).

Tabelle 63: Jungraithmayrs Aspektdichotomie, in Anlehnung an Wolff (1979: 11)

Aspekt	Perfektiv	Imperfektiv
tenses[82]	Perfekt Aorist Narrativ ...	Progressiv Futur Habitual ...

Dieser hierarchischen Interpretation, dass sich die TAM-Kategorien der tschadischen Sprachen zwei übergeordneten Aspektkategorien zuweisen lassen, schlossen sich Newman & Schuh (1974), Schuh (1976) und Wolff (1977) zunächst an. Newman wies auf ein definitorisches Problem hin: Da es sich beim Imperfektiv um die markierte Kategorie handelt, umfasst der Perfektiv alle unmarkierten Formen, was zur Folge hat, dass (Newman 1977a: 180): „The term 'Perfective' is thus misleading since it implies that the tenses belonging to this aspect share the semantic property of completed action, whereas in fact 'Perfective' is simply a cover term for including everything that is not 'Imperfective'." Eine Folge dieses missverständlichen Gebrauchs des Terminus „Perfektiv" ist die Zuordnung des Subjunktivs zum Perfektiv in Jungraithmayr (1966) – in späteren Arbeiten wurde der Subjunktiv meist nicht in die Betrachtung einbezogen.

Erste Versuche, die Elemente der Verbalphrase des Tschadischen zu rekonstruieren, stützen sich hauptsächlich auf das Hausa (Diakonoff 1965, Newman & Schuh 1974). Diese Autoren nehmen an, TAM sei durch Marker zwischen Subjektpronomen und unveränderlichem Verbalstamm markiert worden. So rekonstruieren Newman & Schuh für das Westtschadische die (präverbalen) Marker *ka (oder *kə) für Perfektiv, Ø für Grundaspekt und Subjunktiv, und *àa für den Imperfektiv. Schuh (1976) revidiert diese Ansicht und hält die in den modernen Sprachen vorkommenden präverbalen Marker nicht mehr für rekonstruierbar. Den in Newman & Schuh (1974) für Imperfektiv rekonstruierten Marker *aa identifiziert er als allgemeinen Lokativmarker, der in periphrastischen Konstruktionen verwendet worden sei. Er verallgemeinert seine Ansichten über das Tschadische folgendermaßen (ibid.: 8):

> (...), many Chadic languages (...) mark aspect distinctions through modifications of the verb stem (whether internal changes or suffixes), not by particles between subject pronoun and verb. As already noted above, the

---

[82] Jungraithmayr wählt die Bezeichnung „tenses" für die TAM-Kategorien einer Sprache, die Kategorien der übergeordneten Ebene bezeichnet er als Aspekte (s. dazu auch 1.6.2).

verb in Hausa is invariable for most aspects. This is clearly an innovation in Hausa. (...), the general Chadic picture conforms well to that for the rest of Afroasiatic, viz. a prefixed subject followed directly by a verb stem which undergoes modifications to show aspect distinctions.

Schuh fasst in (2003: 34) seine Analyse der in den nördlichen Bole-Tangale-Sprachen, im Bade-Ngizim und den Nord-Bauchi-Sprachen vorkommenden TAM-Kategorien folgendermaßen zusammen: Perfektiv ist markiert durch lexikalisch determiniertes stammauslautendes -**a** oder -**u**/-**ə**/-**Ø**, Subjunktiv durch stammauslautendes -**i**, Imperativ Singular durch -**i**, Imperativ Plural durch -**a**.

Jungraithmayr, der 1968/69 aus "Pronominal element + aspect morpheme + Verb stem" bestehende Protoformen für Hausa, Ron und Angas rekonstruiert (s. 3.1), äußert sich über die chronologische Abfolge der unterschiedlichen TAM-Markierungsstrategien folgendermaßen (ibid.: 19):

> From a methodological point of view we hold that the only possible direction of development as regards the history of these three different behavioural patterns of the Verb Stem is one that runs from diversity to simplification. Thus, in our opinion, Hausa and Angas with their immutable Verb Stems represent the historically youngest stage (III), (...).

Aus diesem Ansatz entwickelt Jungraithmayr sein „four stage model" zur Herausbildung des Imperfektivstamms, das er in 1978 (S. 385f) darstellt. Er geht davon aus, dass der Imperfektivstamm innerhalb der von ihm postulierten Aspektdichotomie im Prototschadischen durch Ablaut mit internem **a** markiert war (Jungraithmayr 1977, 1978). Die in den modernen tschadischen Sprachen zu findenden Markierungen wie Suffixe am Verbalstamm, Tonveränderungen sowie präverbale Marker zwischen Subjektpronomen und Verbalstamm ordnet er in dieser Reihenfolge zeitlich jüngeren Stadien zu. In Jungraithmayr (2005: 16f) fasst er seine Ansicht über die Entwicklung des tschadischen Verbalsystems folgendermaßen zusammen:

> Ainsi, les principaux stades de l'évolution des langues afroasiatiques semblent avoir été les suivantes: (1) Les conjugaisons verbales appropriées étaient marquées par des suffixes vocaliques, à savoir -*e* (perfectif), -*a* (imperfectif) et -*u* (subjonctif-jussif et relatif). (2) Après apocope de ces suffixes vocaliques, elles ont été marquées par un accent ou un ton, soit sur la

base verbale soit sur le pronom sujet la précédant. (3) Après avoir épussé toutes les possibilités segmentales et supra-segmentales, ce sont des morphèmes auxiliaire, y compris des conjonctions, qui se sont chargés de marquer les différentes formes grammaticales.

Newman hat andere Vorstellungen, was die Bildung des Imperfektivstamms im Prototschadischen anbelangt. Er zeigt (1977a), dass sich viele der Beispiele, die Jungraithmayr als Belege für Ablaut heranzieht, besser durch Umlaut – d.h. durch von einem als *-(w)a rekonstruierbaren Suffix ausgelöste Fernassimilation – erklären lassen. Damit kehrt er die von Jungraithmayr postulierte Entwicklungsreihenfolge um: Formen mit Suffixen, die eine Assimilation eines Stammvokals bewirken, gehen solchen Formen zeitlich voraus, die die Suffixe verloren, den Vokalwechsel am Verbalstamm aber beibehalten haben.

Wolff (1979, 1984) hingegen führt moderne, mit **a** gebildete Imperfektivstämme auf Pluraktionalisformen zurück, die im Prototschadischen häufig mit einem *-a- Infix gebildet worden seien. Er entwickelt für das Prototschadische – ausgehend von einer grundsätzlichen modalen Dichotomie – im Indikativ ein dreigliedriges Modell und hält die Entwicklung markierter Perfektiv- und Imperfektivstämme in den modernen Sprachen für eine rezente Entwicklung. Er nimmt an, dass das Prototschadische mindestens die drei folgenden Stämme besaß, die sich in Hinblick auf (morphologische) Markiertheit, Modus und syntaktisches Verhalten jeweils paarweise gruppieren lassen (Wolff 1984: 226):
1. einen lexikalischen Stamm (unmarkiert, Indikativ, verbal)
2. einen modalen Stamm (markiert, Subjunktiv/Imperativ, verbal)
3. einen verbonominalen Stamm (markiert, Indikativ, nominal)

Diese drei Stämme stellten seiner Ansicht nach die Grundlage zur Bildung der TAM-Kategorien dar. Die Entwicklung der modernen tschadischen Sprachen aus dem Prototschadischen erklärt er im Wesentlichen mit den folgenden historischen Prozessen (ibid.):

(i) the loss of stem-final marking devices with compensatory shift to preverbal marking,
(ii) the redesignation of the verbo-nominal stem of the proto-language,
(iii) the redesignation of plural verbal stems.

Wolff hält den „Perfect-Marker" *kà in Verbindung mit dem lexikalischen Stamm, *-i als Finalvokal des modalen Stammes sowie auslautendes *-wa des verbonominalen Stamms, für rekonstruierbar (ibid.: 227). Innerhalb des TAM-Systems sei der verbonominale Stamm in periphrastischen Konstruktionen mit Auxiliarverben oder Lokativen vorgekommen. Wolff hält somit weder einen markierten Imperfektiv- noch einen (ebenfalls markierten) Perfektivstamm für rekonstruierbar und postuliert folgendes System für „the 'reconstructed' Proto-Chadic mood and *aktionsart*[83] marking system":

Tabelle 64: Wolffs (1984: 227) Rekonstruktion des TAM-Systems des Prototschadischen[84]

*CVCV <+vb>			
<-SBJ>			<+SBJ>
<-nom>		<+nom>	
*CVCV		*CVC(V)wa	*CVC(V)i
*Ø-CVCV	*kà-CVCV	*{(AUX)(LOC)}CVC(V)wa	*Ø-CVC(V)i
Aorist	Perfect	Continuous /etc.	Subjunctive/ Imperative

In seinem System umfasst der unmarkierte Grundaspekt die Kategorien des Indikativs, die hinsichtlich Perfektivität bzw. Imperfektivität nicht markiert sind. Die Existenz zweigliedriger Systeme in vielen modernen tschadischen Sprachen, in denen eine markierte einer unmarkierten Kategorie gegenübersteht, analysiert er als Dichotomie Grundaspekt/ Perfektiv oder Grundaspekt/Imperfektiv (Wolff 1979: 7).

Mit Ausnahme eines Artikels von Schuh (1977), in dem er den Proto-Westtschadischen Subjunktiv als markiert durch ein dem lexikalischen Stamm inklusive Tonmuster und stammauslautendem Vokal suffigiertes -i rekonstruiert[85], fand in den meisten Arbeiten der 1970er und 80er

---

[83] Wolff bezeichnet die in den Sprachen vorkommenden TAM-Kategorien als Aktionsarten.
[84] Abkürzungen: vb – verbal, SBJ – Subjunctive, nom – nominal, AUX – auxiliary, LOC – locative.
[85] Schuh (1977: 152): „For -u stems, the -u was elided leaving only -i, but for -a stems, -a was retained to give a diphthong -ai (> -e in some languages)."

Jahre der Subjunktiv und vor allem seine Stellung wenig Beachtung. Wolff beschäftigt sich in einem Artikel von 1991 mit der Zwiespältigkeit des Subjunktivs im Hausa, die darin zum Ausdruck kommt, dass er sowohl modal markiert als auch unmarkiert auftritt. Wolff postuliert einen Zusammenfall des ursprünglich durch -i-Suffix und ein charakteristisches Tonmuster markierten Subjunktivstamms mit dem unmarkierten Aoriststamm. Dies sieht er in der Negation bestätigt: Der Perfektiv hat keine eigene Negation und wird mit den Formen des Aorists negiert. Ähnliche Systeme findet er in nahe verwandten Sprachen wie Angas-Sura und Ron – und auch im Bole vermutet er einen historischen Zusammenfall von protosprachlichem Subjunktiv und Aorist.

Schuh (2003) hält den von Wolff (1991)[86] postulierten Zusammenfall von Aorist und Subjunktiv für nicht wahrscheinlich. Er vertritt die Ansicht, die verschiedenen Funktionen des Subjunktivs (zunächst nur bezogen auf das Hausa) seien unter einer einzigen Definition zu fassen (Schuh 2003: 20):

> The Subjunctive signals an event which will have its inception subsequent to the moment of speaking and/or to an event in a superordinate clause. The temporal, aspectual, and modal (=TAM) interpretation of the event represented by the Subjunctive is dependent on that of the superordinate clause or operator. This statement has the caveat that the Subjunctive can never function to show simple sequentiality in a string initiated by the Completive or Preterite.

Die einzige Funktion des Subjunktivs, die nicht durch diese Definition abgedeckt wird, ist sein Vorkommen als Imperativ oder Hortativ. Schuh schlägt vor, auch diese Verwendung des Subjunktivs dadurch zu erklären, dass man einen „stillen" übergeordneten Satz annimmt, der etwa besagt „ich befehle, dass ...". Zur Unterstützung seiner These führt Schuh Beispiele aus dem Bade und Bole an, die belegen, dass in diesen Sprachen der Subjunktiv die gleichen Funktionen wie im Hausa übernimmt.

Jungraithmayr äußert sich in einem längeren Artikel von 2005 zum Subjunktiv im Tschadischen. Er hält das in vielen kuschitischen und

---

[86] Auch Newman (2000) und Jaggar (2001) analysieren in ihren Hausa-Grammatiken den Subjunktiv im Hausa vor dem Hintergrund der Annahme eines historischen Zusammenfalls von Subjunktiv- und Aoriststamm.

tschadischen Sprachen vorkommende suffigierte **-u** (oder auch **-o**) in beiden Sprachfamilien des Afroasiatischen für eine gemeinsame Retention aus der Protosprache. Das in einer Anzahl von Sprachen vorkommende auslautende **-i** bzw. **-e** – „marquant à l'origine le passé/ perfectif" – habe das ursprüngliche **-u** ersetzt. In manchen Sprachen, wie Bole, Kwami und Tangale drücke auslautendes **-u** sowohl Indikativ als auch Subjunktiv aus.

Abschließend seien die zentralen Fragen der Debatte, vor deren Hintergrund der Vergleich der Bole-Tangale-Sprachen im Folgenden vorgenommen wird, nochmals kurz zusammengefasst:

Lassen sich die TAM-Kategorien der modernen tschadischen Sprachen auf ein hierarchisches Modell im Sinne einer Aspektdichotomie oder eines dreigliedrigen Systems zurückführen?

Ist ein – möglicherweise durch internen a-Ablaut – markierter Imperfektivstamm rekonstruierbar?

Welche Entwicklungsrichtung ist für das Tschadische anzunehmen: von Ablaut über durch Suffixe und/oder Ton markierte Verbalstämme zu unveränderlichen Verbalstämmen oder umgekehrt?

Wurde der Subjunktiv in der Protosprache durch **-u/-o** oder **-i/-e** markiert?

Gab es in einigen der Sprachen einen Zusammenfall von Grundaspekt/Aorist und Subjunktiv?

4.3.2 Die TAM-Systeme der Bole-Tangale-Sprachen

In diesem Abschnitt werden die TAM-Systeme der Bole-Tangale-Sprachen im Überblick vorgestellt und analysiert. Ziel ist es, die TAM-Markierungselemente der einzelnen Sprachen herauszuarbeiten, um einen abschließenden Vergleich der TAM-Markierungsstrategien sowie der TAM-Systeme vornehmen zu können. Bei der Vorstellung der TAM-Kategorien in den einzelnen Sprachen wird angestrebt, das vorhandene Material möglichst systematisch zu präsentieren. Zunächst wird dargestellt, welche Elemente in der jeweiligen Sprache zur TAM-Markierung herangezogen werden. Auch wurde versucht, die Stellung der TAM-Marker innerhalb der Strukturfolgeordnung aufzuzeigen.

Im dann folgenden Abschnitt werden die TAM-Kategorien, die der Autor der jeweiligen Sprache beschreibt, aufgeführt und gegebenenfalls seine Analyse des Aufbaus des TAM-Systems vorgestellt. Die Aufzählungsreihenfolge der Paradigmata entspricht hierbei der vom Autor gewählten. Im nächsten Abschnitt werden die einzelnen Paradigmata kurz skizziert, wobei versucht wurde, Beispiele für jeweils ein intransitives und ein transitives Verb ohne genanntes Objekt, mit pronominalem Objekt sowie mit nominalem Objekt zu finden. Gegebenenfalls wurde – falls vom Autor nicht vorgenommen – wenn es geboten (und möglich) erschien, eine Interlinearübersetzung hinzugefügt[87]. Falls der jeweilige Autor nähere Angaben zu Funktion und Vorkommen eines Paradigmas macht, werden diese nach der tabellarischen Darstellung der Formen kurz zusammengefasst. Die Negation wird, sofern dazu Material vorliegt, bei den einzelnen Paradigmata, in jedem Fall aber in einem eigenen Passus nach Vorstellung der Paradigmata beschrieben. Bei der Präsentation der Paradigmata wurde aus methodischen Gründen eine feste Reihenfolge beibehalten, die unter Umständen von der vom jeweiligen Autor gewählten abweicht. Die Paradigmata (so weit in der jeweiligen Sprache vorhanden) werden in folgender Abfolge behandelt: Perfektiv, Habitual, Progressiv, Futur, Narrativ, Subjunktiv, Imperativ. Zum Schluss werden die Ergebnisse der Beschreibung zusammengefasst und ggf. durch eine eigene Analyse des TAM-Systems der jeweiligen Sprache ergänzt.

4.3.2.1 Bole

Im Bole wird TAM markiert durch einen für die jeweilige TAM-Kategorie charakteristischen, von der Verbalklasse determinierten, verbalstammauslautenden Vokal und ein bestimmtes Tonmuster auf dem Verbalstamm (danach auftretende Klitika oder Suffixe werden – bis auf eine Ausnahme – tonal separat betrachtet). Außerdem erscheinen TAM-markierende Suffixe[88], die an unterschiedlichen Stellen der Strukturfolgeordnung auftreten können, sowie ein Präfix. Die Subjektpronomina spielen

---

[87] Von mir vorgenommene Interlinearisierungen und Übersetzungen sind durch Kursivschreibung angezeigt.
[88] Hiermit sind auch Derivationssuffixe gemeint, die eng mit dem TAM-System verschmolzen sind (s. dazu auch 4.4.2.1.4).

für die TAM-Markierung keine Rolle (s. dazu auch 3.2.1). Zwei der Paradigmata werden mit einem nominalisierten Verbalstamm gebildet.

Gimba (2000) beschreibt die folgenden TAM-Kategorien: Perfektiv (von Schuh & Gimba 2004-2012 als *Completive* bezeichnet), Futur, Progressiv, Habitual, *Subjunctive* und Imperativ. Gimba zählt Perfektiv, Futur, Progressiv und Habitual zur Kategorie Aspekt, Subjunktiv und Imperativ zum Modus.

4.3.2.1.1 Perfektiv

Die Perfektivformen im Singular zeigen – abhängig von der Klassenzugehörigkeit des Verbs – folgende stammauslautende Vokale (s. dazu auch 4.1.2.1):

A1: -Ø
A2: -**u**
B und D: -**aa**
C: -**ii**.

Bei femininem oder pluralischem Subjekt sind diese Unterschiede nivelliert, da die Auslautvokale durch das Feminin- bzw. Pluralsuffix (-**aK**- resp. -**an**-) ersetzt werden. Diese Genus- und Numeruskonkordanz mit dem Subjekt erfolgt nur im Perfektiv (s. dazu auch 2.4). Das Tonmuster des Verbalstamms inklusive Auslautvokal ist im Perfektiv (T)H, d.h. alle Silben bis auf die letzte sind tieftonig.

Intransitiven Verben in finaler bzw. pausaler Stellung sowie transitiven Verben ohne overtes Objekt folgt der Perfektivmarker -**wò**, der in medialer Stellung, bspw. vor dem Negationsmarker **sá** oder vor Objekt, entfällt. Bei transitiven Verben ohne Objekt folgt dem PM noch der (hochtonige) Nullobjektmarker -**yi**, der in medialer Stellung entfällt. Während bei Anwesenheit eines nominalen Objekts sowohl PM als auch niO-Marker entfallen, folgt einem pronominalen Objekt der PM.

Für intransitive Verben sind in Tabelle 65 Beispiele für alle Verbalklassen (A1, A2, B, C und D) angegeben, für die transitiven Verben jeweils nur aus einer Verbalklasse.

Morphologie des Verbalkomplexes 145

Tabelle 65: Bole, Perfektiv (Gimba 2000: 29ff[89])

			VK1	Negation
(9)	intr	A1	ǹ ʔyór-wò	ǹ ʔyór-úu sá
			I stop-PM	I stop-x NEG
			I stopped	I didn't stop
(10)		A2	ǹ dàarú-wò	ǹ dàarú sá
			I recovered	I didn't recover
(11)		B	ǹ zìll-áa-wò	ǹ zìll-áa sá
			I belched	I didn't belch
(12)		C	ǹ r-íi-wò	ǹ r-íi sá
			I entered	I didn't enter
(13)		D	ǹ m-áa-wò	ǹ m-áa sá
			I returned	I didn't return
(14)	ØO	A1	ǹ ngór-wòo-yí[90]	ǹ ngór-wòo sá
			1.SG tie-PM-NIO	
			I tied (it)	I didn't tie (it)
(15)	OP		ǹ ngór-súu-wó	
			I tied (for)[91] them	
(16)	NO		ǹ ngór-úu tèmshí	
			I tied the sheep	

Der Perfektiv kann mit unterschiedlichem Zeitbezug gebraucht werden. Bei aktiven Verben werden vollendete Handlungen angezeigt, bei stativen Verben wird ein Bestehen des jeweiligen Zustands beschrieben (Gimba 2000: 69). In Erzählungen hat der Perfektiv anteriore Funktion (Schuh 2005a: 3). Da der PM nicht in allen syntaktischen Umgebungen erscheint, ist das Wechselspiel zwischen stammauslautendem Vokal, Tonmuster des Verbalstamms und PM als eigentliche TAM-Markierung im Perfektiv zu betrachten.

---

[89] Seitenangaben für Gimba (2000) entsprechend dem Inhaltsverzeichnis.
[90] Der Nullobjektmarker bewirkt Auslautlängung beim vorangehenden Perfektivmarker -wo. Diese bleibt auch dann bestehen, wenn der Nullobjektmarker in medialer Stellung unterdrückt ist.
[91] Hier kann das OP sowohl als IOP als auch DOP interpretiert werden.

4.3.2.1.2 Habitual

Im Habitual trägt der hochtonige Verbalstamm abhängig von der Verbalklasse die folgenden Auslautvokale bzw. Suffixe:

A: **-o**
B: **-e**
C: **-ii-sho/-ii-shi**
D: **-ee-sho/-ee-shi**.

Die Töne der Suffixe (bspw. vor dem niO-Marker) unterliegen den regulären Modifikationen durch tonale Prozesse, z.B. PCL (s. 2.2.2). Transitive Verben ohne genanntes Objekt suffigieren den niO-Marker.

Tabelle 66: Bole, Habitual (Gimba 2000: 43ff)

		VKl		Negation
(17)	intr	A1	à ʔyór-ó	
			AGR stop-HAB	
			he stops	
(18)		A2	à sóor-ó	
			AGR fall-HAB	
			he falls	
(19)		B	à pét-é[92]	
			AGR go.out-HAB	
			he goes out	
(20)		C	à r-íishó	
			AGR enter-HAB	
			he enters	
(21)		D	à m-éeshó	
			AGR return-HAB	
			he returns	

---

[92] In dieser Verbalklasse unterscheiden sich Habitual und Futur nur durch den Ton voneinander (s. Bsp. (7) in Tabelle 67).

		VKl		Negation
(22)	ØO	A1	à búl-èe-yí	à búl-èe sá
			AGR dig-HAB-NIO	AGR dig-HAB NEG
			he removes (it)	he doesn't dig (it)
(23)	OP	B	à kúmt-èe-sú	
			AGR warm-HAB-3.PL	
			he warms (for) them[93]	
(24)		C	à ʔ-íishò-mú	
			AGR eat-HAB-1.PL	
			he eats (for) us	
(25)	NO	B	à búl-é dùurò	
			AGR dig.out-HAB peanut	
			she digs out peanuts	
(26)		C	à ʔ-íishó ʔóttò	
			AGR eat-HAB food	
			he eats food	

Der Habitual stellt eine Handlung als über einen gewissen Zeitraum regelmäßig wiederkehrend dar.

4.3.2.1.3 Futur

Das Futur (ebenso wie der Progressiv) unterscheiden sich von den übrigen TAM-Formen insofern grundsätzlich, als hier der Verbalstamm als *Gerund* in Erscheinung tritt. Form und Tonmuster des *Gerunds* sind aufgrund der Verbalklasse vorhersagbar. Es lautet abhängig von der Verbalklasse folgendermaßen aus:

A1, A2: **-a**
B: **-e**
C: **-iina**
D: **-eena**

Gimba (2000: 39) weist darauf hin, dass er nicht sicher sei, ob die in den Klassen C und D auftretenden Suffixe als mono- oder bimorphema-

---

[93] Hier kann nicht zwischen einem DOP und einem IOP unterschieden werden.

tisch zu analysieren sind. Das Tonmuster des *Gerunds* ist in Klasse A1 TH, in den Klassen A2 und B TT, und in den Klassen C und D HT.

Gerunds im Bole vereinen nominale und verbale Eigenschaften: beispielsweise können sie als Subjekte und Objekte von Verben auftreten, andererseits sind sie im Futur und Progressiv syntaktisch nicht von Verben zu unterscheiden.

Während bei den bisher beschriebenen Paradigmata direkte nicht von indirekten Objektpronomina zu unterscheiden sind, werden beim Futur (und Progressiv) indirekte Objekte im Gegensatz zu direkten tonal in den Verbalstamm integriert (s. Bsp. (33) und (34)).

Tabelle 67: Bole, Futur (Gimba 2000: 36ff)

		VKl		Negation
(27)	intr	A1	à ʔyòr-á	
			3.AGR stop-FUT[94]	
			he will stop	
(28)		A2	à sòor-à	
			3.AGR fall-FUT	
			he will fall	
(29)		B	à pèt-è	
			3.AGR go.out-FUT	
			he will go out	
(30)		C	à r-íinà[95]	
			3.AGR enter-FUT	
			he will enter	
(31)		D	à m-éenà	
			3.AGR return-FUT	
			he will return	
(32)	ØO	A1	à pòɗ-áa-yí	à pòɗ-áa sá
			3.AGR remove-FUT-NIO	AGR remove-FUT not
			he will remove (it)	he will not remove (it)

---

[94] Die Glossierung ist von Gimba übernommen. Eigentlich handelt es sich um die Endung des Verbalnomens (oder, in seiner Terminologie, des *Gerunds*).

[95] **-na** trägt variablen Ton.

			VK1	Negation
(33)	OP	A1	à pòɗ-á-nò	
			AGR remove-FUT-1.SG	
			he will remove me	
(34)			à pòɗ-à-nó	
			AGR remove-FUT-1.SG	
			he will remove for me	
(35)	NO	B	à s-éená àmmá	
			AGR drink-FUT water	
			he will drink water	

Wie der Perfektiv stellt das Futur keinen (absoluten) Tempusbezug her. Vielmehr wird ausgedrückt, dass eine Handlung zu einem beliebigen Referenzzeitpunkt noch nicht begonnen hat(te), aber (unmittelbar) bevorstehend war bzw. ist.

4.3.2.1.4 Progressiv

Der Progressiv unterscheidet sich vom Futur einzig durch den Progressivmarker **jìi**, der auf das Wort **jìi** (bzw. **jìiwò**) „Körper" zurückzuführen ist und zwischen Subjekt und Verb erscheint. Gimba (2000: 41) bemerkt dazu: „(...) which means the progressive originally derives from a construction literally translatable as 'he (is at) body (of activity)'."

Tabelle 68: Bole, Progressiv (Gimba 2000: 41)

			VK1
(36)	NO	A1	íshí à jìi ngòr-á kôm
			3.SG.UP AGR PROG tie-GER cow
			he is tying a cow

Der Progressiv stellt eine Handlung als zum Referenzzeitpunkt ablaufend dar.

4.3.2.1.5 Subjunktiv

Der Subjunktiv ist durch die folgenden Auslaute am Verbalstamm markiert:

A1: **-i**
A2, B: **-e**
C, D: **-ay**

In den Verbalklassen A und B ist das Tonmuster des Verbalstamms (ohne Klitika) (...) TH, in den Klassen C und D durchgehend tieftonig. Transitiven Verben folgt bei nicht genanntem Objekt der niO-Marker **-yi**. Wie beim Futur und Progressiv sind indirekte Objekte in den Verbalstamm integriert und unterscheiden sich deshalb tonal von direkten Objekten (s. Bsp. (43) und (44)). Folgt einem transitiven Verb ein nominales Objekt, so entfällt der niO-Marker (45).

Tabelle 69: Bole, Subjunktiv (Gimba 2000: 51)

		VKl		
(37)	intr	A1	íshí ?yòr-í	
			3.SGM stop-SUBJ	
			that he stop	
(38)		A2	íshí sòor-é	
			3.SGM fall-SUBJ	
			that he fall	
(39)		B	íshí pèt-é	
			3.SGM go.out-SUBJ	
			that he go out	
(40)		C	íshí r-ày	
			3.SGM enter-SUBJ	
			that he enter	
(41)		D	íshí m-ày	
			3.SGM return-SUBJ	
			that he return	
(42)	ØO	A1	íshí ngòr-íi-yì/ngòr-íi	íshí ngòr-íi sá
			3.SGM tie-SUBJ-NIO	he tie-SUBJ not
			that he tie (it)	that he should not tie (it)

		VK1	
(43)	OP	B	íshí bès-ée-tò
			3.SGM shot-SUBJ-3.SGF
			that he shoot her
(44)			íshí bès-èe-tó
			3.SGM shoot-SUBJ-3.SGF
			that he shoot for her
(45)	NO	A	íshí ngòr-í témshí
			3.SGM tie-SUBJ sheep
			that he tie the sheep

Die Funktion des Subjunktivs ist nicht eindeutig. Die bisher aufgeführten Beispiele legen den Schluss nahe, dass es sich um eine Verbform handelt, die überwiegend in abhängigen Sätzen erscheint (nach Verben des Wollens, in Finalsätzen, zum Ausdruck von Notwendigkeit, nach bestimmten Subordinierern („bevor"). Gimba (2000: 71) – obwohl er den Subjunktiv als Modus klassifiziert - äußert sich zu seiner Funktion folgendermaßen: „,Subjunctive' (Lukas's Präteritum) in Bole is a ‚neutral' aspect or mood. It always depends on something in the context for its interpretation."

Zur Illustration verwendet er folgende Beispiele:

Tabelle 70: Bole, Beispielsätze zum Subjunktiv (Gimba 2000: 43)

(46) Bámói ngór-úu témká, íshí kòn-í kúlà s-àу àmmá
Bamoi tie-PFV sheep.PL, 3.SGM take-SUBJ calabash drink-SUBJ water
Bamoi tied sheep, [then] he took the calabash and drank water.

(47) Bámói à nòr-á témká, íshí kòn-í kúlà s-ày àmmá
Bamoi AGR tie-GER sheep.PL, 3.SGM take-SUBJ calabash drink-SUBJ water
Bamoi will tie sheep [then] he will take the calabash and drink water.

Schuh (2005a: 3) beschreibt die Funktion des Subjunktivs folgendermaßen:

> Among other functions, the Bole subjunctive indicates hortativity or intention in an unmarked statement (…), it indicates purpose after the com-

plementizer *bóodóo* (...), it indicates fittingness after the complementizer *kapa* (...), and it indicates next event in a sequence in narrative.

4.3.2.1.6 Imperativ (und Hortativ)

Zur Bildung der Imperativformen werden keine Subjektpronomina verwendet. Es gibt Imperativformen für die 2. Personen sowie Hortativformen für die 1. Person Plural. Im Singular erscheint der Auslautvokal **-i**, im Plural **-a**. Die Hortativformen haben ein zusätzliches pronominales Suffix. Das Tonmuster der Imperativformen ist (T)H vor Objekt, d.h. die einsilbigen Verben der Klassen C und D sind hochtonig. In finaler Stellung wird der Auslautvokal lang und trägt einen Fallton.

Folgt dem Verbalstamm ein DOP, so muss nach diesem der niO-Marker **-yi** erscheinen.

Vor nominalem Objekt wird der Auslautvokal transitiver Verben der Klassen A und B kurz und hoch. Verben der Klassen C und D tragen ein pronominales Suffix, das zusätzlich Genus unterscheidet. Es ist sehr ungewöhnlich, dass hier ein DOP und der niO-Marker gleichzeitig auftreten (s. Bsp. (54) und (55)). Gimba (2000: 56) bemerkt zu den bei intransitiven und transitiven Verben ohne Objekt auftretenden langen, falltonigen Auslautvokalen (s. Bsp. (48) und (53)):

> The suffix vowels of the 2nd singular and plural imperatives for class A1, A1, and B verbs are hard to explain. Looking just at transitive verbs, we might explain the long *-îi/-áà/-éè* with falling tone as contraction of *-í/-á/-é* + *-yì* Ø object marker (...). Moreover *-yi* actually appears with transitive class C and D verbs and with transitive first plural imperatives in all classes. The problem is that in class A1, A2, and B, the same affixes *-îi/-áà/-éè* with long vowels and falling tones appear with *intransitive* verbs, which do not take the *-yi* clitic in any other verb form. For our discussion, I will simply assume that imperatives in these cases anomalously have an underlying *-yi* 'object' clitic.

Die Imperativformen werden – wie alle anderen TAM-Kategorien – mit dem Negationsmarker **sá** negiert, vor dem die gesamte Verbalform tieftonig wird.

Morphologie des Verbalkomplexes

Tabelle 71: Bole, Imperativ und Hortativ (Gimba 2000: 55, 57, 63ff)

		VKl				Negation
(48)	intr	A1	2.Sg	ʔyòrîì	stop	ʔyòrìi **sá**
			2.Pl	ʔyòr-áà		ʔyòràa **sá**
			1.Pl	ʔyòr-áa-mú		ʔyòraamù **sá**
(49)		A2	2.Sg	sòor-íì	fall	
			2.Pl	sòor-áà		
			1.Pl	sòor-áa-mú		
(50)		B	2.Sg	pèt-éè	go out	
			2.Pl	pàt-áà		
			1.Pl	pàt-áamú		
(51)		C	2.Sg	r-íì	go in	
			2.Pl	r-áà		
			1.Pl	r-áa-mú		
(52)		D	2.Sg	m-éè	return	
			2.Pl	m-áà		
			1.Pl	m-áa-mú		
(53)	ØO	A1	2.Sg	ngòr-íì	tie	
			2.Pl	ngòr-áà		
			1.Pl	ngòr-áa-mùu-yí		
(54)	OP	A1	2.Sg	ngór-í-nìi-yí		
			2.Pl	ngòr-áa-nìi-yí tie him!		
(55)		C	2.Sg	t-íi-nìi-yí		
			2.Pl	t-áa-nìi-yí eat him!		
(56)	NO	A2	2.Sg	ɗòpp-í Bámói	follow	ɗòpp-ìi dáandé **sá**
			2.Pl	ɗòpp-á Bámói follow Bamoi!		ɗòpp-àa dáandé **sá** don't follow the children!

4.3.2.1.7 Negation

Bis auf den Imperativ werden alle TAM-Paradigmata in unveränderter Form durch den nachgestellten Negationsmarker **sá** verneint. Die

Imperativformen werden vor dem Negativmarker durchgehend tieftonig (s. Tabelle 71).

4.3.2.1.8 Zusammenfassung

Im Bole greifen verschiedene mit dem Verbalklassensystem verflochtene Elemente zur TAM-Markierung ineinander. Aus diesem Grund sind die Unterschiede zwischen den TAM-Kategorien nur selten auf ein einziges Merkmal zurückzuführen. Ein solcher Fall wäre beispielsweise der Unterschied zwischen Futur, Habitual und Subjunktiv, der in Verbalklasse B nur tonal markiert wird. Es gibt keinen Fall, in dem ein Unterschied alleine durch den Auslautvokal bzw. ein Auslautsuffix markiert wird.

In folgender Tabelle sind die Tonmuster und Auslautvokale bzw. -suffixe in den verschiedenen TAM-Formen gegeneinander aufgetragen. Der Übersichtlichkeit halber wurde auf den Perfektivmarker verzichtet, da dieser in vielen syntaktischen Umgebungen entfällt und deshalb nur eingeschränkt TAM-markierende Funktion übernimmt.

Abgesehen von Futur und Progressiv, die beide mit dem nominalisierten Verbalstamm gebildet werden, ist es nicht möglich, eine Gruppierung der TAM-Kategorien des Bole aufgrund morphologischer bzw. tonologischer Merkmale vorzunehmen.

Tabelle 72: Bole, TAM-Markierungen, Übersicht

VKl	Tonmuster Verbalbasis + Auslautvokal				Auslautvokal bzw. -suffix			
	A	B	C	D	A	B	C	D
Pfv	(T)H	TH	H	H	-uu	-aa	-ii	-aa
f					-ak	-ak	-ak	-ak
Pl					-an	-an	-an	-an
Fut	TH	TT	H(T/H)	H(T/H)	-a	-e	-ii-na	-ee-na
Prog	**jìi** TT							
Hab	H(H/T)	H(H/T)	H(H/T)	H(H/T)	-o	-e	-iisho (-iishi)	-eesho (-eeshi)
Subj	T(H)	T(H)	T	T	-i	-e	-ay	-ay
Imp	T(H)	T(H)	H	H	-i (Sg), -a (Pl)			

4.3.2.2 Karekare

Im Karekare wird TAM durch ähnliche Elemente markiert wie im Bole: durch TAM-spezifische, von der Verbalklasse determinierte stammauslautende Vokale, bestimmte, z.T. auch von der Silbenstruktur abhängige Tonmuster auf dem Verbalstamm, ein Suffix und ein Präfix. Die Subjektpronomina spielen ebenfalls keine Rolle für die TAM-Markierung, und zwei Paradigmata werden mit einem nominalisierten Verbalstamm gebildet. Im Gegensatz zum Bole wird im *Completive* nur Pluralität des Subjekts, nicht aber Genus am Verbalstamm markiert.

Schuh beschreibt in seinem kurzen Abriss über das Verbalsystem des Karekare (o.J.(a)) folgende TAM-Kategorien:
Completive
Habitual
Futur
Continuous
Imperativ
Subjunktiv

Während Schuh sich nicht über das Verhältnis von *Completive* zu Subjunktiv und Imperativ äußert, zählt er Habitual, Futur und *Continuous* zum „incompletive aspect".

4.3.2.2.1 *Completive*

Wie auch im Bole lassen sich die Verben im Karekare aufgrund ihrer stammauslautenden Vokale im *Completive* in fünf Klassen einteilen (s. dazu auch 4.1.2.2):
  A1, A2, C: **-u**
  B, D: **-aa**

Auch das Tonmuster des Verbalstamms stimmt mit dem im Bole überein: Alle Silben bis auf die letzte sind tieftonig, d.h. die einsilbigen Verben der Klassen C und D sind hochtonig. Dem Auslautvokal bzw. einem DOP oder IOP folgt (zumindest in finaler Stellung) der *Completive*-Marker **-ko**, der vor nominalem Objekt entfällt. Steht das Subjekt im Plural, so werden die stammauslautenden Vokale durch das Pluralsuffix **-an** ersetzt, wodurch alle Klassenunterschiede aufgehoben werden.

Diese Formen sind in Tabelle 73 jeweils in der zweiten Spalte angegeben. Schuh gibt weder in (o.J.(a)) noch (2010a) Beispiele zur Negation.

Tabelle 73: Karekare, *Completive* (Schuh o.J.(a): 2f)

		VKl	Subjekt im Singular	Subjekt im Plural
(57)	ØO	A1	às-ú-kò	às-án-kò
			pick.up-PFV-PM	pick.up-PL-PM
			he/she picked up	they picked up
(58)	intr	A2	ɗàaf-ú-kò	ɗàaf-án-kò
			follow-PFV-PM	follow-Pl-PM
			he/she followed	they followed
(59)	ØO	B	bàs-áa-kò	bàs-án-kò
			shoot-PFV-PM	shoot-PL-PM
			he/she shot	
(60)		C	t-ú-kò	
			eat-PFV-PM	
			he/she ate	
(61)		D	w-áa-kò	w-án-kò
			get-PFV-PM	get-PL-PM
			he/she got	they got
(62)	OP	A1	às-ú-tàa-kò[96]	
			pick.up-PFV-3.SGF-PM	
			he/she picked her up	
(63)	NO	A1	àsúu tàmcí[96]	àsân tàmcí[96]
			take.COMP sheep	
			he/she took a sheep	they took a sheep

4.3.2.2.2 Habitual

Die Beschreibungen des Habituals in Schuh (o.J.(a)) und (2010a) weichen deutlich voneinander ab. Während die Habitualformen in Schuh (o.J.(a)) sich aus dem präverbalen TAM-Element **náa** und dem nominalisierten Verbstamm zusammensetzen[97], bestehen die in (2010a: 15) aufgeführten Formen aus der tieftonigen Verbalbasis und dem Suffix **-ká(u)**.

---

[96] Schuh (2010a: 4)
[97] und sich somit vom Futur (fast) nur dadurch unterscheiden, dass dieses das zusätzliche präverbale Element **làa** zeigt.

Außer der (auslautvokallosen) Verbalklasse A1 lauten alle Verben vor dem Suffix -ká(u) auf -èe aus. In der folgenden Darstellung in Tabelle 74 sind nur Formen aus Schuh (2010a) angeführt.

Tabelle 74: Karekare, Habitual (Schuh 2010a: 15)

		VKl	
(64)	ØO	A1	àskáu
			he picks up
(65)		A2	d̀aafèekáu
			he follows
(66)		B	bàsèekáu
			he shoots
(67)		C	yèekáu
			he jabs/pokes
(68)		D	náa wèekáu
			he gets
(69)	OP	A1	àská tèe
			he picks her up
(70)		A2	d̀aafèeká tèe
			he follows her
(71)	NO	A1	àská tàmcí
			he picks up a sheep
(72)		A2	d̀aafèeká tàmcí
			he follows a sheep

4.3.2.2.3 Futur

Wie beim Habitual unterscheiden sich auch für das Futur die Darstellungen in Schuh (o.J.(a)) und Schuh (2010a) insofern voneinander, als in ersterem Manuskript ein zusätzlicher präverbaler Marker (**làa**) aufgeführt ist[98]. Die folgende Beschreibung stützt sich auf Schuh (ibid.: 12f).

Zur Bildung des Futurs wird ein (vermutlich verbonominaler) Verbalstamm verwendet, der in den verschiedenen Verbalklassen folgendermaßen auslautet:

---

[98] D.h. die Konstruktion, die Schuh in (2010a) als Futur beschreibt, entspricht der Form, die er in (o.J.(a)) als Habitual bezeichnet.

A1: -âa, -áa
A2: -àa
B: -êe, -èe
C: -(í)nàa
D: -(ú)nàa

Bei den Polyverben (A1-B) ist die den Suffixen vorangehende Verbalbasis tieftonig, bei den Monoverben hochtonig.

Tabelle 75: Karekare, Futur (Schuh 2010a: 12f)

		VKl	
(73)	ØO	A1	náa àsâa
			he will pick (it) up
(74)		A2	náa ɗàafàa
			he will follow (it)
(75)		B	náa bàsáa
			I will shoot (it)
(76)		C	náa yínàa
			he will stab (it)
(77)	OP	A1	náa àsáa tè
			he will pick her up
(78)		A2	náa ɗàafáa tè
			he will follow her
(79)		C	náa yínáa tè
			he will stab her
(80)	NO	A1	náa àsáa tàmcí
			he will pick up a sheep
(81)		A2	náa ɗàafàa tàmcí
			he will shoot a sheep
(82)		C	náa yínàa tàmcí
			he will stab a sheep

4.3.2.2.4 Continuative

Zum *Continuative* gibt es nur ein untoniertes Beispiel mit einem Verb der Klasse A1 in Schuh o.J.(a). Schuh macht darüber hinaus keine Angaben zur Zusammensetzung der *Continuative*-Formen.

Der *Continuative* scheint in Klasse A1 durch einen präverbalen Marker **zu** markiert zu sein – der auf das Lexem **zùu** „body" zurückzuführen sein dürfte – sowie ein Suffix -**i**, das dem im *Completive* auftretenden stammauslautenden Vokal folgt.

Tabelle 76: Karekare, *Continuative* (Schuh o.J.(a): 2f)

(83)   ØO   A1   na zu hadu-i[99]
             he is eating (it)

4.3.2.2.5 Subjunktiv

Im Subjunktiv tragen die Verben folgende Auslautvokale:
A1: -**ee**
A2, B, C, D: -**i**.
Das Tonmuster des Verbalstamms variiert abhängig von der An- bzw. Abwesenheit von Objekten[100]. Das direkte Objektpronomen folgt dem verbalstammauslautenden Vokal und seine Vokalqualität assimiliert sich diesem.

Tabelle 77: Karekare, Subjunktiv (Schuh 2010a: 9ff)

		VKl	
(84)	ØO	A1	âasée[101]
			that he pick up
(85)		A2	dàafìi
			that he follow
(86)		B	bàsêe
			that he shoot
(87)		D	wàí
			that he get
(88)	OP	A1	àséetè
			that he pick her up
(89)		D	wài têe
			that he get her

---

[99] Segmentierung wie im Original.
[100] Hier unterscheiden sich Schuh (o.J.(a)) und (2010a) voneinander, die Angaben beziehen sich auf letztere Quelle.
[101] Zur Tonierung dieses Beispiels merkt Schuh (o.J.(a): 9) an: „I am suspicious of the unextended A1 Ø object and DO forms. I originally had them marked LH or LL, which fits better with other classes."

		VKl		
(90)	NO	A1	àsé tàmcí	
			that he pick up a sheep	
(91)		D	wàí tàmcí	
			that he get a sheep	

4.3.2.2.6 Imperativ

Während sich aufgrund der von Schuh aufgeführten Beispiele keine einheitliche Aussage zur Bildung der Imperativformen im Singular treffen lässt, sind die Pluralformen gekennzeichnet durch das Suffix -**áanò**. Es ist anzunehmen, dass es sich hierbei um eine Zusammensetzung aus dem auch im *Completive* auftretenden Pluralmarker -**an** und einem weiteren nicht identifizierbaren Element handelt, das im Falle der Anwesenheit eines Objektpronomens durch dieses ersetzt wird. Zwei- oder mehrsilbige Verben scheinen durch das Tonmuster TF, einsilbige durch F gekennzeichnet zu sein.

Tabelle 78: Karekare, Imperativ (Schuh o.J.(a): 2f)

		VKl			
(92)	ØO	A1	2.Sg	àsûu[102]	pick (it) up!
			2.Pl	àsáanò	
(93)		C	2.Sg	tô	eat!
			2.Pl	táanò	
(94)		D	2.Sg	wî	get!
			2.Pl	wáanò	
(95)	OP	A1	2.Sg	àás tè[102]	pick her up!
			2.Pl	àsàató	
(96)	NO	A1	2.Sg	às áyám[102]	pick *this* up!
			2.Pl	?	

4.3.2.2.7 Negation

Schuh macht keine Angaben zur Negation im Karekare.

---

[102] Schuh (2010a: 17)

Morphologie des Verbalkomplexes

4.3.2.2.8 Zusammenfassung

Wie auch im Bole greifen im Karekare unterschiedliche Mechanismen zur TAM-Markierung ineinander, weshalb es nicht immer möglich ist, eine Unterscheidung im TAM-System auf ein einziges Element zu reduzieren. Im Karekare kommt erschwerend noch die unzureichende Datenlage hinzu. Zwei Paradigmata werden mit einem nominalisierten Verbalstamm gebildet. Die folgende Tabelle soll einen Überblick über das Zusammenspiel der unterschiedlichen TAM-Elemente geben.

Tabelle 79: Karekare, TAM-Markierungen, Übersicht

VKl		Tonmuster Verbalbasis+Auslautvokal				Auslautvokal bzw. -suffix			
		A	B	C	D	A	B	C	D
Comp		(T)H	TH	H	H	-u-ko	-aa-ko	-u-ko	-aa-ko
Pl						-an	-an	-an	-an
Hab		TH	TTH	TH	TH	-kau -ee-kau	-ee-kau	-ee-kau	-ee-kau
Fut	náa	TF TT	TH	HT	HT	-aa -aa	-ee	-i-naa	-u-naa
Cont	zu	?	?	?	?	-u+i	?	?	?
Subj		(FH) TF	TF	TH	TH	-ee -ii	-ee	-i	-i
Imp		TF Pl: THT	?	HT	HT	Sg ? /Pl -áanò			

Soweit die Datenlage es erlaubt, kann festgestellt werden, dass sich alle Paradigmata durch mindestens zwei TAM-markierende Elemente voneinander unterscheiden, zumeist durch Tonmuster und Auslautvokal bzw. -suffix (bspw. *Completive* und Subjunktiv). Eine Gruppierung der Paradigmata auf übergeordneter Ebene erscheint mir nicht möglich.

4.3.2.3 Ngamo

Wie im Bole und Karekare lassen sich auch im Ngamo die Verben aufgrund ihres verbalstammauslautenden Vokals im *Completive* in fünf Verbalklassen einteilen (s. dazu auch 4.1.2.3). Zusätzlich zu unterschiedlichen verbalstammauslautenden Vokalen erfolgt die TAM-Markierung durch charakteristische Tonmuster auf dem Verbalstamm, ein Suffix und zwei Präfixe. Die Subjektpronomina spielen bei der TAM-Markierung keine Rolle.

Schuh (o.J.(b)) führt in seinem Abriss über das Verbalsystem folgende TAM-Kategorien auf:
Completive
Subjunktiv
Futur
Habitual
Potential Future
Continuative
Imperativ

Während er sich nicht zur Stellung von Subjunktiv und Imperativ äußert, stellt Schuh Futur, Habitual, *Potential Future* und *Continuative* als „incompletive TAMs" dem *Completive* gegenüber. Die dem *Incompletive* zugerechneten TAMs werden mit (unterschiedlichen) nominalisierten Verbalstämmen gebildet. Da sich die beiden Dialekte des Ngamo überwiegend tonal voneinander unterscheiden, beschränkt sich die folgende Beschreibung auf den Gudi-Dialekt.

4.3.2.3.1 *Completive*

Im *Completive* lauten die stammauslautenden Vokale – abhängig von der Verbalklasse – folgendermaßen:
A1: -Ø
A2, B, D: **-a**
C: **-u**

In allen Verbalklassen außer B und D erscheint nach dem stammauslautenden Vokal der *Completive*-Marker **-ko**, der vor Objekt nicht entfällt.

Pluralität des Subjekts wird durch das Suffix **-an** am Verb angezeigt, das einen eventuell vorhandenen stammauslautenden Vokal ersetzt. Das Tonmuster der gesamten Verbalform, inklusive *Completive*-Marker, ist TF. Es handelt sich hierbei um eine „Rechtsverschiebung" des auch im Bole und Karekare zu findenden Tonmusters TH (s. dazu Schuh 2009c).

Tabelle 80: Ngamo, *Completive* (Schuh o.J. (b): 2f)

		VKl	Subjekt im Singular	Subjekt im Plural
(97)	intr	A1	èrkô he/she stopped	èrànkô they stopped
(98)		A2	hìndâ he/she arose	hìndànkô they arose
(99)		B	hàtâ he/she went out	hàtànkô they went out
(100)		C	rùkô he/she entered	rànkô they entered
(101)		D	dâ he/she mounted	dànkô they mounted
(102)	ØO	A1	ngàrkô[103] he tied	
(103)	OP	A1	ngàrkó têe[104] he tied her/it	
(104)	NO	A1	ngàrkó tèmshì[104] he tied a sheep	

4.3.2.3.2 Habitual

Habitual, *Potential Future* und *Continuative* werden mit derselben, möglicherweise nominalisierten Verbalstammform gebildet (Schuh o.J.(b): 2), die nicht mit dem von Schuh (ibid. und 2009b) angeführten Verbalnomen übereinstimmt. *Potential Future* und *Continuative* unterscheiden sich vom Habitual durch zusätzliche präverbale Marker. In Klasse A2 trägt der Verbalstamm den Auslautvokal -**a** und ist durchgehend tieftonig. In den übrigen Verbalklassen lautet der Auslautvokal -**e** bzw. -**iishe**/-**eeshe** und das Tonmuster ist TF.

---

[103] Schuh (2010b: 2)
[104] Schuh (2010b: 4)

Tabelle 81: Ngamo, Habitual (Schuh o.J. (b): 2f)

		VKl	
(105)	intr	A1	à èrshê
			he stops
(106)		A2	à hìnɗà
			he arises
(107)		B	à hètê
			he goes out
(108)		C	à rìishê
			he enters
(109)		D	à ɗèeshê
			he mounts
(110)	ØO	A1	à ngàrshê[105]
			he ties (it)
(111)	OP	A1	à ngàrshè tê[105]
			he ties her
(112)	NO	A1	à ngàrshè témshì[105]
			he ties a sheep

4.3.2.3.3 Potential Future

Im *Potential Future* erscheint derselbe Verbalstamm wie im Habitual, zusätzlich wird zwischen SP und Verb der Marker **gónní** (Klassen A und B) bzw. **gónnì** (Klassen C und D) eingefügt. Diese Form beschreibt Schuh nur in (o.J.(b)), nicht in (2010b).

Tabelle 82: Ngamo, *Potential Future* (Schuh o.J. (b): 2)

		VKl	
(113)	intr	A1	à gónní èrshê
			he will surely stop

4.3.2.3.4 Continuous

Wie im *Potential Future* erscheint auch im *Continuous* derselbe Verbalstamm wie im Habitual, zusätzlich markiert durch den Marker **zúk**, der

---

[105] Schuh (2010b: 15)

auf das Lexem **zùgò** „body" zurückzuführen sein dürfte. Auch diese Form beschreibt Schuh nur in (o.J.(b)), nicht aber in (2010b).

Tabelle 83: Ngamo, *Continuous* (Schuh o.J. (b): 2)

			VKl
(114)	intr	A1	à zúk èrshê
			he is stopping

4.3.2.3.5 Futur

Schuh zählt das Futur zu den „incompletive TAMs", die „all tend to use nominal-like verb forms" (Schuh o.J.(b): 2). Während sich Habitual, *Potential Future* und *Continuative* tatsächlich nur durch den präverbalen TAM-Marker (bzw. die Abwesenheit eines solchen) voneinander unterscheiden, zeigt das Futur eine abweichende Form des Verbalstamms, die aber wiederum nicht mit dem von Schuh (2009b) angegebenen Verbalnomen übereinstimmt. Die Verbalformen haben – abhängig von der Verbalklasse – folgende Auslautvokale bzw. -suffixe und Tonmuster:

A1: **-ai**, TF
A2: **-a**, HT
B: **-e**, HT
C: **-iina**, TT
D: **-eena**, TT

In Klasse B unterscheiden sich Futur und Subjunktiv nur tonal voneinander (vgl. 4.3.2.3.6).

Tabelle 84: Ngamo, Futur (Schuh o.J. (b): 2f)

		VKl	
(115)	intr	A1	à èrâi
			he will stop
(116)		A2	à hínɗà
			he will arise
(117)		B	à hétè
			he will go out
(118)		C	à rììnà
			he will enter
(119)		D	à ɗèenà
			he will mount
(120)	ØO	A1	à ngárâi
			he will tie (it)
(121)		B	à bésè
			he will shoot (it)
(122)	OP	A1	à ngárá tê[106]
			he will tie her
(123)		A2	à bískà tê[106]
			he will accept/take her
(124)	NO	A1	à ngárá témshì[106]
			he will tie a sheep
(125)		A2	à bískà tèmshì[106]
			he will accept/take a sheep

4.3.2.3.6 Subjunktiv

Der Subjunktiv wird durch einen stammauslautenden vorderen Vokal markiert:

A1, C: **-i**

A2, B, D: **-e**

Das Tonmuster ist TF, wie auch im *Completive*. In Klasse B unterscheiden sich Futur und Subjunktiv nur tonal voneinander, Subjunktiv und Habitual sind identisch.

---

[106] Schuh (2010b: 12)

Tabelle 85: Ngamo, Subjunktiv (Schuh o.J. (b): 2f)

		VKl	
(126)	intr	A1	à èrî
			that he stop
(127)		A2	à hìnɗê
			that he arise
(128)		B	à hètê
			that he go out
(129)		C	à rûi
			that he enter
(130)		D	à ɗê
			that he mount
(131)	ØO	A1	à ngàrî
			that he tie
(132)	OP	A1	à ngàr tê
			that he tie her/it
(133)		A2	à bìskè tê
			that he take/accept her
(134)	NO	A1	à ngàr témshì[107]
			that he tie the sheep
(135)		B	à bèsè témshì[108]
			that he shoot a sheep

4.3.2.3.7 Imperativ (und Hortativ)

Imperativ wird im Singular durch verbalstammauslautendes **-i** bzw. **-e** markiert. Im Plural geht diesem ein **-a-** voran. Das Tonmuster ist sowohl im Singular als auch im Plural TF.

In der Hortativform der 1.Pl folgt dem pluralischen **-a** Stammauslaut das pronominale Suffix **-mu**. Weder in Schuh (o.J.(b)) noch in (2010b) gibt es Beispiele für Imperativkonstruktionen mit nominalem Objekt.

---

[107] Hier manifestiert sich ein schwebender Hochton auf der Anlautsilbe des Objekts, der durch die Tonverschiebung und den Ausfall des verbalen Auslautvokals entstand (s. dazu Schuh 2009c: 30).
[108] Schuh (2010b: 10)

Tabelle 86: Ngamo, Imperativ (Schuh o.J. (b): 2f)

			VKl		
(136)	intr	A1	2.Sg	èrî	stop!
			2.Pl	èrâi	
			1.Pl	èràamù	let's stop!
(137)		A2	2.Sg	hìndî	arise!
			2.Pl	hìndâi	
			1.Pl	hìndàamù	let's arise!
(138)		B	2.Sg	hètê	go out!
			2.Pl	hàtâi	
			1.Pl	hàtàamù	let's go out!
(139)		C	2.Sg	rûi	enter!
			2.Pl	râi	
			1.Pl	ràamù	let's enter!
(140)		D	2.Sg	dî	mount!
			2.Pl	dâi	
			1.Pl	dàamù	let's mount!
(141)	ØO	A1	2.Sg	ngàrî[109]	tie (it)!
			2.Pl	ngàrâi	
			1.Pl	ngàràamù	let's tie (it)!
(142)	OP	A2	2.Sg	bìskì tê[110]	take/accept her!
			2.Pl	bìskà tê	
			1.Pl	bìskàamú tê	let's take/accept her!

4.3.2.3.8 Negation

Weder Ibriszimow (2006) noch Schuh machen Angaben zur Negation im Ngamo.

4.3.2.3.9 Zusammenfassung

Auch im Ngamo greifen Verbalklasse, Tonmuster und Auslautvokal bzw. -suffix zur TAM-Markierung ineinander. Es ist festzustellen, dass im Ngamo – womöglich aufgrund der Tonverschiebung (s. dazu 2.4) – der Spielraum hinsichtlich unterschiedlicher Tonmuster auf dem Verbal-

---

[109] Schuh (2010b: 18)
[110] Schuh (2010b: 19)

stamm gering und nur in einem Fall eine TAM-Unterscheidung einzig mittels des Tonmusters markiert ist (Klasse B, Subjunktiv und Futur – Habitual und Subjunktiv sind in dieser Verbalklasse identisch). Die größere funktionale Last hinsichtlich TAM-Markierung tragen die stammauslautenden Vokale bzw. Suffixe.

Tabelle 87: Ngamo, TAM-Markierungen, Übersicht

VKl		Tonmuster Verbalbasis+Auslautvokal				Auslautvokal bzw. -Suffix			
		A	B	C	D	A	B	C	D
Comp		TF	TF	TF	F	-Ø-ko -a	-a-ko	-Ø-ko	-a
Pl						-an-ko	-an-ko	-an-ko	-an-ko
Hab PotFut Cont	gónní zúk	TF T	TF	TF	TF	-she -a	-e	-iishe	-eeshe
Fut		TF HT	HT	TT	TT	-ai -a	-e	-iina	-eena
Subj		TF	TF	HT	HT	-i -e	-e	-ui	-e
Imp		TF	TF	F	F	Sg-i Pl-ai	Sg-e Pl-ai	Sg-ui Pl -ai	Sg-i Pl-ai

4.3.2.4 Bele

Schuh (1978: 17ff) macht keine Angaben dazu, an welchen Stellen der Verbalphrase TAM markiert wird. Aus den von ihm angeführten Beispielen ist zu ersehen, dass es mindestens zwei Reihen von SP geben muss, die sich sowohl tonal als auch – zumindest zum Teil – durch ihren Auslautvokal voneinander unterscheiden (tieftonig und -i im Auslaut im Perfektiv und Subjunktiv, hochtonig und -a im Auslaut im *Imperfective*) (s. dazu auch Kapitel 3.2.4).

Schuh beschreibt folgende TAM-Kategorien:
Perfektiv
Subjunktiv
Imperativ
Imperfective

Es ist davon auszugehen, dass es sich hierbei nicht um das gesamte TAM-System des Bele handelt.

4.3.2.4.1 Perfektiv

Die Perfektivformen (Schuh 1978: 20) werden mit der tieftonigen Reihe der Subjektpronomina gebildet. Alle mehrsilbigen Verben lauten auf einen stammauslautenden hohen Vokal aus, der entfällt, wenn es die Silbenstruktur erlaubt. Schuh hat diesen Vokal z.T. als **-u**, zuweilen aber auch als **-i** transkribiert. Er vermutet hier das Vorliegen einer regelmäßigen Alternation (**-i** vor overtem Objekt). Einsilbige Verben lauten auf **-ii** oder **-ee** aus. Zusätzlich tragen die Perfektivformen in Pausalstellung und in Konstruktionen mit pronominalem Objekt das Suffix **-ko**.

Genus und Numerus des Subjekts werden am Verbalstamm markiert. Bei femininem Subjekt wird stammauslautendes **-u** durch **-a** ersetzt, bei pluralischem Subjekt erscheint ein von Schuh als *-**an** rekonstruiertes Suffix, das mit dem PM zu **-áŋò** verschmilzt.

Während vor nominalem Objekt der PM verschwindet, die Genus- und Numerusmarkierung aber erhalten bleibt, erscheinen pronominale Objekte vor dem PM und die Genus- und Numerusunterscheidung am Verbalstamm wird aufgehoben. Indirekte Objekte unterscheiden sich von direkten allein durch ihren anlautenden Vokal (s. 3.2.4).

Die Perfektivformen werden durch das Suffix **-lāŋ** negiert. Schuh hält dessen auslautendes **-ŋ** für eine reduzierte Form des PM. Das Negationssuffix wird an die Form des Verbalstamms suffigiert, die auch vor nominalem Objekt zu finden ist, d.h. die Genus- und Numeruskongruenz mit dem Subjekt bleibt erhalten. Das Tonmuster des Verbalstamms scheint überwiegend TH zu sein, wobei nur die erste Silbe tieftonig und die übrigen hochtonig sind. Eine Ausnahme hiervon bilden die Formen mit dem Verb „carry" in Pausalstellung, s. (143).

Morphologie des Verbalkomplexes 171

Tabelle 88: Bele, Perfektiv (Schuh 1978: 23)

			Negation
(143)	ØO	nì pánkò/tì pànákò/mù pánáŋò[111]	hì bàahíilāŋ[112]
		I/she/we carried	he didn't shoot
(144)	OP	hì bàahínáŋó/tì bàahítáŋó/màahà bàahínàŋì	
		he/she/they shot me	
(145)	NO	hì bàahí bòɓò/tì bàaháa bòɓò/màahá bàahám bòɓò	
		he/she/they shot a duiker	

4.3.2.4.2 Imperfective

Schuh hat für den *Imperfective* nur Formen der Verben „go" und „come" abgefragt, wobei er dazu Futurformen im Hausa verwendete. Im *Imperfective* wird die hochtonige Reihe von Subjektpronomina verwendet. Das Verb **jíi** „go" trägt ein Suffix **-na**, das bei den Formen für „come" fehlt. Der Verbalstamm scheint dasselbe Tonmuster wie im Subjunktiv zu tragen, d.h. TH.

Tabelle 89: Bele, *Imperfective* (Schuh 1978: 26)

(146)	intr	há jìiná
		he will go
(147)		há ndùtú
		he will come

4.3.2.4.3 Subjunktiv

Schuh hat auch zum Subjunktiv nur die Verben „go" und „come" abgefragt. Es erscheinen die tieftonigen Subjektpronomina, denen das Verb mit hohem Vokal im Auslaut folgt. Das Tonmuster des Verbalstamms ist gegenüber dem Perfektiv verändert, die vorliegenden Formen lassen allerdings die Ableitung einer Regelmäßigkeit nicht zu.

---

[111] Schuh (1978: 21)
[112] Schuh (1978: 25)

Tabelle 90: Bele, Subjunktiv (Schuh 1978: 26)

(148) intr (ná kàdàlà) hì jìí
          (I want) him to go
(149)   (ná kàdàlà) hì ndútú[113]
          (I want) him to come

4.3.2.4.4 Imperativ

Im Imperativ liegen wiederum nur Beispiele für die Verben „go" und „come" vor, die keine verallgemeinernde Aussage zur Imperativbildung zulassen.

Tabelle 91: Bele, Imperativ (Schuh 1978: 25)

(150)	intr	jíkkó	go (m)!
		jíccí	go (f)!
		jáppái	go (Pl)!
(151)		ndùtú	come (m)!
		ndùtú	come (f)!
		màká ndùtú	come (Pl)!

4.3.2.4.5 Negation

Schuh liefert nur Beispiele zur Negation im Perfektiv (ibid.: 25), die mittels des Suffixes -làŋ erfolgt, dessen auslautendes -ŋ er für eine reduzierte Form des PM hält (s. Tabelle 88).

4.3.2.4.6 Zusammenfassung

Das zum Bele vorliegende Datenmaterial ist nicht ausreichend, um eine endgültige Aussage über die Systematik des TAM-Systems zu treffen, und die in Tabelle 92 aufgeführten TAM-Elemente sind als tentativ zu betrachten.

---

[113] Schuh (1978: 28, FN 14) merkt an, dass die Tonierung von **ndutu**, besonders im Singular, möglicherweise fehlerhaft ist.

Morphologie des Verbalkomplexes

Tabelle 92: Bele, TAM-Markierungen, Übersicht

	SP	Tonmuster	Auslautvokal oder -suffix
Perfektiv	SP1	TH	-Ø oder -i/-a
Pl			-an + -ko
Imperfective	SP2	TH	?
Subjunktiv	SP1	TH/HH	-i /-u
Imperativ	Ø	HH/TH	?

4.3.2.5 Kirfi

Wie im Bele gibt es auch im Kirfi zwei Reihen von Subjektpronomina, wobei sich Perfektiv und Subjunktiv eine Reihe teilen. Imperfektive TAMs haben eine hochtonige Reihe mit möglicherweise gelängtem Vokalauslaut (s. dazu auch 3.2.4).

Schuh (1978) beschreibt folgende TAM-Kategorien für das Kirfi:
Perfektiv
Imperativ
Subjunktiv
Imperfective

Wie auch im Bele handelt es sich hierbei möglicherweise nicht um das vollständige TAM-System des Kirfi.

4.3.2.5.1 Perfektiv

Im Perfektiv (ibid.: 36) ist der Verbalstamm entweder vokallos oder trägt den seiner Verbalklasse (s. dazu 4.1.2.5) entsprechenden Auslautvokal **-u** (mehrsilbige) bzw. **-ii** oder **-ee** (einsilbige), dem der Perfektivmarker **-wo** (nach Vokal) bzw. **-ko** (nach Konsonant) folgt. Einsilbige und KVK-Verben sind hochtonig, Verbalstämme mit schwerer Silbe und auslautendem **-u** tragen das Tonmuster TH. Der PM trägt den zur vorangehenden Silbe kontrastierenden Ton.

Pluralität des Subjekts wird am Verbalstamm durch das Suffix **-n** bzw. **-ín-** markiert, das dem PM vorangeht. Pronominale direkte Objekte ersetzen den PM, und der stammauslautende Vokal verändert sich von **-u** zu **-i**. Vor nominalem Objekt bleibt der PM erhalten, sein Auslautvokal wird allerdings nach **k** zu **-i** und nach **w** zu **-u** abgeschwächt.

Der Perfektiv wird durch **lú** am Satzende negiert, darüber hinaus wird der Ton des PM angehoben und sein Auslautvokal zu **-u** verändert. Suffigierte Objektpronomina werden vor der Negationspartikel gelängt.

Tabelle 93: Kirfi, Perfektiv (Schuh 1978: 38f)

			Negation
(152)	ØO	shì làɓɓúwò/sù làɓɓínkò	nà làɓɓúwú lú[114]
		he/they stepped on (it)	I didn't step on (it)
(153)	OP	shì làɓɓínó/sù làɓɓíshú	shì mánnòo lú[114]
		he/they stepped on me/them	he didn't shoot me
(154)	NO	shì jéewú[115] wúlà[116]	
		he put down the load	

4.3.2.5.2 Imperfective

Schuh führt Futurformen als Repräsentanten des *Imperfective* an. In diesen Konstruktionen wird die hochtonige Subjektpronominalreihe verwendet. Das Verb ist tieftonig und trägt das Suffix **-ŋì**, das vor Objekt entfällt (ibid.: 46). Diese Form des Verbalstamms ist nicht identisch mit dem Verbalnomen, das die Gestalt KVKa mit dem Tonmuster TH hat.

Schuh hat nur Beispiele ohne Objekt sowie mit nominalem Objekt abgefragt. Er weist darauf hin, dass bei den Formen mit nominalem Objekt seine Aufzeichnungen hinsichtlich des Tons der Verbalbasis inkonsistent seien.

Tabelle 94: Kirfi, *Imperfective* (Schuh 1978: 47)

(155)	ØO	shíi tùlì-ŋì
		he will extract
(156)	NO	shíi lòoshì kwàtì
		he will break the pot

4.3.2.5.3 Subjunktiv

Im Subjunktiv (ibid.: 43) werden dieselben Subjektpronomina wie im Perfektiv verwendet. Einsilbige Verben erscheinen in der Gestalt

---
[114] Schuh (1978: 42)
[115] Schuh (1978: 40) merkt an, dass bei diesen Beispielen der Ton des PM in seinen Aufzeichnungen nicht konsistent sei.
[116] Schuh (1978: 40)

KV₁V₁ʔV₁. Die Subjunktivformen mehrsilbiger Verben lauten auf **-i** oder **-e** aus. Über das verbale Tonmuster kann keine einheitliche Aussage getroffen werden. Vor den Objektpronomina – wobei es sich um ein anderes Paradigma als im Perfektiv handelt (s. dazu 3.2.5) – ist der Verbalstamm entweder vokallos oder lautet auf **-i** aus und stimmt mit dem Ventiv-erweiterten Perfektivstamm überein (s. dazu auch 4.4.2.5). Direkte und indirekte OP unterscheiden sich tonal voneinander (s. dazu 3.2.5). Schuh macht keine Angaben zu Formen mit nominalen Objekten.

Tabelle 95: Kirfi, Subjunktiv (Schuh 1978: 44)

(157)	ØO	(nà dàló) kà làɓɓí
		(I want) you to step on (it)
(158)	OP	(nà dàlúwò)[117] kà sòllínà
		(I want) you to pull me
(159)		(nà dàlúwò) kà gànnà
		(I want) you to carry me

4.3.2.5.4 Imperativ

Einsilbige sowie mehrsilbige Verben mit schwerer Basissilbe erscheinen im Imperativ Singular in derselben Gestalt wie im Subjunktiv (ibid.: 42). Hochtonige KVK-Verben unterscheiden sich im Imperativ Singular nur tonal von ihrer Subjunktivform, indem sie das Tonmuster HT zeigen.

Im Plural kann entweder die 2.Pl des Subjunktiv oder eine mit dem Suffix **-nu** gebildete Form verwendet werden. Tonal verhalten sich diese Formen analog zu den Perfektivformen mit pluralem Subjekt.

Tabelle 96: Kirfi, Imperativ (Schuh 1978: 42f)

(160)	ØO	Sg	shéeʔè	drink!
			cíiʔì	eat!
			màtì	shoot!
		Pl	tínnù	eat (Pl)!
			màtínnù	shoot (Pl)!

---

[117] Schuh (S. 50, FN 7) merkt zu den unterschiedlichen Formen des Verbs „want" Folgendes an: „The verb 'want' was given with three different forms at different times. The form seen here (*dàlúwò*) must be a perfective, *-wò* being the perfective marker. (…) The form *dàló* seen just above is probably a verbal noun (…)."

4.3.2.5.5 Negation

Schuh (1978: 41f) macht nur zur Negation des Perfektivs Angaben, die durch nachgestelltes **lú** erfolgt, das eine Tonerhöhung am PM sowie eine Änderung seines Vokals zu **-u** bewirkt. Beispiele dazu sind in Tabelle 93 zu finden.

4.3.2.5.6 Zusammenfassung

Da nicht zu allen im Kirfi möglichen TAM-Formen Material vorliegt, ist es nicht möglich, eine definitive Aussage über die Systematik des TAM-Systems zu treffen. Die in Tabelle 97 aufgeführten TAM-Elemente sind daher als tentativ zu betrachten. Zusätzlich sind noch die Objektpronomina aufgeführt, die möglicherweise den TAM-Unterschied zwischen Perfektiv und Subjunktiv markieren.

Tabelle 97: Kirfi, TAM-Markierungen, Übersicht

	SP	OP	Tonmuster	Auslautvokal oder -suffix
Perfektiv	SP1	OP1	TH(T) oder H(T)	**-Ø/-u/-i** + **-ko/-wo**
Pl				**-n/-ín** + **-ko/-wo**
Imperfective	SP2	?	TT	**-i-ŋì**
Subjunktiv	SP1	OP2	TH/HH	**-i /-e**
Imperativ	Ø	?	(T)HT	Sg **-i**, Pl **-nu**

4.3.2.6 Galambu

Im Galambu wird TAM sowohl am Subjektpronomen als auch am Verbalstamm durch Suffixe markiert. Die von Schuh (1978) beschriebenen *Imperfective*-Formen werden mit einem reduplizierten Verbalstamm gebildet.

Schuh beschreibt folgende TAM-Kategorien im Galambu:
Perfektiv
Relativer Perfektiv
Subjunktiv
Imperativ
Imperfective

Es ist davon auszugehen, dass es sich hierbei nicht um sämtliche im Galambu vorkommenden TAM-Paradigmata handelt.

4.3.2.6.1 Perfektiv

Verben im Perfektiv tragen den Perfektivmarker -**aala**, dessen Tonmuster vom Ton der Verbalbasis abhängt (Schuh 1978: 66). Während Monoverben hochtonig und Verbalbasen mit schwerer Silbe tieftonig sind, ist der Ton von KVK-Verben nicht vorhersagbar. Ein pronominales oder nominales Objekt geht dem PM voran, wobei das anlautende -**aa**- des PM den Auslautvokal eines Objektsnomens ersetzt. Vor pronominalen Objekten wird bei Verben mit schwerer Silbe ein epenthetisches **i** eingefügt, vor nominalem Objekt lauten die Verben rein phonologisch determiniert auf -**i**, -**u** oder -**ə** aus bzw. sind auslautvokallos.

In der Negation ersetzt -ˋ**lú** das -**la** des Affirmativs.

Tabelle 98: Galambu, Perfektiv (Schuh 1978: 68ff)

			Negation
(161)	ØO	nà jáalà[118]	shì jáa lū
		I put (it) down	*he didn't put (it) down*
(162)	OP	shì jíi-shàalá	
		SP3.SG put.down-3.SGM.PM	
		he put him/it down	
(163)	NO	shì jì wúl-àalá	
		SP3.SGM put.down load-PM	
		he put down the load	

4.3.2.6.2 Relativer Perfektiv

In Fragesätzen oder Sätzen mit einer fokussierten Konstituente trägt das Verb einen kurzen -**a**-Auslaut. Schuhs Material (ibid.: 71) lässt die Formulierung einer Regel hinsichtlich des Tons der letzen Verbalsilbe nicht zu, bei zweisilbigen Verben ist die Verbalbasis allerdings immer tieftonig. Pronominale Objekte sind hochtonig und tragen das für den relativen Perfektiv charakteristische -**a** als Suffixvokal.

---

[118] Schuh (1978: 66)

Tabelle 99: Galambu, Relativer Perfektiv (Schuh 1978: 71)

(164) ØO Gárbà kà màzá
           it was Garba who shot
(165) OP Gárbà gə̀ másshá[119]
           it was Garba who shot him

4.3.2.6.3 Imperfective

Um Formen für den imperfektiven Aspekt zu erhalten, hat Schuh zur Elizitation Futurformen aus dem Hausa übersetzen lassen (Schuh 1978: 72 ff). Er erhielt Verbformen mit hochtonigem Subjektpronomen und einer partiell reduplizierten Verbalbasis. In Tabelle 100 ist zu den reduplizierten Formen in Klammern jeweils die entsprechende Perfektivform angegeben. Bei genanntem nominalem Objekt erscheint in Kombination mit dem hochtonigen Subjektpronomen eine tieftonige (nicht reduplizierte) Verbform, über deren Auslautvokal keine eindeutige Aussage getroffen werden kann. Wenn zulässig, entfällt er, ansonsten erscheint (möglicherweise epenthetisches?) **i** und in einem Fall **-a**. Diese Formen erscheinen auch in Fragen und in Fokussätzen.

Tabelle 100: Galambu, *Imperfective* (Schuh 1978: 73)

(166) ØO shí mbímbìí   (mby-áalà)
           he will bury
(167)   shí zòzzòó   (zw-áalà)
           he will put (it) on
(168) NO ná tàr wùlá[120]
           I will break the rope
(169)   shí àryì nyàá[120]
           he will eat meat

Als Übersetzung von Fragen und emphatischen Sätzen im Futur auf Hausa (ohne genanntes Objekt) erhielt Schuh Verbalformen mit hochtonigem Subjektpronomen und Suffix **-na** (ibid.: 74). In einigen Fällen seien diese Formen auch in neutralen Sätzen erschienen, beispielsweise mit dem Verb „want" (s. dazu die Beispiele in Tabelle 102).

---

[119] Schuh ist sich hier nicht sicher, ob der Ton der Basis korrekt ist (1978: 71).
[120] Schuh (1978: 75)

Tabelle 101: Galambu, *Imperfective:* Fragesätze und Emphase (Schuh 1978: 74)

(170)   ØO   mál ká bày-**nà** yà
            who will buy (it)?
(171)   Gárbà ká màn-**ná**
            it's Garba who will shoot (it)

4.3.2.6.4 Subjunktiv

Im Subjunktiv werden die gleichen SP wie im Perfektiv verwendet. Der Verbalstamm lautet auf hochtoniges **-í** aus und gestaltet sich bei zweisilbigen tonal wie der Imperativ- und der Perfektivstamm (Schuh 1978: 71).

Tabelle 102: Galambu, Subjunktiv (Schuh 1978: 72)

(172)   ØO   (ná ŋgùunà) kà mází
            (I want) you to shoot
(173)   (ná ŋgùunà) kà kwàzí
            (I want) you to chase
(174)   (ná ŋgùunà) kù mází
            (I want) you (Pl) to shoot

4.3.2.6.5 Imperativ

Die Formen des Imperativ Singular entspechen dem Subjunktiv ohne Subjektpronomen, im Imperativ Plural erscheinen die vollständigen Subjunktivformen der 2.Pl.

Tabelle 103: Galambu, Imperativ (Schuh 1978: 71)

(175)   ØO   Sg   mází   shoot!
             Pl   kù mází
(176)   Sg   pází   go out!
             Pl   kù pází

4.3.2.6.6 Negation

Schuh beschreibt die Negation nur für den Perfektiv (1978: 70), wo das Suffix **-`lú** das auslautende **-la** des Affirmativs ersetzt (s. dazu Tabelle 98).

4.3.2.6.7 Zusammenfassung

Auch im Galambu ist eine abschließende Analyse des TAM-Systems aufgrund des unzureichenden Materials nicht möglich. Folgende Tabelle fasst die aus den von Schuh aufgeführten Beispielen ableitbaren TAM-Elemente in den einzelnen TAM-Kategorien zusammen:

Tabelle 104: Galambu, TAM-Markierungen, Übersicht

	SP	Ton der Verbalbasis	Auslautvokal oder -suffix
Perfektiv	SP1	H/T	-aala
Relativer Perfektiv	?	?	-a
Imperfective	SP2	?	?
Subjunktiv	SP1	=Pfv	-í
Imperativ	Ø	=Pfv	-í

4.3.2.7 Gera

Im Gera gibt es nur eine Reihe von Subjektpronomina, d.h. TAM-Markierung erfolgt in den von Schuh (1978) aufgeführten Beispielen am Verbalstamm bzw. durch Suffixe.

Schuh beschreibt die folgenden TAM-Kategorien:
Perfektiv
Relativer Perfektiv
Imperativ
Subjunktiv
Imperfective
Hierbei handelt es sich nicht um alle TAM-Paradigmata des Gera.

4.3.2.7.1 Perfektiv

Die Verbalbasis trägt im Perfektiv den PM **-mi**. Vor dem PM lauten einsilbige Verben auf **-uu**, **-oo**, **-ii** oder **-ee** aus, wobei auf **-uu** und **-oo** auslautende Verben sekundären Ursprungs sind (Schuh 1978: 98f). Tonal verhalten sie sich weitgehend einheitlich, bis auf eine Ausnahme haben sie das Tonmuster F.

Alle zweisilbigen Verben gehören zu einer Klasse und lauten entweder auf **-ə** aus oder sind auslautvokallos. Tonal lassen sich die zweisilbigen Verben in zwei lexikalisch determinierte Klassen einteilen: HT und TT (s. dazu auch 4.1.2.7).

Pluralität des Subjekts wird am Verbstamm durch Wechsel des Auslautvokals markiert: Bei mehrsilbigen Verben erscheint -ìi, das den ursprünglichen Auslautvokal entweder ersetzt oder diesem folgt, bei einsilbigen Verben folgt dem jeweiligen Auslautvokal -i.
DOP, IOP und nominale Objekte erscheinen zwischen Verbalstamm und PM (ibid.: 100f).
Zur Negation des Perfektivs (ibid.: 102) verbindet sich das vokalische Suffix -u mit dem SP. Am Verb wird der PM -mi durch das Suffix -rú ersetzt, dessen Anlautkonsonant sich an bestimmte verbale Auslautkonsonanten assimiliert.

Tabelle 105: Gera, Perfektiv (Schuh 1978: 100f)

				Negation
(177)	ØO	shì bàɗmí/sì bàɗmí/sù bàɗìimí[121]		sàu bàɗ-ɗú[122]
		he/she/they fell		he didn't fall
(178)	OP	sì gíɗ-nì mí		
		3.SGM carry-1.SG PM		
		he carried me		
(179)	NO	sì gíɗ káày mí		
		3.SGM carry load PM		
		he carried the load		

4.3.2.7.2 Relativer Perfektiv

In Frage- und Fokussätzen entfällt der PM -mí und das Verb trägt den Suffixvokal -í. Bei Verbalstämmen mit pluralischem Subjekt, die regelmäßig auf -ìi auslauten (s. (181)), erscheint zusätzlich das Suffix -yí.

Tabelle 106: Gera, Relativer Perfektiv (Schuh 1978: 103)

(180)	ØO	áníi gíɗ-í?
		who carried (it)?
(181)		mùndì kí gìd-ì-yí
		it was we who carried (it)

---

[121] Schuh (1978: 98)
[122] Schuh (1978: 103)

4.3.2.7.3 Imperfective

Schuh verwendete zur Abfrage des *Imperfective* Futurformen aus dem Hausa. Die von ihm elizitierten Formen setzen sich aus einem tieftonigen Subjektpronomen und einem Verbalstamm mit dem Suffix -**na** zusammen (ibid.: 105). Zum Ton des Verbalstammes macht Schuh keine definitive Aussage, da hierzu sein Material nicht ausreiche. Bei Anwesenheit eines nominalen Objekts entfällt das Suffix -**na**. Es gibt keine Beispiele zu Formen mit pronominalem Objekt.

Tabelle 107: Gera, *Imperfective* (Schuh 1978: 107)

(182)	ØO	sì gìɗ-ná
		3.SGM *carry-IPFV*
		he will carry
(183)	NO	sì kìɗ wúyà
		3.SGM *burn grass*
		he will burn grass

4.3.2.7.4 Subjunktiv

Schuh hat den Subjunktiv nur mit „go" und „come" abgefragt. Die von ihm aufgeführten Verbalstämme lauten auf -**i** aus und zeigen unterschiedliche Tonmuster.

Tabelle 108: Gera, Subjunktiv (Schuh 1978: 108)

(184)	intr	(nì kàdàlná) sì ndài
		(I want) him to go
(185)		(nì kàdàlná) sì ndúì
		(I want him) to come

4.3.2.7.5 Imperativ

Im Imperativ Singular trägt das Verb seinen lexikalischen Ton und lautet auf kontrasttoniges -**i** aus. Im Plural sind alle Verben tieftonig, einsilbige tragen das Suffix -**yâ**, zweisilbige -**íyà** (ibid.: 104).

Der Negationsmarker ist **ndù** und in Tabelle 109 sind die beiden Beispiele aufgeführt, die Schuh unkommentiert zur Negation des Imperativs angibt.

Morphologie des Verbalkomplexes

Tabelle 109: Gera, Imperativ (Schuh 1978: 104f)

					Negation	
(186)	ØO	2.Sg	yîi	do!	kə́ zô-ndù	don't buy!
		2.Pl	yàyâ		kú kə́ zó-ndù	
(187)		2.Sg	dúì	beat!	kə́ tíi-ndù	don't eat!
		2.Pl	dàyâ		kú kə́ tíi-ndù	
(188)		2.Sg	kírì	say!		
		2.Pl	kìríyà			

4.3.2.7.6 Negation

Schuh gibt Beispiele zur Negation im Perfektiv und Imperativ (Schuh 1978: 103 und 105). In beiden Fällen erfolgt die Negation durch ein Suffix, das im Perfektiv die Form **-ɗú** hat und den PM ersetzt. Im Imperativ hat das Negationssuffix die Form **-ndù**. Zusätzlich erscheinen noch präverbale Morpheme, die Schuh nicht erläutert. Bei dem **kú** der Pluralform könnte es sich um ein Subjektpronomen handeln. Beispiele sind in den Tabelle 106 und Tabelle 109 zu finden.

4.3.2.7.7 Zusammenfassung

Da auch im Gera nur zu einem Teil der TAM-Paradigmata Material vorliegt, ist eine Analyse der Systematik des TAM-Systems nicht möglich. Folgende Tabelle gibt einen Überblick über die in Schuhs Beispielen vorkommenden TAM-Elemente.

Tabelle 110: Gera, TAM-Markierungen, Übersicht

	Tonmuster	Auslautvokal oder -suffix
Perfektiv	HT, TT	Ø/-ə + -mi
Relativer Perfektiv	?	-í/-yí
Imperfective	?	-na
Subjunktiv	?	-i
Imperativ	=Pfv	Sg -ì,-í Pl -yâ,-íyà

4.3.2.8 Geruma

Im Geruma wird TAM markiert durch zwei Reihen von Subjektpronomina, die sich tonal voneinander unterscheiden (s. dazu 3.2.8) und am Verbalstamm bzw. durch Suffixe.
Schuh (1978) beschreibt im Geruma folgende TAM-Kategorien:
Perfektiv
Relativer Perfektiv
Imperativ
Subjunktiv
Imperfective

4.3.2.8.1 Perfektiv

Zur Bildung des Perfektivs (Schuh 1978: 126) wird die Reihe tieftoniger Subjektpronomina verwendet. Verben im Perfektiv ohne Objekt tragen ein Suffix, das folgende Allomorphe aufweist: **-là**, **-áalà** und **-álà**. Schuh weist darauf hin, dass dieses Suffix morphematisch komplex sein könnte. Pronominale Objekte erscheinen zwischen dem Verb und dem PM. Verben mit Subjekt im Singular haben den stammauslautenden Vokal **-i**, solche mit pluralem Subjekt **-a**. Auch nominale Objekte sind zwischen Verb (auf stammauslautendes **-i**) und PM positioniert.

Pluralität des Subjekts wird im Perfektiv am Verbalstamm durch tiefen Ton und durch suffigiertes **-àŋ** (mehrsilbige) bzw. **-àŋŋ** (einsilbige) gekennzeichnet.

Negiert wird der Perfektiv durch präverbales **kà** und das Suffix **-ru**, das den PM ersetzt.

Tabelle 111: Geruma, Perfektiv (Schuh 1978: 128f)

(189) ØO shì gyátálà/tà gyátálà/sù gyàtàŋálà[123]	Negation shì kà gyátírū[124]
he/she/they carried	he didn't carry

---

[123] Schuh (1978: 126)
[124] Schuh (1978: 130)

Morphologie des Verbalkomplexes 185

Negation
(190) OP shì gyàtìnáalà
 he carried me
(191) sù gyàtàkáalà
 they carried you (m)
(192) NO nà ŋwálí yò-áalà
 I shot a bird

4.3.2.8.2 Relativer Perfektiv

Im Relativen Perfektiv ersetzt -**yà** den PM -(**á**)**là**. Die Numerusmarkierung am Verbalstamm bleibt erhalten, wobei sich das -**ŋ**- des Plurals an das anlautende -**y** des RelPfv-Markers assimiliert.

Tabelle 112: Geruma, Relativer Perfektiv (Schuh 1978: 130)
(193) ØO álà gyátí-yà
 *who carry-*RELPFV
 who carried?
(194) súndáa gyàtáyyà
 it was they who carried

4.3.2.8.3 *Imperfective*

Im *Imperfective* hat Schuh nur die Verben für „go" und „come" abgefragt. Die von ihm aufgeführten Formen setzen sich aus einem tieftonigen Subjektpronomen und einer tieftonigen Verbalbasis mit dem Suffix -**ná** zusammen (Schuh 1978: 131).

Da Schuh weder Angaben dazu macht, welche Hausaform er zur Abfrage verwendet hat, noch eine Übersetzung anbietet, sind die Beispiele in folgender Tabelle ebenfalls ohne Übersetzung aufgeführt.

Tabelle 113: Geruma, *Imperfective* (Schuh 1978: 132)

		go	come
(195)	3.Sgm	shì yòo-ná	shì nnàná
(196)	3.Pl	sù yòoná	sù nnàná

4.3.2.8.4 Subjunktiv

Schuh hat auch die Subjunktivformen nur mit den Verben für „go"und „come" abgefragt. Es ist ersichtlich, dass im Subjunktiv eine Reihe hochtoniger Subjektpronomen verwendet wird. Über die Gestalt des Verbalstamms kann keine eindeutige Aussage getroffen werden. In folgender Tabelle sind alle Beispiele aufgeführt, die in Schuh (1978) aufgeführt sind.

Tabelle 114: Geruma, Subjunktiv (Schuh 1978: 131)

(197)	intr	(ná kàddàlì nòmó[125]) ká jóojì
		(I want) you to go
(198)		(ná kàddàli) sóojì
		(I want) him to go
(199)		... shí náawō
		... him to come
(200)		... sú náawō
		... them to come

4.3.2.8.5 Imperativ

Imperativformen werden durch die Suffixe **-yá** (2.Sgm) und **-wú** (Pl) an einer tieftonigen Verbalbasis gebildet. Schuh (ibid.: 131) vermutet, dass die Formen der 2.Sgf durch **-shí** gebildet werden, hat dazu aber keine Formen abgefragt.

Tabelle 115: Geruma, Imperativ (Schuh 1978: 131)

(201)	ØO	2.Sgm	shèeyá	drink!
		2.Pl	shèewú	
(202)		2.Sg	rìiyá	go in!
		2.Pl	rìiyú	
(203)		2.Sg	gyàtá	carry!
		2.Pl	gyàtàwú	

---

[125] Schuh (1978: 133, FN6) merkt an, dass er die Funktion des Wortes **nòmó** in diesem Beispiel nicht herausgefunden hat.

4.3.2.8.6 Negation

Schuh beschreibt die Negation nur im Perfektiv (Schuh 1978: 130), wo sie durch präfigiertes **kà-** und ein Suffix **-ru** erfolgt, das den PM ersetzt. In Tabelle 111 ist ein Beispiel aufgeführt.

4.3.2.8.7 Zusammenfassung

Auch im Geruma ist wegen unvollständigen Datenmaterials letztlich keine Analyse des TAM-Systems möglich. In Tabelle 116 wird ein Überblick über die in Schuhs Beispielen vorkommenden TAM-Elemente gegeben.

Tabelle 116: Geruma, TAM-Markierungen, Übersicht

	SP	Tonmuster	Auslautvokal oder -suffix
Perfektiv	SP1	unterschiedlich	-là/-áalà/-álà
Relativer Perfektiv	?		-ya
Imperfective	SP1		-ná
Subjunktiv	SP2	(HT?)	(-i?)
Imperativ	Ø	(TH?)	Sgm -yá, Sgf -shí Pl -wú

4.3.2.9 Kwami

Im Kwami wird TAM durch TAM-Morpheme und Suffixe markiert. Es gibt nur eine Reihe von Subjektpronomina.

Leger (1994) führt für das Kwami folgende TAM-Kategorien auf, die er hinsichtlich des Aspekts in drei Gruppen untergliedert. Zum „unabgeschlossenen Aspekt" zählt er Futur, Progressiv, Habitual und Imperativ. Zum „abgeschlossenen Aspekt" gehört nur das *Perfekt*, Subjunktiv und Narrativ sind in seiner Analyse aspektneutral. Neben semantischen Erwägungen berücksichtigt Leger bei seiner Analyse des TAM-Systems folgende morphologische und tonologische Kriterien:

- Form des Destinativ/Ventiv-Morphems
- Form der Fokusmarkierung
- Form des Objektpronomens
- Ton des Verbalstamms

Er stellt das Ergebnis seiner Analyse schematisch folgendermaßen dar:

Tabelle 117: Kwami, Aspektschema (Leger 1994: 231)

	Aspektschema				
	unabgeschlossener Aspekt		abgeschlossener Aspekt	Neuter	
	Futur	Habitual	Perfekt	Subjunktiv	Narrativ
	Progressiv	Imperativ			
Dest/Vent	-du	-do	-na	-du	
Fok	-me		tonal	-me	
VSt	hochtonig		tieftonig	tieftonig	hochtonig
OP	x		y	x/y	x

4.3.2.9.1 Perfekt

Das *Perfekt* wird durch das Suffix **-go** gekennzeichnet, das im Singular dem tieftonigen Verbalstamm auf **-u** folgt. Leger (Leger: 247) bezeichnet dieses auslautende **-u** als „Hauptcharakterstikum einer singularen Perfektform". Tonal verhält sich die Kombination aus **-u** und **-go** entsprechend der Transitivität[126] des Verbs, wie in 4.2.3 beschrieben. Pluralität des Subjekts wird durch das hochtonige Suffix **-án-** gekennzeichnet, das das auslautende **-u** des Singulars ersetzt. Durch den Antritt des Pluralsuffixes, dem der tieftonige PM folgt, wird die tonale Markierung der Transitivität aufgehoben. Während der PM vor nominalen sowie pronominalen Objekten im Plural bestehen bleibt, entfällt er bei Antritt pronominaler Objekte im Singular sowie im Destinativ/Ventiv. Es ist bemerkenswert, dass im *Perfekt* eine andere Reihe von Objektpronomina verwendet wird als in den übrigen TAM-Paradigmata (s. dazu auch 3.2.9) Das im Plural aus der Kombination von **-án-** und **-gò** entstehende **-ngò** kann bei Antritt eines direkten Objekts elidiert werden, wobei sich der Ton des nunmehr im Auslaut befindlichen **-a** dann kontrastiv zum Ton der Anlautsilbe des nachfolgenden Nomens oder Pronomens verhält.

---

[126] Leger sieht hier eher eine Unterscheidung von Aktivität und Medialität (pers. Mitt. sowie Leger 1989).

Tabelle 118: Kwami, *Perfekt* (Leger 1994: 246f)

(204)	ØO	yì tàl-(ù)-gó
		er wünscht, liebt
(205)	OP	yì shùm-(ù)-gó yìnì
		er hat sie (Pl) geschlagen
(206)		yì shùm-ì-yá
		er hat ihn (den Hund) geschlagen
(207)	NO	yì tànd-ù-gó túuɗú
		er hat Brei gekostet
(208)		yìn rèeb-á-n-gò tàgàm oder: yìn rèeb-á tàgàm[127]
		sie haben einen Schuh gereinigt

Das *Perfekt* repräsentiert vollendeten Aspekt. „Die Betonung liegt dabei weniger auf der Verbalhandlung selbst als vielmehr in der Feststellung eines Resultats" (ibid.: 246). Stativverben müssen mit dem *Perfekt* konstruiert werden, ebenso wie die Protasis realer Konditionalsätze.

4.3.2.9.2 Habitual

Zur Bildung des Habituals tritt an den hochtonigen Verbalstamm auf **-ì** das Habitualsuffix **-shè**[128] (Leger 1994: 235). Während pronominale Objekte ganz am Ende der Verbalform erscheinen, tritt das Destinativ/Ventivsuffix zwischen Verbalstamm und Habitualsuffix. Dieser Umstand legt nahe, das verbalstammauslautende **-i** als nicht zum Habitualsuffix gehörig zu interpretieren.

Tabelle 119: Kwami, Habitual (Leger 1994: 235)

			Negation
(209)	intr	yì kwáal-ìshè	
		er pflegt zu schälen	
(210)	OP	yì ɗíw-ìshè-dò[129]	
		3.SGM *suchen*-HAB-3.SGF	
		er pflegt sie (Sgf) zu suchen	

---

[127] Leger (1994: 248)
[128] Leger (1994) versteht das **-i** als zum Habitualsuffix gehörig, was auch an der Segmentierung seiner Beispiele deutlich wird.
[129] Leger (1991: 150)

		Negation
(211)	NO tè tónd-ìshè bèntèn sie pflegt sp. Kleidung zu nähen	Kwáamì áɗ-ìshè yèɗɗîn ɓà die Kwami essen keine Hunde

Leger versteht den Habitual als dem imperfektivischen Aspekt zugehörig. Er dient zum Ausdruck „einer häufigen Wiederkehr oder Gewohnheitsmäßigkeit einer Handlung. Mit ihm können aber auch allgemeingültige Feststellungen getroffen sowie Hintergrundinformationen zu Erzählungen gegeben werden. Wird dabei über nicht mehr bestehende Gewohnheiten berichtet, so kann das Progressiv-Morphem *-wà* [sic!] vor die Verbalform treten" (Leger 1994: 235).

4.3.2.9.3 Futur

Im Futur erscheint das Verb in der Form, die Leger (1994: 232) als Zitierform betrachtet, d.h. in Gestalt des tieftonigen Verbalnomens mit auslautendem **-a** + niO-Marker **-y** (bei transitiven Verben) oder **-n** (bei intransitiven). Bei Anschluss eines nominalen oder pronominalen Objekts wird die Verbalbasis hochtonig, und an das tieftonige verbonominale **-à** tritt ein Suffix **-n**, das Leger (ibid.: 232, FN 163) als „*-n*-Morphem der bestimmten Form" analysiert.

Tabelle 120: Kwami, Futur (Leger 1994: 232)

(212)	intr	yìn shèr-à-n sie werden stehen
(213)	ØO	nì àar-á-y ich werde suchen/finden
(214)	OP	yìn yáy-à-n-nì sie werden/wollen es spinnen
(215)	NO	nì ɗíg-à-n máná ich werde ein Haus bauen

Das Futur bezeichnet (ibid.: 231) „ein sich vollziehendes oder ein in der Zukunft einsetzendes Geschehen" sowie eine Absicht oder Möglichkeit.

4.3.2.9.4 Progressiv

Futur und Progressiv unterscheiden sich im Kwami nur durch das im Progressiv zusätzlich erscheinende präverbale Morphem **wà**.

Tabelle 121: Kwami, Progressiv (Leger 1994: 233)

(216) ØO yì wà cíinà
er isst gerade
(217) OP yì wà lámbà-n-wù
er überredet/überzeugt sie (Pl) gerade
(218) NO (lókòshì nì wànnà ónó) tè wà táppà-n shòobì
als ich gestern kam, war sie gerade dabei, Holz zu sammeln

Leger beschreibt die Funktion des Progressivs folgendermaßen (1994: 233): „Der Progressiv als Aspekt der Unvollendung bezeichnet eine gerade vor sich gehende Handlung. Diese mag in der Gegenwart, Vergangenheit oder Zukunft geschehen, was jeweils aus dem Kontext zu erschließen ist."

4.3.2.9.5 Narrativ

Die Narrativform wird durch einen hochtonigen Verbalstamm auf -í bzw. -é ausgedrückt (Leger 1994: 238). Die Qualität des stammauslautenden Vokals im Narrativ und Subjunktiv unterliegt freier Variation. Leger (ibid.: 72) erläutert dazu:

> Beim Subjunktiv und Narrativ scheint zusätzlich noch eine soziolektische Komponente eine Rolle zu spielen. Ältere Leute bevorzugten die Subjunktivendung -é und wechselten selten zu -í (wie auch für den umgekehrten Fall beim Narrativ), wohingegen die jüngeren Leute eine Nivellierung zu -í (für beide Formen) anstrebten.

Bei Antritt des Dest/Vent-Morphems **-du** assimiliert sich der verbalstammauslautende Vokal an den Suffixvokal. Die Dest/Vent-Formen im Narrativ gleichen morphologisch denen des Subjunktivs, unterscheiden sich von diesen aber tonal. Für den Narrativ führt Leger nur Beispiele aus Erzählungen und Sprichwörtern an. In Tabelle 122 sind die Narrativformen sowie ihre deutschen Entsprechungen unterstrichen, um eine leichtere Zuordnung zu ermöglichen. Leger macht keine Angaben zur Negation des Narrativs, ein Beispiel legt aber den Schluss nahe, dass das Negationsmorphem nachgestellt wird ohne tonale Veränderungen auszulösen (s. 4.3.2.9.8). Tabelle 122 zeigt zwei aus einer Erzählung entnommene Beispiele.

Tabelle 122: Kwami, Narrativ (Leger 1994: 239)

(219) intr jàná kání fádí (...)
eine Gazelle kam heraus (...)
(220) NO yìn shéegí lóomè tílí póllów yìn shéegí lóomè
sie teilten das Fleisch (aber nur) in zwei Teile, (so) teilten sie das Fleisch

Der Narrativ lässt sich nach Legers Analyse weder dem vollendeten noch dem unvollendeten Aspekt zuordnen. „Er ist die typische Erzählform im Kwami und drückt ein Ereignis oder auch die Folge von Ereignissen aus, die zeitlich vor dem Sprechakt liegen. Mit ihm läßt sich der Eintritt eines Geschehens, wie auch der Eintritt eines Ergebnisses bezeichnen, an dessen Fortdauer jedoch nicht gedacht ist" (ibid.: 238).

4.3.2.9.6 Subjunktiv

Zur Bildung des Subjunktivs tritt an die tieftonige Verbalbasis der Auslautvokal -é bzw. -í (ibid.: 241). Hinsichtlich der Qualität des stammauslautenden Vokals gilt das schon zum Narrativ Gesagte. Subjunktiv und Narrativ unterscheiden sich somit nur tonal voneinander. Erschwerend kommt hinzu, dass bei vorangehendem Hochton im Subjunktiv die tieftonige Verbalbasis hochtonig wird, wodurch eine Unterscheidung zwischen Subjunktiv und Narrativ im Kontext bisweilen nicht möglich ist. In der Negation mit ɓà zeigt der Subjunktiv ein durchgängig tiefes Tonmuster. Es ist auch möglich, den Subjunktiv mit aus dem Hausa entlehnten kàdà zu negieren, wobei keine tonalen Veränderungen auf dem Verbalstamm ausgelöst werden.

Tabelle 123: Kwami, Subjunktiv (Leger 1994: 241f)

			Negation
(221)	intr	kè shèr-é	kè shèr-è ɓà
		mögest du (m) stehen	mögest du (m) nicht stehen
(222)	OP	álláh shèrté-gò	
		möge Allah dich (m) aufrichten	

		Negation
(223)	NO mìn shèrté Lùcú	
	lasst uns Lucu (m) anhalten	

Der Subjunktiv lässt sich, wie auch der Narrativ, innerhalb von Legers Aspektschema weder dem vollendeten noch dem unvollendeten Aspekt zuordnen. Er wird syntaktisch unabhängig als höflichere Alternative zum Imperativ verwendet sowie in abhängigen Sätzen nach bestimmten Partikeln und Modaladverbien und in Objektssätzen, die einen Wunsch oder Befehl ausdrücken. Außerdem erscheint der Subjunktiv in der Apodosis realer Konditionalsätze.

4.3.2.9.7 Imperativ

Zur Bildung der Imperativformen tritt an die hochtonige Verbalbasis im Singular -ú und im Plural -á (Leger 1994: 236).

Tabelle 124: Kwami, Imperativ (Leger 1994: 236f)

				Negation
(224)	ØO	2.Sg	dín-ú (koche!)	
		2.Pl	dín-á (kocht!)	
(225)	OP	2.Sg		ʔáarú-ní ɓà
				suche/finde ihn nicht!
(226)	NO	2.Sg	kómú àm	
			bring Wasser!	
(227)		2.Pl	kómá fòo	
			bringt Essen!	

4.3.2.9.8 Negation

Negation wird durch nachgestelltes ɓà ausgedrückt. Leger (1994) macht nicht zu allen TAM-Paradigmata Angaben zur Negation, in einem Fall können aber aus Beispielsätzen Rückschlüsse gezogen werden.

Im Subjunktiv wird in der Negation die gesamte Verbalform tieftonig. Zur Negation des Imperativs werden die Subjunktivformen verwendet. Folgt dem Imperativ ein direktes Objektpronomen, so kann er – wie auch die *Perfekt*-Formen – einfach durch nachgestelltes ɓà negiert werden. Auch im Narrativ scheint durch die Negation keine Tonveränderung herbeigeführt zu werden, wie aus einigen Beispielsätzen abzuleiten ist.

4.3.2.9.9 Zusammenfassung

In Tabelle 125 sind die präverbalen Marker, Tonmuster der Verbalbasis sowie Auslautvokale bzw. Auslautvokale+Suffixe in den TAM-Paradigmata des Kwami gegeneinander aufgetragen:

Tabelle 125: Kwami, TAM-Markierungen, Übersicht

	präverbaler Marker	Ton der Verbalbasis	Auslautvokal oder -suffix	OP
Perfekt		T	-u-go	A[130]
Habitual		H	-ì-shè	B
Futur		ØO: T	-a (+-y oder -n)	B
Progressiv	wà	sonst: H		
Narrativ		H	-í/-é	B
Subjunktiv		T (H bei vorausgehendem Hochton)		B/A
Imperativ		H	Singular: -ú Plural: -á	B

Zusammenfassend lässt sich zunächst feststellen, dass Futur und Progressiv sich dadurch von allen anderen Paradigmata unterscheiden, dass ihre Bildung die Verwendung eines nominalisierten Verbalstamms verlangt. Diese beiden Paradigmata lassen sich somit neben semantischen Erwägungen auch aus morphosyntaktischen Gründen dem imperfektiven Aspekt zurechnen.

Perfekt und Habitual werden jeweils durch Suffixe markiert, wobei man möglicherweise davon ausgehen kann, dass beide mit demselben Verbalstamm gebildet werden. Dieser lautet auf einen hohen Vokal aus, der sich dem Vokal des jeweils folgenden Suffixes teilweise assimiliert.

Narrativ und Subjunktiv unterscheiden sich nur durch den Ton auf der Verbalbasis voneinander, und auch das nur unter bestimmten Umständen. Möglicherweise könnte man postulieren, dass auch sie mit

---

[130] A und B bezeichnen hier unterschiedliche Pronominalreihen.

demselben Verbalstamm gebildet werden, der im *Perfekt* und Habitual zu finden ist.

Das *Perfekt* hebt sich von allen anderen Paradigmata durch die Verwendung einer eigenen Reihe von Objektpronomina (s. dazu 3.2.9 und 3.3.2.2) sowie eines eigenen Ventivsuffixes (s. dazu 4.4.2.9.1) ab.

Hinsichtlich des Tons der Verbalbasen ist Folgendes festzustellen: Abgesehen von der Unterscheidung zwischen Subjunktiv und Narrativ hat Ton keine TAM-unterscheidende Funktion. Bei dem Hochton auf der Verbalbasis in Futur und Progressiv handelt es sich um den inhärenten Ton des Verbalnomens, das in diesem Zusammenhang erforderlich ist. Es erscheint nicht plausibel, hier Ton als Reflex einer Aspektdichotomie zu interpretieren.

4.3.2.10 Tangale

Während Kidda (1993) nur eine Reihe von Subjektpronomina und drei auf unterschiedliche Vokale auslautende Verbalstämme zur Bildung der TAM-Kategorien des Tangale beschreibt, sind es bei Jungraithmayr (1991) zwei Reihen von Subjektpronomina[131] und sechs Verbalstämme. Beide Autoren beschreiben ein TAM-markierendes Suffix sowie mehrere Präfixe.

Im nächsten Abschnitt werden beide Systeme kurz vorgestellt. Da nur Jungraithmayr ausführlicher auf die Bildung der von ihm postulierten TAM-Kategorien eingeht, werden nur diese in den einzelnen Abschnitten zu den Paradigmata dargestellt.

Kidda (1993: 23f) beschreibt die folgenden sechs „aspects" im Shongom-Tangale:
Perfektiv
Imperativ
Futur
Continuous
Habitual
Subjunktiv

---

[131] die sich nur in der 1.Sg voneinander unterscheiden (Jungraithmayr 1991: 34f, s. dazu auch 3.2.10) – allerdings führt Jungraithmayr (ibid.: 33) eine (größtenteils) hochtonige Reihe unabhängiger Pronomina an, die offensichtlich in bestimmten TAM Paradigmata als SP fungieren.

Hinsichtlich ihrer Analyse des TAM-Systems weist sie darauf hin, dass (ibid.: 23) „The categorization of the tense-aspect is based purely on the similarity of ‚verb-final' suffix."

Sie beschreibt drei Verbalstämme, von denen alle TAM-Formen abgeleitet werden. In ihrer Analyse stehen zunächst Perfektiv und Imperfektiv einander gegenüber, wobei der Imperfektiv nochmals in Imperfektiv Imperativ und Imperfektiv nicht-Imperativ untergliedert ist. Alle zum Imperfektiv nicht-Imperativ gehörigen TAMs werden mit demselben, TH-tonigen, auf -é auslautenden Verbalstamm gebildet, der ohne weitere TAM-Morpheme den Subjunktiv bildet. Drei verschiedene präverbale TAM-Morpheme werden zur Bildung von Futur, *Continuous* und Habitual herangezogen. Der Imperativ ist durch stammauslautendes -**u** gekennzeichnet.

Im Perfektiv treten im Singular und Plural unterschiedliche Suffixe in Erscheinung, resp. -**kó**/-**gó** und -**kú**/-**gú**. Der PM erscheint nach pronominalen, aber vor nominalen Objekten.

Kidda stellt die Systematik des TAM-Systems des Tangale folgendermaßen dar:

Tabelle 126: Shongom-Tangale, Systematik des TAM-Systems (Kidda 1993: 24)

	Tense-Aspect				
Perfective	Imperfective				
	Imperfective Imperative	Imperfective non-Imperative			
Sg: -**kó**	-**ù**	-é			
Pl: -**kú**	Imperative	Future	Continuous	Habitual	Subjunctive
Ventive: -**ná**		SP **wa** V	SP **né** V	SP-**ŋ** V	Ø

Sie führt folgende Beispiele für diese TAM-Paradigmata auf:

Tabelle 127: Shongom-Tangale, TAM-Kategorien (Kidda 1993: 24)

(228)	Perfektiv	làkú shwád-gɔ̀/ shwád-ʋ̀g yìláà[132]	Laku hit Yila
		Laku hit-PM Yila	
(229)	Imperativ	màl-ʋ̀[133]	beat!
(230)	Futur	làkú wà ɓàl-ɛ	Laku will write
		Laku FUT write-IPFV	
(231)	Continuous	làkú nɛ́ ɓàl-ɛ́	Laku is writing
		Laku CONT write-IPFV	
(232)	Habitual	làkú-ŋ̀ ɓàl-ɛ́	Laku writes
		Laku-HAB write-IPFV	
(233)	Subjunktiv	làk lɔ̀sîn ɓàl-ɛ́	Laku wants to write
		Laku want write-IPFV	

Jungraithmayr (1991) beschreibt die Verbalform des Tangale als aus den drei Elementen SP, TAM-Marker und Verbalstamm bestehend, die alle abhängig von TAM variieren. Zu den Subjektpronomina s. auch 3.2.10.

Er führt die neun von ihm für das Kaltungo-Tangale beschriebenen Paradigmata auf die folgenden, durch vokalische Suffixe und charakteristische Tonmuster gekennzeichneten sechs Verbalstämme zurück:

Tabelle 128: Kaltungo-Tangale, Verbalstämme (Jungraithmayr 1991: 39)

Verbalbasis	nàn-	beat
Aoriststamm	nàn-ɛ̀	
Progressiv-Futurstamm	nán-ì	
Perfect I Stamm	nàn-gɔ̀	
Perfect II Stamm	nán-nʋ̀	
Imperativ-Subjunktivstamm	nán-ʋ̀	
Habitualstamm[134]	lɔ́bìi	(lɔ̀b- ‚shoot')

---

[132] Kidda (1993: 122). Die drei (phonetischen) Tonebenen, die Kidda bezeichnet, werden hier folgendermaßen bezeichnet: á (hoch), à (tief), ā (extratief, kommt in den ausgewählten Beispielen nicht vor).
[133] Kidda (1993: 114)
[134] Jungraithmayr (1991: 52)

Zusammenfassend lässt sich Jungraithmayrs System von neun TAM-Kategorien folgendermaßen darstellen:

Tabelle 129: Kaltungo-Tangale, TAM-Kategorien nach Jungraithmayr (1991: 39)

TAM-Kategorie	Verbalstamm		Beispiel mit nàn- ,beat'
Perfect I	-gò	Perfect I Stamm	n nàngɔ̀[135]
Perfect II	-nù	Perfect II Stamm	n nánnò
Imperativ und Subjunktiv[136]	-ù	Imperativ-Subjunktivstamm	nánò[137]
Aorist-*Intentional*	-è/-ì[138]		nà nànè
Aorist-*Subjunctive*		Aorist-*Intentional*-Stamm	n nànè
Habitual[139]			na gán nànè
	-ì/-yì	Habitualstamm	na gán nánì
Progressiv I		Progressiv-Futurstamm	nàŋ nánì[137]
Progressiv II	-ì/-ò[140]	(Verbalnomen)	nà gúm nànì
Futur			nà wà nànì

4.3.2.10.1 Perfect I

Zur Bezeichnung vollendeter Handlungen wird die Reihe tieftoniger Subjektpronomina mit dem tieftonigen (meist auslautvokallosen) *Perfect*-Stamm gefolgt von -go kombiniert (Jungraithmayr 1991: 57). Vor nominalem Objekt entfällt der auslautende Vokal des *Perfect*-Markers. Pronominale Objekte erscheinen vor dem PM.

---

[135] Jungraithmayr übersetzt diese Beispiele nicht. Es dürfte sich um Formen der 1.Sg handeln.
[136] Imperativ und Subjunktiv unterscheiden sich nur durch die Abwesenheit von Subjektpronomina bei ersterem.
[137] Die Tonmuster der Beispiele stimmen nicht mit den Tonmustern überein, die in den beschreibenden Abschnitten in Jungraithmayr (1991) zu diesen TAM Kategorien angegeben werden. S. dazu 4.3.2.10.1-4.3.2.10.9.
[138] Die Qualität des Auslautvokals ist abhängig von der Verbalklasse (s. 4.1.2.10).
[139] Der Habitual kann entweder mit dem Aorist-*Intentional*-Stamm oder dem speziellen Habitualstamm gebildet werden.
[140] Bei „intransitive-medial verbs" lautet das nominalisierende Suffix -ò (Jungraithmayr 1991: 49). Vgl. Kidda (1993: 25), die kontrasttoniges -o als nominalisierendes Suffix für alle Verben beschreibt.

Morphologie des Verbalkomplexes

Tabelle 130: Tangale, *Perfect* (Jungraithmayr 1991: 57)
(234) ØO n sàagɔ̀
 I ate, have eaten
(235) kà sàagɔ̀
 you (m) ate, have eaten
(236) OP kù ùtú-n-kɔ̀[141]
 2.PL teach-1.SG-PM
 you taught me
(237) NO n sàa-g pɔ̀ɔ
 1.SG eat-PM porridge
 I have eaten (the) porridge

4.3.2.10.2 *Perfect* II (Dependent oder Repetitive *Perfect*)

Das *Perfect* II besteht aus den tieftonigen Subjektpronomina gefolgt von der hochtonigen Verbalbasis, die das Suffix -**nù** trägt. Laut Jungraithmayr (1991: 58) kommt diese Form in abhängigen Sätzen zur Bezeichnung vollendeter Handlungen vor.

Tabelle 131: Tangale, *Perfect* II (Jungraithmayr 1991: 58)
(238) ØO n sáa-nù
 1.SG eat-PerfII
 (as) I ate (again)
(239) OP kà ɛ́ɛ-nù
 2.SGM eat-PERFII
 (as) you (m) drank (again)

Die Betrachtung der Texte in Jungraithmayr (2002) legt eine andere Funktion des *Perfect* II in Erzähltexten nahe. Es sind überwiegend Beispiele zu finden, in denen das *Perfect* II einer *Perfect* I- bzw. *Perfect* I-Ventiv-Form folgt. Es handelt sich dabei zumeist um Aufzählungen von Handlungen, die im Deutschen etwa als „und dann ..." wiedergegeben werden könnten. In diesen Beispielen könnte man das *Perfect* II als Narrativ oder Sequenzial interpretieren (s. Bsp. (240)-(242)). Während zahlreiche Beispiele für das Vorkommen der *Perfect*-Form nach der Konjunktion **kám** „when" gefunden werden konnten (s. Bsp. (243)),

---
[141] Jungraithmayr (1991: 36)

gestaltete sich der Beleg des Vorkommens einer *Perfect* II-Form in einem abhängigen Satz als schwierig.

Tabelle 132: Tangale, Beispiele zum *Perfect* II aus Jungraithmayr (2002)

(240) kòobnà, wá wéen wùlòt, ká wùlòt, kádnɔ![142]
kòobè-nà wàrɛ̀ wèe-nù wùlòt káa wùlòt kádɛ̀-nɔ̀
pass-VPF CONS see-PF2 black_cherry_tree CIT black_cherry_tree help_to_carry-1s[143]
When she went on, she saw a cherry tree and said: „Cherry tree, help me carry!"

(241) àʊ gá lìwòot yìlɛ̀ ràagûn.[144]
àwɛ̀ káa lìwòot yìlɛ̀ ràagè-nù.
thorn CIT IDEO lift hang_up-PF2
The thorn tree bent itself, picked (the sack) up and hung it in its branches.

(242) yìl páknì, wónu, kwàagdʊ̀ kúl ìnì.[145]
yìlɛ̀ pàkà-nì wòbì-nù kwàagɛ̀-dʊ̀ kʊ̀lì ìk-nì.
raise hand-3SM put_in-PF2 scratch-VEN skin body-3SM
He (the one from the river) took his hand, stuck it in and La-Andang scratched off his skin.

(243) kám mùdgɔ̀ ŋʊ̀lndɛ́ɛdɛ̀ mɔ̀ swál kì yóoì mɔ̀ swál kì yóoì.[146]
kám mùdɛ̀-gɔ̀ ŋʊ̀lndɛ́ɛdɛ̀ mɔ̀ swàlì kɨ̀ı yòo ì mɔ̀ swàlì kɨ̀ı yòo ì.
CONJ die-PF frog DEM go_ahead head foot-DEF DEM go_ahead head foot-DEF
After he had died, the frogs each one followed after him.

4.3.2.10.3 Habitual

Die Habitualformen setzen sich aus den tieftonigen Subjektpronomina und dem Habitual- oder Aorist-*Intentional*-Stamm zusammen. Jungraithmayr (1991: 52) beschreibt die Bildung des Habitualstamms

---

[142] Jungraithmayr (2002: 8, Satz 45)
[143] Interlinearisierung aus Jungraithmayr (2002) (VPF – ventive perfect, CONS – consecutive tense marker, PF2 relative perfect tense, CIT – citation, 1s – 1.Sg, IDEO – ideophone, VEN – ventive, CONJ – conjunction, DEM – demonstrative, DEF – definite form marker).
[144] Jungraithmayr (2002: 10, Satz 54)
[145] Jungraithmayr (2002: 24, Satz 141)
[146] Jungraithmayr (2002: 46, Satz 17)

folgendermaßen: „The Habitual verb stem is generally marked by a suffix -i/-ɪ (-yi/-yɪ) which is not added to the verb base but to the aorist-intentional stem (...), the latter being thus raised from low/low-low(-low) to high/high-low(-low)." Zwischen SP und Habitualstamm erscheint das Morphem **kán/gán**, das Jungraithmayr mit dem Habitualmarker **kan** im Hausa in Verbindung bringt.

Tabelle 133: Tangale, Habitual (Jungraithmayr 1991: 58)
(244) ØO na gán kùlè/kúléyì
1.SG HAB shave.AOR/shave.HAB
I usually shave
(245) ka gán kùlè/kúléyì
2.SGM HAB shave.AOR/shave.HAB
you (m) usually shave

4.3.2.10.4 Progressiv I (*Absolute Progressive-Continuous*)

Die Progressivform setzt sich zusammen aus dem zum Teil hochtonigen Subjektpronomen oder einem nominalen Subjekt, dem das tieftonige Suffix -(u)ŋ folgt sowie einer tieftonigen verbonominalen Form, die Jungraithmayr (1991: 48) als Progressiv-Futurstamm bezeichnet. Diese lautet bei intransitiven Verben auf -o und bei transitiven auf -i aus. Vor Objekt entfällt aufgrund von regelmäßiger Apokopierung der verbale Auslautvokal. Verben mit der Silbenstruktur KVV suffigieren -ni oder -zi zur Bildung des Verbalnomens.

Tabelle 134: Tangale, Progressiv I (Jungraithmayr 1991: 55)
(246) ØO nà-ŋ kòobò
I am passing
(247) ká-ŋ kòobò
you (m) are passing
(248) NO là-lútù-ŋ tìmbùl múù
hyena-PROG *blind man*
(the) hyena is blinding a man
(là-lútù ‚hyena')

4.3.2.10.5 Progressiv II (*Dependent Progressive-Continuous*)

In abhängigen Sätzen erscheinen die in Tabelle 134 aufgeführten Verbalformen, allerdings ohne das Suffix -ŋ am Subjektpronomen bzw. nominalen Subjekt. Jungraithmayr (1991: 55) übersetzt die von ihm gegebenen Beispiele als zeitlich unbestimmt. Zusätzlich beschreibt er aber auch eine weitere *Dependent Progressive*-Form mit dem präverbalen Marker **gúm**. Diese Form wird im Lexikonteil (ibid.: 104) als Partikel zur Bildung eines *Dependent Past Progressive* bezeichnet und in Jungraithmayr (2002: 41) als *Past Progressive* glossiert.

Tabelle 135: Tangale, Progressiv II und *Past Progressive* (Jungraithmayr 1991: 55f)

		Progressiv II
(249)	intr	nà kòobò
		(when/as/while) I am/ was passing
(250)		ká kòobò
		(when/as/while) you (m) are/ were passing
		Past Progressive
(251)		nà gúm kòobò
		1.SG PASTPROG pass.VN
		(when/as/while) I am/ was passing

4.3.2.10.6 Futur (*„Long" Future*)

Die Formen des *„long" future* setzen sich zusammen aus dem in einigen Personen hochtonigen Subjektpronomen, dem präverbalen TAM-Marker **wa** und dem verbonominalen Progressiv-Futurstamm. Jungraithmayr (ibid.: 56) bemerkt, dass anstelle des verbonominalen Stamms auch der „short finite verb stem" verwendet werden könne – wobei nicht klar ist, welchen Verbalstamm er damit meint. In Tabelle 136 sind jeweils beide Konstruktionsmöglichkeiten angegeben.

Tabelle 136: Tangale, Futur (Jungraithmayr 1991: 56)

		verbonominaler Stamm	„short finite verb stem"
(252)	ØO	nà wà sàa-nì	nà wà sàa
		1.SG FUT eat-VN	
		I shall eat	I shall eat
(253)	NO	nà wà sàa-n pɔ́ɔ̀	nà wà sá pɔ̀ɔ
		1.SG FUT eat-VN meal	
		I shall eat (the) meal	I shall eat (the) meal

4.3.2.10.7 *Intentional* (Aorist-*Intentional*) und Aorist (Aorist-*Subjunctive*)[147]

Aus Jungraithmayrs (1991) Ausführungen geht nicht eindeutig hervor, worin sich *Intentional* und Aorist morphologisch und/oder tonologisch voneinander unterscheiden[148]. Beide werden gebildet durch Verwendung der tieftonigen SP in Verbindung mit dem tieftonigen Aoriststamm, der – abhängig von der Verbalklasse (s. dazu 4.1.2.10) – auf **-è** oder **-ì** auslautet (ibid.: 53f).

Hinsichtlich des *Intentional* äußert sich Jungraithmayr (1991: 53) folgendermaßen: „This is what may be called a 'Grundaspekt', i.e. one of the two most basic verbal forms of the language." Das Paradigma zum Aorist mit Formen des KVV-Verbs „eat" belässt er unkommentiert.

Der *Intentional* wird durch das hochtonige Suffix -**m** negiert. Zur Negation des Aorists macht Jungraithmayr keine Angaben. Das affirmative Beispiel mit dem Verb „eat" in Tabelle 137 stammt aus dem Aorist-Paradigma.

Tabelle 137: Tangale, *Intentional* und Aorist (Jungraithmayr 1991: 53f)

			Negation
(254)	ØO	nà yìlè	nà kùlém
		I (will) take	I (will) not shave

---

[147] Jungraithmayr bezeichnet die beiden Paradigmata in ihrem jeweiligen Unterabschnitt als „Intentional" bzw. „Aorist", bei der Aufzählung der im Kaltungo-Tangale vorkommenden TAM-Kategorien hingegen als „Aorist-Intentional" und „Aorist-Subjunctive" (unter diesen Namen sind sie auch in Tabelle 128 geführt).

[148] Bei den beiden aufgeführten Paradigmata (Jungraithmayr 1991: 53f) besteht der Unterschied lediglich in der Form des SP der 1.Sg, das im *Intentional* **nà** und im Aorist **n** lautet.

		Negation
(255)	sì èɛ	
	you (f) (will) drink	
(256)	n sàa	na sàám
	I eat/ate	I will not eat

4.3.2.10.8 Subjunktiv

Der Subjunktiv wird in abhängigen Sätzen verwendet und meist durch die Wendung **dí mɔ́** „that" oder **káa/gáa mɔ́** „...said that..." eingeleitet. In den von Jungraithmayr (1991: 54f) aufgeführten Beispielen erscheint das Subjektpronomen suffigiert an **mɔ̀** und die tieftonige Verbalbasis lautet auf **-ù** aus. Jungraithmayr führt kein Beispiel mit einem nominalen Subjekt an. Folgt der Verbalform ein nominales Objekt, so wird der verbale Auslautvokal verkürzt, der Verbalstamm behält seinen Tiefton, aber der Ton des Objekts wird zu HT.

Tabelle 138: Tangale, Subjunktiv (Jungraithmayr 1991: 54f)

(257) ØO dí mɔ́-n yìl-ù
(...)-1.SG take-SUBJ/IMP
that I take, let me take (it)

(258)   mbɛ́ɛndám gáa mɔ́-n yìlù
3.SGM say X-1.SG take-SUBJ/IMP
he said I should take (it)

(259) NO dí mɔ́n ɛ̀ âm
that I drink water (àm ‚water')

(260)   dí mɔ́n yà wútèn
that I work („that I do work")
(wùtèn ‚work')

4.3.2.10.9 Imperativ

Die Imperativformen unterscheiden sich von den Subjunktivformen nur durch Abwesenheit eines Subjektpronomens. Jungraithmayr (1991: 48) macht keine Angaben zu Imperativformen im Plural.

Tabelle 139: Tangale, Imperativ (Jungraithmayr 1991: 48)
(261)   ØO   yìlù
             lift! (Sg)
(262)   úpù
             show! (Sg)

4.3.2.10.10 Negation

Sowohl nominale als auch verbale Negation wird durch das Morphem -m gekennzeichnet, das abhängig vom Kontext tonal unterschiedlich markiert sein kann (Jungraithmayr 1991: 61).

Jungraithmayr beschreibt nur für den *Intentional* negierte Formen (Jungraithmayr 1991: 53, s. Tabelle 137) und macht keine Aussage darüber, inwieweit das Negationsmorphem beispielsweise mit dem *Perfect*-Marker kompatibel ist. In Jungraithmayr (2002) sind Sätze zu finden (bspw. S. 21, Satz 124), die darauf hindeuten, dass der *Perfect*-Marker und das Negationsmorphem gleichzeitig auftreten können.

4.3.2.10.11 Zusammenfassung

Die Betrachtung der in Jungraithmayr (1991) beschriebenen Verbalformen sowie eine Durchsicht der Texte in Jungraithmayr (2002) legt folgende Schlüsse über das TAM-System des Tangale nahe:

Wie in 3.2.10 ausgeführt, lässt sich keine eindeutige Aussage über die TAM-markierende Funktion der Subjektpronomina im Kaltungo-Tangale machen, unter anderem deshalb, weil sie bei nominalem Subjekt entfallen. Auch der Auslautvokal des Verbalstamms – da er in vielen Fällen aufgrund von Apokopierung ausfällt (s. dazu 2.1.2) – kann hinsichtlich der TAM-Markierung keine große funktionale Last tragen. Unter Berücksichtigung dieser Annahmen lassen sich die TAM-Paradigmata im Kaltungo-Tangale folgendermaßen zusammenfassen:

Im *Perfect* I folgt dem tieftonigen Verbalstamm (ohne Auslautvokal) der *Perfect*-Marker **-go**, der auch bei Anwesenheit eines nominalen Objekts (dem er vorangeht) oder eines pronominalen Objekts (dem er folgt) nicht entfällt.

Zur Bildung des *Perfect* II erscheint nach hochtoniger (bzw. gegenüber der *Perfect* I-Form tonal veränderter) Verbalbasis das Suffix **-nù**.

Intentional, Aorist und Habitual teilen sich einen tieftonigen Verbalstamm, der je nach Verbalklasse auf -**e** oder -**i** auslautet. Der Habitual unterscheidet sich vom *Intentional*/Aorist nur durch zusätzliches Auftreten des präverbalen Markers **kan**. In Jungraithmayr (2002) konnten keine Belege für das Auftreten des in Jungraithmayr (1991) beschriebenen Habitualstamms auf -**yi** gefunden werden.

Progressive/Continuous, Dependent Progressive/Continuous, Past Progressive und Futur – die als imperfektive TAMs zu betrachten sind – werden alle mittels eines verbonominalen Stammes gebildet, der bei intransitiven Verben auf -**o** und bei transitiven auf -**i** (bei einsilbigen auf -**ni** oder -**zi**) auslautet. Sie unterscheiden sich voneinander durch das Auftreten unterschiedlicher präverbaler Marker.

Der Subjunktiv ist durch verbalauslautendes -**u** gekennzeichnet. Die im Subjunktiv häufig auftretenden Pronomina in den dritten Personen der Form **peemo**, **paaze** und **piimo** sind eher als Logophorizität mit dem Adressaten einer Aussage zu deuten als im Sinne einer Subjunktivmarkierung (s. dazu Leger & Zoch 2006), wie in Jungraithmayr (2002) glossiert.

Die vorhandenen Beispiele lassen keine eindeutige Aussage über das Verhalten des auslautenden -**u** des Subjunktivs vor Objekt zu. In Jungraithmayr (2002) gibt es Anzeichen dafür, dass es zumindest vor pronominalem Objekt nicht entfällt (S. 3, Satz 6).

Während die Bedeutung der Subjektpronomina, der verbalstammauslautenden Vokale sowie des verbalen Tonmusters für die TAM-Markierung eher nachrangig sein dürfte, tragen die Suffixe sowie die präverbalen Marker die funktionale Last der TAM-Markierung.

Schematisch lässt sich das TAM-System des Kaltungo-Tangale folgendermaßen darstellen:

Tabelle 140: Tangale, TAM-Markierungen, Übersicht

	SP	präverbaler Marker	Tonmuster Verbalstamm	stammauslautender Vokal	Suffix
Perfect I	SP1 (T)	Ø	T	Ø	-gò
Perfect II			(HT?) ≠ Pfv	?	-nù
Intentional					
Aorist			T(T)	-è/-ì	Ø
Habitual		kan			
Progressiv I	SP2 (H)	-ŋ	T(T)	VN -ì/-ò	Ø
Progressiv II		Ø			
Past Progressive		gúm			
Futur		wà			
Subjunktiv	SP3	Ø	T(T)	-ù	Ø
Imperativ	Ø		T(T)		

4.3.2.11 Kanakuru

Im Kanakuru wird TAM am Subjektpronomen, teilweise durch overte TAM-Marker, in einem Fall durch ein verbales Suffix sowie durch charakteristische verbale Tonmuster markiert. Wie in 3.2.11 dargestellt, gibt es im Wesentlichen eine lange, eine kurze und eine „suffigierte" Reihe von SP. Während die kurzen SP immer tieftonig sind, erscheinen die langen SP tief- oder hochtonig. Die „suffigierten" SP folgen in präverbaler Position einem TAM-Marker.

Newman (1974: 40) unterscheidet bei den unterschiedlichen TAM-Paradigmata zwischen einem hohen (HiVTP) und einem tiefen (LoVTP) verbalen Tonmuster: „In Kanakuru (...) the tone of the verb itself varies, there being two grammatically determined verb tone patterns (VTP's), some tenses requiring one pattern, some the other." Der tatsächliche Ton des Verbalstamms in einem bestimmten TAM hängt ab vom zugrundeliegenden (lexikalischen) Ton der Verbalbasis, dem Verbalstammtyp (s. dazu 4.1.2.11) und der Position des jeweiligen Verbs im Satz.

Newman beschreibt folgende TAM-Kategorien:

Perfektiv
Subjunktiv
Neg-Subjunktiv
Continuous
Futur
Past-Continuous
Habitual
Imperativ

Diese TAM-Kategorien unterteilt er aufgrund eines syntaktischen Kriteriums in zwei „tense sets" (Newman 1974: 26): Aux1 wird mit einem finiten Verbalstamm gebildet und umfasst die – laut Newman – perfektiven TAMs Perfektiv, Perfektiv II, Subjunktiv, Neg-Subjunktiv und Imperativ. Die imperfektiven TAMs *Continuous*, Futur und *Past-Continuous* in Aux2 werden mit einem nominalisierten bzw. „participial" Verbalstamm gebildet. Newman weist darauf hin (ibid.: 40), dass die Distribution des hohen und tiefen Verbaltonmusters (HiVTP resp. LoVTP) nicht mit der Gruppierung in Aux1 und Aux2 korreliert.

4.3.2.11.1 Perfektiv

Im Perfektiv erscheinen die tieftonigen, kurzen SP und das Verb trägt das LoVTP (Newman 1974: 45). Dies bedeutet, dass in nicht-finaler Position alle Verben tieftonig sind, wobei sich das zugrundeliegende verbale Tonmuster am Objekt zeigt: Folgt einem HT-Verb ein Objekt mit dem Tonmuster HH, so verändert sich das Tonmuster des Objekts zu TH. In finaler Position tragen die Verben ihr zugrundeliegendes Tonmuster – **i**-Stämme verhalten sich so, als hätten sie das Tonmuster TH (s. 4.1.2.11, Tabelle 53). In den dritten Personen Sg, für die es kein „echtes" SP gibt, erscheint ein Marker **à** als Perfektivzeichen.

Tabelle 141: Kanakuru, Perfektiv (Newman 1974: 45)

(263) intr nà tà-nó
1.SG go-1.SG[149]
I went

---

[149] Intransitive Verben in Aux1 erscheinen im Kanakuru immer mit ICP (s. dazu 4.2.2.5).

(264)   ØO   à tùké[150]
              he hid (it)
(265)   OP   à tùkè ré[151]
              he hid her
(266)   NO   nà wùpè gám
              I sold a ram

4.3.2.11.2 Perfektiv II

In negierten Sätzen, Relativsätzen und im Zusammenhang mit Emphase ersetzt der Perfektiv II den Perfektiv (Newman 1974: 45). Die Formen des Perfektiv II setzen sich aus den langen, hochtonigen SP und dem Verbalstamm mit LoVTP zusammen. Ein besonderes Charakteristikum stellt der Suffixvokal -a anstelle des zugrundeliegenden stammauslautenden Vokals dar. Auch ein eventuell unmittelbar folgendes Objektpronomen lautet im Perfektiv II auf -a aus.

Im Perfektiv II können in den dritten Personen die SP optional entfallen – ohne Bedeutungsveränderung. In diesem Fall zeigt des Verb nicht das LoVTP sondern das HiVTP (s. Bsp. (271)). Newman (1974: 47) bemerkt dazu: „This VTP change (and a similar one in the subjunctive yet to be described) indicates that VTP is not simply a manifestation of underlying tense, but is determined at least in part by surface phenomena."

Tabelle 142: Kanakuru, Perfektiv II (Newman 1974: 46)

                                                     Negation
(267)   intr   bánjè shée dò-tà máná
               just.now 3.SGSPIIb come-3.SGF
               house
               just now she came home
(268)   ØO   Ngójè shíi gùwá
               N. 3.SGMSPIIa forge.PFVII
               Ngoje forged (it)

---

[150] Newman (1974: 41)
[151] Newman (1974: 42)

			Negation
(269)	OP	mə́ní mə́n kò yá	
		1.PL.UP 1.PL catch 3.SG.PFVII	
		we caught him	
(270)	NO	náa wùpà gám	wò-shée wùrà árá ù
		I sold a ram	she didn't fry meat
(271)		lówòi mə̀ shíi yìa wútàu =	
		lówòi mə̀ yía wútàu[152]	
		the boy who did the work	

4.3.2.11.3 Habitual/Sequenzial

Der Habitual/Sequenzial wird durch eine periphrastische Konstruktion mit dem intransitiven Verb ɗuwo „sitzen" markiert, das in dieser Konstruktion immer in Verbindung mit einem ICP (s. dazu 4.2.2.5) auftritt – auch in Aux2, dessen TAMs üblicherweise nicht mit ICP konstruiert werden (Newman 1974: 55). Der Ton von ɗuwo+ICP ist durch die TAM-Form, in der es auftritt, determiniert, ebenso wie Form und Tonmuster des ihm folgenden Hauptverbs. ɗuwo+ICP dient in allen TAM als Habitual-Marker und tritt zwischen entsprechendes SP und Verbalstamm. Im Perfektiv wird durch ɗuwo+ICP eher Sequenzialität als Habitual markiert.

Tabelle 143: Kanakuru, Habitual/Sequenzial

(272)	intr	nàa ɗúwó-nó gáa-̀ má[153]
	(Cont)	1.SG sit-1.SG enter-VN
		I habitually enter
(273)	ØO	daga kaŋ-ŋai (nà) ɗùwò-nó yie kəhəm[154]
	(Pfv)	on hearing it (then) I became angry

---

[152] Newman (1974: 47)
[153] Newman (1974: 55)
[154] Newman (1974: 56)

(274)	OP	... (kəda bèlà) náa ɗùwò-nó koi wuni[154]
	(Subj)	... *(x SUBJ)* 1.SG *sit-ICP1.SG catch* 3.PL
		... in order that I keep on catching them
(275)	NO	àn ɗúwó-n kape kure[154]
	(Fut)	the farmer will continue to plant corn

4.3.2.11.4 Continuous

Die Formen des *Continuous* setzen sich aus den langen, tieftonigen SP und dem hochtonigen (d.h. HiVTP) Verbalstamm in nominalisierter Form (*Gerundive*) zusammen (Newman 1974: 50). Das *Gerundive* wird durch das Suffix **-má** gebildet, das Newman (1977a: 191) für eine Kognate des Hausa-Suffixes -`**wáa**[155] zur Bildung von Verbalnomina hält. Das **-má**-Suffix erscheint in intransitiven Sätzen, transitiven Sätzen ohne overtes Objekt (hier folgt dem **-má** noch der niO-Marker **-i**) und vor pronominalen direkten Objekten. Vor nominalem Objekt entfällt es.

Tabelle 144: Kanakuru, *Continuous* (Newman 1974: 27)

(276)	intr	shìi táa-má[156]
		he is going
(277)	ØO	mə̀n dəl-mai
		we are pushing (it)
(278)	OP	shìi yiŋgə-mo-ro
		up3.SGM peek-VN-3.SGF
		he is peeking at her
(279)	NO	nàa nái gwá[156]
		I am drinking water

4.3.2.11.5 Past Continuous

Die Formen des *Past Continuous* werden mit dem TAM-Marker **jí-** gebildet, dem das „suffigierte" Set (3.2.11) von SP folgt. Der Verbalstamm erscheint, wie im *Continuous*, als *Gerundive* (Newman 1974: 55).

---

[155] das er wiederum auf das von ihm rekonstruierte Suffix *(w)a zur Bildung von Imperfektivstämmen zurückführt.
[156] Newman (1974: 50)

Tabelle 145: Kanakuru, *Past Continuous*

(280) ØO jínò wúpə-mái[157]
       I used to sell (it)

Das *Past-Continuous* bezeichnet andauernde oder habituelle Handlungen oder Vorgänge in der Vergangenheit. Newman zufolge wird diese TAM-Form nicht allzu häufig verwendet, als Ersatz dient die *Continuous*-Form in Verbindung mit entsprechenden Adverbien.

4.3.2.11.6 Futur

Das Futur ist durch den vokalischen Marker **à** gekennzeichnet, der den „suffigierten" SP vorangeht. Das Verb erscheint wiederum als *Gerundive* (Newman 1974: 51).

Tabelle 146: Kanakuru, Futur

		Negation
(281) intr	ànò yír-má[158]	ákò wur-mai u?[159]
	I will stop	will you not fry (it)?

4.3.2.11.7 Subjunktiv

Newman beschreibt zwei Varianten des Subjunktivs (Newman 1974: 47f). Beide verwenden einen overten TAM-Marker, **bə̀là** oder **bə̀rà**, der unmittelbar vor dem SP erscheint. In der „primären" Subjunktivform erscheint das tieftonige, kurze SP in Verbindung mit dem Verbalstamm mit HiVTP. Der Subjunktivmarker kann bei dieser Bildung entfallen. Im sekundären Subjunktiv folgt dem Subjunktivmarker das lange, hochtonige SP sowie der Verbalstamm mit LoVTP.

Beide Subjunktivformen werden mittels **bò**, dem kurzen, tieftonigen SP (dessen Vokal sich an den Vokal des TAM-Markers **bò** assimiliert), dem Verbalstamm mit HiVTP sowie nachgestelltem **ù** negiert. Diese Bildung negiert auch den Imperativ.

---

[157] Newman (1974: 55)
[158] Newman (1974: 51)
[159] Newman (1974: 27)

Morphologie des Verbalkomplexes

Tabelle 147: Kanakuru, Subjunktiv (Newman 1974: 49)

			Negation
(282)	ØO	à àŋgè né bèlà nà sháaré (prim. Subj) PFV pay DOP1.SG SUBJ SP1.SG seize he paid me in order that I seize (it)	à àŋgè né bò nò sháaré ù he paid me lest I seize (it)
(283)	OP	... bèlà shée àyè ré (sek. Subj) ...SUBJ 3.SGF help OP3.SGF ... in order that she help her	
(284)	NO	bèlà nà nái gwá[160] (prim. Subj) bèlà náa nài gwá[160] (sek. Subj) that I drink water	

Der Subjunktiv wird in Wunsch- und Zwecksätzen verwendet. Außerdem erfordert eine Reihe von subordinierenden Konjunktionen die Verwendung des Subjunktivs.

In den meisten Kontexten scheinen beide Subjunktivvarianten frei austauschbar zu sein. Wenn allerdings das Subjekt des Hauptsatzes eine dritte Person ist, zeigt der „sekundäre" Subjunktiv im Nebensatz an, dass die Subjekte von Haupt- und Nebensatz nicht identisch sind.

4.3.2.11.8 Imperativ (und Hortativ)

Verben im Imperativ erscheinen normalerweise ohne overtes Subjekt, optional kann es aber durch das tieftonige, kurze Subjektpronomen ausgedrückt werden. Bei transitiven Verben ist die Genusunterscheidung in 2.Sg aufgehoben, wenn sie ohne SP erscheinen. Intransitive Verben erscheinen immer mit ICP und bewahren somit die Genusunterscheidung.

In finaler Position ersetzen **i-** und **e**-Stämme ihren auslautenden Vokal durch **-u**, einsilbige KVi-Verben (s. dazu 4.1.2.11) ersetzen ihr auslautendes **-i** durch Längung des vorausgehenden Vokals. Vor Objekt entfällt bei den **i**-Stämmen der auslautende Vokal, **e**-Stämme behalten das

---

[160] Newman (1974: 48)

auslautende -u. Verneint werden Imperative mit den Formen des negativen Subjunktivs.

Tabelle 148: Kanakuru, Imperativ (Newman 1974: 57)

(285)	intr	2.Sgm	pòr-kó = kà pòr-kó	(you (m)) go out!
		2.Sgf	pòr-shí = shì pòr-shí	(you (f)) go out!
		2.Pl	pòr-kú = kə̀ pòr-kú	(you (Pl)) go out!
(286)	ØO		kàpú	plant (it)! (m, f, Pl)
			kà kàpú	you (m) plant (it)!
			shì kàpú	you (f) plant (it)!
			kə̀ kàpú	you (Pl) plant (it)!
(287)	OP		yìl wúní (i-Stamm)	raise them!
			tùpù mə́ní (e-Stamm)	send us!
			kòo wúní (Monoverb)	catch them!
(288)	NO		shèn ɓálài (i-Stamm)	remember the talk!
			də́lù mə́təkài (e-Stamm)	push the car!

Für die 1.Pl existiert eine Hortativform, die mit dem Suffix **-mà**, dem das pronominale Element **-mú** folgt, gebildet wird. Polyverben sind auslautvokallos vor dem Suffix, einsilbige ersetzen ihr auslautendes **-i** oder **-e** durch Längung des vorangehenden Vokals. Newman (1974: 59, FN10) bemerkt zu dem **-mà**-Suffix Folgendes:

> This suffix is probably not the same as the nominalizer *-ma* but rather a syntactically restricted survival of a widespread Chadic plural imperative marker, e.g. [Margi] *tsa-mə* 'beat (pl)' vs. *tsa* 'beat (sg)', [Tera] *dlaɓ-ma* 'beat (pl)' vs. *dloɓu* 'beat (sg)'. In both Margi and Tera the plural imperative marker may optionally be used in 1p hortative constructions, (...).

Tabelle 149: Kanakuru, Hortativ (Newman 1974: 59)

(289)	intr	gàa mà mú
		let's enter
(290)	ØO	tùu mà mú
		let's eat
(291)	OP	nàa mà m shíré
		let's call her
(292)	NO	lùu mà m góró` wútàu
		let's begin work

4.3.2.11.9 Negation

Negation erfolgt in allen syntaktischen Kontexten – bspw. auch in Nominalsätzen (s. Bsp. (293)) – durch die Negationsklammer **wói/ wo...u**. Das lange Allomorph des Negationsmarkers **wói** ist immer hochtonig. Die Kurzform **wo** zeigt Kontrastton gegenüber dem folgenden Subjektpronomen. Newman macht keine Angaben zum Ton von **u**, sein Vorkommen in wenigen tonierten Beispielen weist darauf hin, dass es ebenfalls kontrasttonig zur vorhergehenden Silbe ist. Subjunktiv und Imperativ haben eine eigene Negation (s. dazu Tabelle 147).

Tabelle 150: Kanakuru, Negation (Newman 1974: 59)

(293)		wo kài namaləm u	
		you are not a teacher	
(294)	NO PfvII	wo-mə́n tua kumar u	
		we didn t eat food	

4.3.2.11.10 Zusammenfassung

Wie Newman ausführt, ist Ton im Verbalsystem des Kanakuru weitgehend morphosyntaktisch bedingt. Bei Betrachtung der weiter oben zusammengefassten Paradigmata stellt man fest, dass HiVTP in den TAM-Kategorien vorkommt, die mittels des Verbalnomens gebildet werden – hier scheint das Tonmuster ein Charakteristikum des „*Gerundive*" zu sein. In zwei weiteren Paradigmata kann das Verb das hohe Tonmuster tragen – im Perfektiv II und im primären Subjunktiv. Im Zusammenhang mit der Tonerhöhung auf dem Verbalstamm bei diesen beiden Paradigmata weist Schuh darauf hin, dass die Verteilung der verbalen Tonmuster nicht mit seiner Aufteilung in Aux1 und Aux2 korreliert, sondern dass die verbale Tonstruktur auf andere Ursachen als TAM zurückzuführen sein müsse (1974: 47). Bei Betrachtung aller Paradigmata, die mit SPII gebildet werden, fällt auf, dass in diesen Fällen Subjektpronomen und Verbalstamm immer in kontrasttonigem Verhältnis stehen.

Alle Paradigmata sind hinreichend durch die Kombination aus verwendetem Verbalstamm (finit oder Verbalnomen) und ggf. Präfix bzw. Suffix voneinander unterschieden.

Leicht abweichend von Newmans Gruppierung in Aux1 (Perfektiv) und Aux2 (Imperfektiv) könnte man eine Dreiteilung vorschlagen: imperfektive, mit dem *Gerundive* gebildete TAMs (*Continuous, Past Continuous* und Futur), perfektive, mit dem finiten Verbalstamm gebildete Paradigmata (Perfektiv und Perfektiv II) sowie Imperativ und Subjunktiv, die mit einem Verbalstamm auf **-u** gebildet werden und sich eine Negationsform teilen.

Eine Erklärung des Vorkommens der unterschiedlichen Subjektpronominalreihen, die über das in 3.2.11 Ausgeführte hinausgeht, scheint mir auf Grundlage des vorliegenden Materials nicht möglich.

Tabelle 151: Kanakuru, TAM-Markierungen, Übersicht

	Marker	SP I a	SP I b	SP II a (H)	SP II b (T)	Tonmuster Hi VTP	Tonmuster Lo VTP	stammauslautender Vokal oder Suffix	Negation
Perfektiv		X					X	-i/-e	
Perfektiv II				X			X	-a	
		(Ø)	(Ø)	(Ø)	(Ø)	(X)			wói/wo … u
Continuous				X				-má (Verbalnomen)	
Past-Continuous	jí- (+SP)		X			X			
Futur	à- (+SP)		X						
Subjunktiv	(bə̀là)	X				X		-u	bò … ù
	bə̀là			X			X		
Imperativ			Ø						

4.3.2.12 Pero

TAM wird im Pero durch verbale Affixe markiert. Bei der Beschreibung der TAM-Formen gibt Frajzyngier keine Erklärungen zum Tonverhalten. Es gibt nur ein Set von Subjektpronomina. Das Pero unterscheidet sich dahingehend von den bisher beschriebenen Bole-Tangale-Sprachen, dass es Kombinationen von TAM-Kategorien erlaubt, bspw. *Completed Aspect* + Futur oder Verknüpfungen des *Consecutive* mit verschiedenen anderen TAM-Formen.

Frajzyngier (1989) gibt folgende Strukturfolgeordnung für die Verbalphrase im Pero an:

Tabelle 152: Pero, Strukturfolgeordnung (Frajzyngier 1989: 70)

(Pronoun)	Fut	Root-(Plural)-(Stem vowel)	Comp	(ee)	(Pron)	(Pron)	(n)
		Prog	Vent		Ben	Pat	
			Hab[161]				
			etc.				

Im Pero treten Verben in unterschiedlichen syntaktischen Kontexten in zwei Stammformen auf, die Frajzyngier mit A und B bezeichnet (s. dazu auch 4.1.2.12). Er führt für Polyverben nur den Stamm B an, da (Frajzyngier 1989: 72) „Poly-consonantal verbs occur without a final vowel in those environments in which monoconsonantal verbs have the stem A." Monoverben lauten in Stammform A mit Ausnahme eines Verbs auf einen vorderen Vokal, **-i** resp. **-e**, aus. In Stammform B lauten die Verben auf den entsprechenden hinteren Vokal aus, d.h. **-u** oder **-o**. Frajzyngier teilt zwei- und mehrsilbige Verben aufgrund ihres auslautenden Vokals in Stamm B in Verbalklassen ein, dies ist ausführlicher in 4.1.2.12 beschrieben. Er macht keine erschöpfenden Angaben dazu, wann die beiden unterschiedlichen Stammformen auftreten. Eine Analyse seiner Beispiele erlaubt keine eindeutigen Rückschlüsse – es ist beispielsweise nicht immer so, dass sich Stamm A (auf vorderen Vokal auslautend) bei den Monoverben und die auslautvokallose Form (d.h. Basis) der Polyverben entsprechen.

Frajzyngier unterteilt die im Pero vorkommenden TAM-Kategorien folgendermaßen:
Modus (ibid.: 88): Imperativ und *Optative*
Aspekt (ibid.: 97): *Completed, Continuous*/Habitual, *Progressive*
Tempus (ibid.: 105): Futur
Er macht keine Angaben darüber, aufgrund welcher Kriterien er diese Einteilung vornimmt.

---

[161] Frajzyngier schreibt hier *Continuous*. Da er das entsprechende Paradigma als *Continuous*/Habitual bezeichnet und Habitual die Funktion meines Erachtens treffender wiedergibt, wurde diese Bezeichnung gewählt.

4.3.2.12.1 Completed Aspect

Der *Completed Aspect* – den Frajzyngier (1989: 97) als markiert gegenüber dem *non-Completed* Aspekt analysiert – wird durch dass verbale Suffix **-kò** gekennzeichnet, wobei einsilbige Verben in der Stammform A erscheinen, mehrsilbige ohne Auslautvokal bzw. – falls die Silbenstruktur der Konstruktion dies erfordert – in Stammform B.

Tabelle 153: Pero, *Completed Aspect* (Frajzyngier 1989: 98ff)

			Negation
(295)	intr +Fut Pot	tà-wát-nà mángárà kán kúrbè FUT-come-COMPVENT if CONJ money they might have come if they had money	
(296)	ØO	nì-béjò-kò[162] 1.SG-shoot.B-COMP I shot (it)	
(297)		kpéemùn lée-kò[163] woman give.birth-COMP woman gave birth	
(298)	ØO +Opt	kpáttìn mù-yi-kò májà[164] man OPT-do-COMP question let him ask	
(299)	OP	mún-kò-ée-nò[165] give-COMP-PREPRO-1.SG he gave me	
(300)	NO	nì-wúll-kò mín-ì 1.SG-brew-COMP beer-DEF I brewed the beer	nì-à-wúllò mín-ì-m 1.SG-NEG-brew.B beer-DEF-NEG I didn't brew the beer

---

[162] Frajzyngier (1989: 161)
[163] Frajzyngier (1989: 85)
[164] Frazyngier (1989: 100)
[165] Frajzyngier (1989: 112)

Der *Completed Aspect* impliziert die Vollendung einer Handlung, ohne dabei einen Zeitbezug auszudrücken – was auch daran deutlich wird, dass er in Kombination mit dem Futur-*Potential* Marker auftreten kann (s. Bsp. (295)). Bei Stativverben drückt der *Completed Aspect* das Andauern eines Zustands aus. Frajzyngier (ibid.: 100) führt auch ein Beispiel an, in dem der *Completed Aspect* in Verbindung mit dem *Optative*-Marker auftritt (s. Bsp. (298)). Der *Completed Aspect*- Marker ist nicht kompatibel mit Negation (s. Bsp. (300)). Mehrsilbige Verben erscheinen in der Negation in Stammform B.

4.3.2.12.2 *Continuous*/Habitual

Der *Continuous*/Habitual wird durch das Suffix -jì[166] am Verb ausgedrückt, das – wie alle verbalen Suffixe mit hohem Vokal im Pero – Erhöhung eines vorangehenden mittleren Vokals auslöst (Frajzyngier 1989: 101). Bei Monoverben wird das Habitualsuffix der Stammform A suffigiert und es tritt eine Erhöhung des Basisvokals ein, falls dieser ursprünglich mittelhoch ist. Frajzyngier sagt nichts über die Stammform mehrsilbiger Verben, aus den Beispielen ist aber zu ersehen, dass sie entweder vokallos sind (s. Bsp. (304)) oder – falls die Silbenstruktur dies erfordert – vor dem Habitual-Marker ein -i einfügen (s. Bsp. (305)).

Während der Hab-Marker auch in der Negation erscheint, kann er weder in Verbindung mit dem Modusmarker (**mú**) auftreten noch mit dem Ventiv (s. dazu 4.4.2.12).

Tabelle 154: Pero, *Continuous*/Habitual (Frajzyngier 1989: 102)

(301) ØO	Negation túmmò-kò tóndò-wè à-cùppí-jì-m[167] learn-COMP sew-thing NEG-teach-HAB-NEG she learned sewing but she does not teach it

---

[166] Frajzyngier (1989: 101): „Although the suffix will be spelled -*jì* there is also a possibility that its underlying form is -*cì*."
[167] Frajzyngier (1989: 128)

			Negation
(302)	OP	wé-jì-ée-cì[168] see-HAB-PREPRO-2.SGF they often see you	
(303)	NO	à-lí-jì tóojè-m nìn-pìpéerò ándángà lí-jì NEG-keep-HAB horse-NEG SJ-Pero Fulani keep-HAB Pero do not keep horses but Fulani do	à-yí-jì yóŋm nìn-yà-mìná-ì-m NEG-make.A-HAB wet SJ-inside-house-DEF-NEG it is not wet inside the house (‚Das Innere des Hauses macht nicht nass')
(304)		èlénkò cì mén-jì dígà mée-tù mínà because REL want-HAB marriage return-VENT home because he wanted to marry he returned home	
(305)		tùmmí-jì[169] tóndì à-píndò-wè cíinà-m learn-HAB sewing NEG-cooking-thing food-NEG she learns sewing not cooking	

Der *Continuous*/Habitual dient zum Ausdruck von Handlungen oder Prozessen, die zum Sprechzeitpunkt stattfinden, aber nicht auf diesen beschränkt sind. Dazu zählen auch gewohnheitsmäßige Beschäftigungen.

4.3.2.12.3 Progressiv

Der Progressivmarker unterscheidet sich von den übrigen Aspektmarkern dadurch, dass er präverbal erscheint. Frajzyngier (1989: 103) postuliert als zugrundeliegende Form **íkkà-**, das dem Verb präfigiert wird. Subjektpronomen gehen dem Progressivmarker voraus. Fraj-

---

[168] Frajzyngier (1989: 112)
[169] bzgl. Tonmuster vergleiche Frajzyngier (1989: 128) **túmmì-jì tóndì à -púndò we cíinà-m** mit gleicher Übersetzung

zyngier sagt nichts darüber, in welcher Stammform das Verb vorliegt, aus einzelnen Beispielen ist aber zu ersehen, dass es sich um die Form B handeln müsste.

Frajzyngier (ibid.) meint, der Progressivmarker könne historisch als eine Zusammensetzung aus der Partikel **íK-**, die teilweise kopulaähnliche Funktion hat, und der Präposition **kà** analysiert werden und folgert: „The progressive marker in Pero could therefore be analyzed as meaning ‚be at ...'."

Der Progressiv kann in Verbindung mit dem *non-Completive* Ventiv auftreten, aber nicht mit dem *Completed Aspect* oder Futur. In dem Beispiel, das Frajzyngier für ein transitives Verb im Progressiv ohne overtes Objekt angibt (s. Bsp. (306)), trägt das Verb das nominalisierende Suffix **-áanì**. Dies ist bemerkenswert, da Frajzyngier hinsichtlich der Futurform schreibt (ibid.: 105): „An important characteristic of future tense, not found in another tense or aspect is a constraint on the form of the verb. The constraint states that if the verb is not followed by a patient (nominal or pronominal), benefactive, ventive or locative, it has to be in the nominalized form, derived through the addition of the suffix *-áanì*." Es ist zu vermuten, dass dieser Umstand auch für den Progressiv zutrifft.

Tabelle 155: Pero, Progressiv (Frajzyngier 1989: 104)

(306)   ØO   nì-íkkà-tùkk-áanì[170]
            1.SG-PROG-hide-VN
            I am hiding

(307)   NO   Díllò íkkà-rímbò jók cóojè
            D. PROG-make.B chair now
            Dillo is making a chair right now

(308)   nì-íkkà-có mín
            1.SG-PROG-drink.B beer
            I am drinking beer

Der Progressiv drückt aus, dass die Verbalhandlung zum Sprechzeitpunkt oder einem anderen gegebenen Referenzzeitpunkt gerade abläuft.

---

[170] Frajzyngier (1989: 103)

4.3.2.12.4 Futur

Das Futur wird durch den präverbalen Marker **tà** gekennzeichnet (Frajzyngier 1989: 105). Das Verb erscheint in Stammform B. Wenn dem Verb kein Objekt oder derivatives Suffix folgt, muss es in der nominalisierten Form auf -**áanì** erscheinen[171].

Tabelle 156: Pero, Futur (Frajzyngier 1989: 105)

			Negation
(309)	intr	nì-tà-pétò bírà	mínì-à-tà-wúll-áanì-m[172]
		1.SG-FUT-go.B out	beer.DEF-NEG-FUT-brew-VN-NEG
		I will go out	the beer is not brewing
(310)	OP	Músà tà-cò-áanì	
		M. FUT-drink.B-VN	
		Musa will drink	
(311)	NO	Músà tà-cò ám	
		M. FUT-drink.B water	
		Musa will drink water	

Das Futur hat temporale und modale Funktion, d.h. drückt Verbalhandlungen in der Zukunft sowie optative Konnotationen aus.

4.3.2.12.5 *Consecutive*

Im Zusammenhang mit „consecutive sentences"[173] beschreibt Frajzyngier (1989: 239) eine spezielle *Consecutive* Form des Verbs auf -**ì**[174], die dann erscheint, wenn dem Verb der *Consecutive*-Marker **n-** vorangeht und ihm weder ein Objekt noch ein Erweiterungssuffix folgt. Vor Objekt erscheinen zwei- und mehrsilbige Verben in Stammform B, vor dem Ventivsuffix sind sie vokallos. Monoverben nehmen das *Consecutive*-Suffix nicht an, sondern erscheinen in Stammform A.

Verben in der *Consecutive* Form können keine TAM-Affixe, aber eines der beiden Ventivsuffixe[175] annehmen, wobei die TAM-Form des zwei-

---

[171] Frajzyngier interlinearisiert dieses Suffix mitunter als Stativ, in den Beispielen zum Pero in dieser Arbeit wird durchgehend die Glosse VN verwendet.
[172] Frajzyngier (1989: 106)
[173] Hiermit meint Frajzyngier offensichtlich Sätze, die eine Abfolge von Handlungen bezeichnen.
[174] Dem vokalischen Suffix vorangehende ungerundete Vokale werden dabei erhöht.
[175] S. dazu 4.4.2.12.

ten Satzes (d.h. des Satzes, der den *Consecutive*+Ventiv enthält) mit dem TAM des ersten übereinstimmt. D.h., wenn das Verb des ersten Satzes im Futur oder Habitual steht, kann nicht der Ventiv *Completive* im zweiten Satz erscheinen. Das Erscheinen des *non-completive* Ventiv im zweiten Satz scheint keinen Restriktionen zu unterliegen. Frajzyngier gibt auch einige Beispiele, in denen gleich die erste Verbalform im *Consecutive* steht (s. Bsp. (315)). Er macht keine Angaben dazu, wie dann die TAM-Form des gesamten Satzes zu ermitteln ist.

Tabelle 157: Pero, *Consecutive* (Frajzyngier 1989: 239)

(312)	ØO	pór-kò mínà n-káw-ì	(Comp;
		arrive-COMP home CONS-gather-CONS	Cons)
		they arrived home and gathered	
(313)		nì-tà-ípù ɗíó-ì nì-n-tók-ì[176]	(Fut;
		1.SG-FUT-catch bird-DEF 1.SG-CONS-kill-CONS	Cons)
		I will catch the bird and kill it	
(314)	NO	pór-kò mínà n-káwù cígbè-ì	(Comp;
		arrive-COMP home CONS-gather.B children-DEF	Cons)
		they arrived home and gathered children	
(315)		mùngbúdè án-kúdúl-ì n-wáat-tù ɗíikò ɓwé n-kúp-ì[177]	(Cons; Cons)
		leader owner-idol-DEF CONS-go-VENT fetch.B wine CONS-taste-CONS	
		the leader of the idols will come to fetch the wine and taste it	

4.3.2.12.6 *Optative*

Der *Optative* steht dem Imperativ semantisch und morphologisch nahe. In den dritten Personen wird der *Optative* durch das Präfix **mù-** markiert, das vor dem SP erscheint, und das Verb erscheint in Stammform B (Frajzynger 1989: 89). In den ersten Personen besteht der *Optative* aus dem Subjektpronomen, dem das Verb in Stammform B folgt. Frajzyngier merkt an, dass das Präfix **mù-** in den zweiten Personen nicht erscheinen kann. Hinsichtlich der dritten Personen vermutet er (ibid.: 90):

---

[176] Frajzyngier (1989: 241)
[177] Frajzyngier (1989: 240)

(...) the peculiar behaviour of the third person pronouns and of other subjects in the optative clause makes it tempting to reconstruct the marker of the optative as a grammaticalized verb *mú-* 'to give', whose complement is another sentence. The subject that occurs after *mù* could then be reconstructed as the subject of the embedded sentence. The loss of the final consonant in the verb can be easily explained as the reduction of the root when it becomes a grammatical morpheme and does not carry its lexical meaning any more. Such a change is wholly plausible and it certainly occurred in at least one other instance in Pero when the verb *wáat-* 'go' became a grammatical morpheme and in the process lost its final consonant to become *wà*. (...) The most important argument for the proposed reconstruction is the fact that in other embedded sentences third person pronouns behave exactly the same as in the optative construction.

Negiert wird der *Optative*, wie auch der Imperativ, mit der Negationsklammer **kát-** ... **-m**, wobei der *Optative*-Marker **mú-** dem SP vorangeht. Frajzyngier bezeichnet die Negation des *Optative* und Subjunktiv als Prohibitiv.

Tabelle 158: Pero, *Optative* (Frajzyngier 1989: 90)

			Prohibitiv
(316)	intr	mù-tè-wát-tù[178] OPT-3.SGF-come-VENT let her come	mú-tè-kát-wát-tù-m[179] OPT-3.SGF-PROH-come-VENT-NEG may she not come
(317)		nì wátò let me go, I should go	
(318)		mínù wátò let's go	
(319)	NO		mú-kát-yù bíyàŋ tí-cìg jáabì-m[179] OPT-PROH-make trouble PREP-body REC-NEG let them not make any trouble for each other

---

[178] Frajzyngier (1989: 89)
[179] Frajzyngier (1989: 92)

Der *Optative* wird zum Ausdruck von Wünschen und Verpflichtungen verwendet. Frajzyngier weist darauf hin, dass die hier beschriebene Kategorie in der tschadistischen Literatur üblicherweise als Subjunktiv bezeichnet wird.

4.3.2.12.7 Imperativ

Der Imperativ ist im Singular durch Abwesenheit des Subjektpronomens markiert und das Verb erscheint in Stammform B (Frajzyngier 1989: 88). Es konnte kein Beispiel mit einem Monoverb gefunden werden. Frajzyngier beschreibt nicht, wie die Imperativformen im Plural gebildet werden. Es gibt ein Beispiel mit dem Prohibitiv, in dem das Subjektpronomen der 2.Pl dem Prohibitivmarker **kát-** vorangeht (s. Bsp. (321), Spalte zur Negation).

Die Imperativformen können mit den Pronominalsuffixen erscheinen (ibid.), auch dazu konnten keine Beispiele gefunden werden.

Zur Negation des Imperativs wird, wie beim *Optative*, der Prohibitiv verwendet. Hierbei erscheint zwischen Subjektpronomen und Verb das Präfix **kát-** sowie am Satzende das Suffix **-m**. Polyverben ohne Erweiterungssuffixe erscheinen in Stammform B.

Tabelle 159: Pero, Imperativ (Frajzyngier 1989: 88)

			Prohibitiv
(320)	intr	mútù (2.Sg) die!	
(321)	ØO	állò (2.Sg)	mà-**kát**-ɓélò-**m**[180] (2.Pl) 2.PL-PROH-break-NEG
		soak!	don't break (it)!
(322)	NO	púndò cínà (2.Sg) cook some food!	

4.3.2.12.8 Negation

Für Imperativ und *Optative* gibt es eine eigene Negationsform (**kát-** ...**-m**), den in den betreffenden Abschnitten schon behandelten Prohibitiv. Die übrigen TAM-Kategorien werden durch das Zirkumfix

---

[180] Frajzyngier (1989: 91)

à ...-m negiert. Frajzyngier (1989: 210) weist darauf hin, dass in der Negation der Unterschied zwischen *completive* und *non-completive* aufgehoben ist: Weder der *Comp*-Marker -**ko**, noch der Ventiv-*Comp*-Marker -(**í**)**nà** (s. dazu 4.4.2.12) noch das Progressivelement **íkkà** sind kompatibel mit dem Negationsmarker. Er führt dazu aus (ibid.): „While the absence of perfective markers, (...), is systematic and the result of a syntactic rule, I am not sure that the absence of progressive markers in the negative is also the result of some syntactic rule and not a mere coincidence."

Frajzyngier klassifiziert die möglichen Kombinationen mit dem Negationsmarker temporal (ibid.: 211): „The unmarked negative tense indicates past. The future tense indicates the future, the present, and the time which in the affirmative was expressed by the progressive form, i.e. the action that is taking place at the time of speech. The range of meaning for negative habitual is the same as that for the affirmative." Er macht keine Aussage zur Negation des *Consecutive*. Die möglichen Kombinationen von TAM- und Negationsmarkern lassen sich folgendermaßen darstellen:

Tabelle 160: Pero, Negation

Completed	à-(Verb) ... -m
Progressive	à-tà ... -m
Futur	
Continuous/Habitual	à-(Verb)-jì ... -m
Optative	kát- ...-m
Imperativ	

4.3.2.12.9 Zusammenfassung

TAM-Unterscheidungen im Pero werden von Affixen getragen. Unterschiede im verbalstammauslautenden Vokal lassen sich morphosyntaktisch erklären: Mehrsilbige Verben erscheinen dann auslautvokallos, wenn es die Silbenstruktur erlaubt, ansonsten mit einem hinteren Auslautvokal (-**u** oder -**o**) – d.h. in der Form, die Frajzyngier als Stammform B bezeichnet. Folgt diesem Auslautvokal das Habitualsuffix oder ein anderes, das einen vorderen Vokal enthält, so assimiliert sich der verbalstammauslautende Vokal an diesen. Einsilbige Verben lauten entweder auf ihren lexikalischen Vokal aus – in dieser Form entsprechen sie Frajzyngiers Stammform A – oder auf einen hinteren Vokal (Stammform B). Die Beispiele zu einsilbigen Verben reichen nicht aus, um aus ihnen eine zuverlässige Aussage über ihr Verhalten in unterschiedlichen Kontexten machen zu können.

Aus dem vorliegenden Material geht hervor, dass das Tonmuster des Verbalstamms keine Bedeutung für die TAM-Markierung hat – die verbalen Tonmuster sind in allen Paradigmata weitgehend gleich (meist HT – eine Ausnahme bilden die Formen mit dem nominalisierenden Suffix -áanì, vor diesem ist die Verbalbasis tieftonig, s. dazu auch 2.4). In folgender Tabelle sind die TAM-Marker im Pero zusammenfassend dargestellt[181]:

Tabelle 161: Pero, TAM-Markierungen, Übersicht

	präverbaler Marker	Auslautvokal und/oder Suffix
Completed Aspect		(u)-kò
Continuous/Habitual		-í-jì
Progressive	(SP) íkkà	ØO: -áanì sonst: -u
Futur	(SP) tà	
Consecutive	(SP) -n	ØO: -ì, sonst: -u
Optative		-u (ie. Verbalstamm B)
Imperative		

Frajzyngier nimmt keine Analyse der TAM-Kategorien des Pero vor, die über die in 4.3.2.12 beschriebene, offensichtlich aufgrund rein semantischer Kriterien erfolgte Zuordnung zu Modus, Aspekt und Tempus, hinausgeht. Das vorliegende Material ermöglicht folgende tentative Gruppierung der TAM-Kategorien des Pero aufgrund morphologischer Kriterien:

Zunächst lassen sich einerseits die TAM-Kategorien abgrenzen, bei denen das Verb – zumindest in einer syntaktischen Umgebung – in nominalisierter Form vorliegen muss, dies sind Progressiv und Futur. Diese unterscheiden sich durch ihre unterschiedlichen präverbalen Mar-

---

[181] Da in Frajzyngiers Material fast keine Beispiele mit einsilbigen Verben vorliegen, beziehen sich die in der Tabelle aufgeführten stammauslautenden Vokale nur auf mehrsilbige Verben.

ker voneinander, **íkkà** resp. **tà**. Der *Completed Aspect* hebt sich insofern von den übrigen TAM-Kategorien ab, als er ein eigenes *Completed*-Ventivsuffix **-(í)nà** besitzt, das im Falle seines Erscheinens den *Completed*-Marker **-kò** ersetzt (s. dazu 4.4.2.12).

Habitual und *Consecutive* (den Frajzyngier nicht zu den TAM-Kategorien zählt) werden ebenfalls durch ein Suffix, **-ji** resp. **-i**, markiert. Während im Habitual das Suffix in allen syntaktischen Umgebungen erhalten bleibt, verschwindet das *Consecutive*-Suffix vor Objekt. Beiden gemeinsam ist, dass der Verbalstamm vor dem jeweiligen Marker auf **-i** auslautet. Im *Consecutive* zeigen zwei- und mehrsilbige Verben vor Objekt die Stammform B.

Imperativ und *Optative* unterscheiden sich dadurch von den anderen TAM-Kategorien, dass sie ohne weiteren Marker gebildet werden. Das Verb lautet in allen Umgebungen auf hinteren Vokal aus – d.h. erscheint in der Form, die Frajzyngier als Stammform B bezeichnet. Beide unterliegen keinen Restriktionen, was ihre Kombinierbarkeit mit dem Ventiv anbelangt. Auch in der Negation verhalten sie sich analog zueinander, indem sie den präverbalen Negationsmarker **kát** verwenden (zusätzlich zu **-m** am Satzende).

4.3.2.13 Nyam

Im Nyam wird TAM durch verschiedene Reihen von Subjektpronomina (s. 3.2.13), das vor den SP erscheinende Präfix **nà**, die Verwendung unterschiedlicher Verbalstämme (auslautvokallos, auf **-i** und auf **-e** auslautend) sowie zwei verbale Suffixe (**-(w)a** und **-gum**) markiert. In folgender Strukturfolgeordnung sind die Positionen der TAM-markierenden Elemente schematisch dargestellt:

Morphologie des Verbalkomplexes

Tabelle 162: Nyam, Strukturfolgeordnung

nà(a) (Subj)	SP	tà	Vb[182]	-i (Präs/Hab)	DOP	-gum[183]	NO	-(w)a (Ant)	IOP	de[184]
		tàa								
	NS	tà		-e (Kont)				(-)dak/go (Neg)		
		tàa								

Die Funktion von Ton im Hinblick auf die TAM-Markierung lässt sich im Nyam schwer fassen, und seine Funktionsweise im Verbalsystem wird hier nur kurz skizziert[185]. Für die TAM-Kategorien im Nyam ist in den meisten Fällen eine Sequenz von Tönen charakteristisch, nicht ein einzelner Ton auf einer bestimmten Silbe (bspw. der Verbalbasis). Diese charakteristischen Tonmuster bestehen aus einer Abfolge von zwei oder drei Tönen (bspw. TH oder THT), die sich über einen bestimmten Bereich der Verbalkonstruktion legen, der sich zwischen Subjunktivpräfix und -wa Suffix bzw. Negationsmarker dak befindet (d.h. innerhalb des Bereichs, der in obiger Strukturfolgeordnung von durchgezogenen Linien umschlossen ist – dies gilt allerdings nur für die TAM-Paradigmata, die mit SP1 gebildet werden, Tabelle 165). Während jede dieser Tonsequenzen immer nur einen Hochton enthält, und dieser nur eine Silbe besetzen kann, breiten sich Tieftöne gegebenenfalls über mehrere tbus innerhalb der tonalen Domäne[186] hinweg aus. Falls eine Konstruktion nicht genug tbus zur Realisierung des kompletten Tonmusters enthält, können Tieftöne wegfallen[187] – der Hochton muss in jedem Fall realisiert werden (s. Bsp. (329)). Die beiden Tieftöne des Tonmusters können nicht auf epenthetischen Vokalen und bestimmten anderen Elementen, wie bspw. DOP realisiert werden – im Gegensatz zum Hochton. Solche Elemente der Verbalphrase, die erscheinen, nachdem sich bereits alle Töne des Tonmusters manifestiert haben, zeigen ihr lexikalisches Tonmuster.

---

[182] ggf. inklusive epenthetischem Vokal

[183] Es gibt eine Reihe von Argumenten, die dafür sprechen, dass -gum an derselben Position in der Strukturfolgeordnung steht wie -(w)a und dak. Problematisch ist für diese Analyse die Position nominaler Objekte, die immer nach -gum erscheinen.

[184] Additivmorphem, s. 4.4.2.13.1

[185] S. dazu auch Andreas (2012) und Zoch (im Druck).

[186] Im Nominalbereich entsprechen tonale Domäne und syntaktisches Wort einander meistens - im Verbalsystem kann, wie hier gezeigt – eine tonale Domäne mehrere syntaktische Wörter umfassen.

[187] Falls es mehr als einen gibt: zuerst der zweite, dann der erste.

Bei den mit der unerweiterten Subjektpronominalreihe 1 (s. dazu 3.2.13) gebildeten TAM-Formen ist immer die Tonfolge THT realisiert – abhängig von den Bestandteilen der Verbalform in unterschiedlicher Positionierung. In folgender Tabelle soll dies beispielhaft für die morphologisch „einfachste" aller TAM-Kategorien, die Vergangenheit, ausschnittweise dargestellt werden. Die Verbalform besteht hierbei aus den SP1 sowie dem auslautvokallosen Verbalstamm[188] (s. 4.1.2.13). In den Beispielen wurde mit den Verben **or-** „mahlen" und **kemd-** „kaufen" sowie den Nomina **kèdém** „Guineakorn sp.", **zékyìm** „Mais", **múdùk** „Frau", **sùlúp** „Frauen" und **ìdá** „Hund" operiert. An Subjektsstelle werden die Pronomina **kì** der 2.Sgm und **án** der 1.Pl verwendet.

Tabelle 163: Nyam, Tonmuster in der Vergangenheit

		T	H	T	
(323)		kì	ór	kèdèm	du (m) hast Guineakorn gemahlen
		SP	Vb	O	
		T	H	T	
(324)		kì	kémd-ì	zèkyìm	du (m) hast Mais gekauft
		SP	Vb-EP	O	
		T	H	T	
(325)	án	ngèmdí		ìdà	wir haben einen Hund gekauft
	SP	Vb		O	
		T	H	T	
(326)	án	ngòr	kédèm		wir haben Guineakorn gemahlen
	SP	Vb	O		
		T	H	T	
(327)		òr	kédèm		man hat/es wurde Guineakorn gemahlen
		Vb	O		

---

[188] Verben, deren Silbenstruktur dies erfordert, zeigen ein epenthetisches **i** im Auslaut, s. Bsp. (324), (325).

Morphologie des Verbalkomplexes

(328)
```
     T       H     T
    /\       |    /\
   mùdùk    ór   kèdèm     die/eine Frau hat Guineakorn gemahlen
    S       Vb    O
```

(329)
```
   T        H      T
   |        |
   án      ŋór    tàatàméndɔ̀    wir haben (es)
   SP      Vb     ADV            gerade gemahlen
```

(330)
```
   T    H      T
   |    |
   án   ŋòr   dák      wir haben/es wurde gerade gemahlen
   SP   Vb    NEG
```

In Beispiel (323) trägt das Subjektpronomen den ersten Tiefton, das KVK-Verb **or** den Hochton, und über das nominale Objekt (das zugrundeliegend das Tonmuster TH hat) breitet sich der zweite Tiefton des Tonmusters aus.

Beispiel (324) zeigt das Verhalten eines KVKK-Verbs (mit epenthetischem Vokal **i**), in gleicher Umgebung. Wiederum trägt das SP den ersten Tiefton, die erste Silbe des Verbs den Hochton und die zweite Verbalsilbe (mit dem epenthetischen Vokal **i**) einen default-Tiefton, der zweite Tiefton breitet sich über beide Silben des Objekts aus.

Dass der epenthetische verbale Auslautvokal, der in Beispiel (324) einen default-Tiefton erhält, den Hochton des Tonmusters tragen kann, zeigt Beispiel (325). Das SP der 1.Pl bewirkt eine Verschiebung des Tonmusters nach rechts, die erste Silbe des KVK-Verbs ist tieftonig, die zweite Silbe, die das epenthetische **i** enthält, trägt den Hochton, während sich auf dem Objekt wiederum der Tiefton der Tonfolge ausbreitet.

Beispiel (326) zeigt eine weitere Konstruktion mit dem SP der 1.Pl, das atypisches Verhalten zeigt (s. dazu auch 3.2.13, wo postuliert wird, dass es sich hierbei um eine innovierte Form handelt). Dieses Pronomen ist immer hochtonig, was dazu führt, dass die Tonfolge THT um eine Position nach rechts verschoben wird. Nach dem hochtonigen SP ist das KVK-Verb tieftonig und das folgende Objekt trägt das Tonmuster HT. Auch in einer Konstruktion mit impersonalem Subjekt, in der das Subjekt nicht overt markiert ist, wie in Beispiel (327), trägt das Verb den ersten Tiefton. Das (mehrsilbige) nominale Objekt zeigt wiederum das Tonmuster HT.

Beispiel (328) zeigt ein nominales Subjekt mit zugrundeliegendem Tonmuster HT. In einer Verbalphrase wird der Ton eines solchen nominalen Subjekts durchgängig T, das darauffolgende Verb trägt das Tonmuster H(T) und das Objekt ist wiederum durchgehend tieftonig.

In Satz (329) gibt es nur eine Position, die zur Realisierung des geforderten Tonmusters zur Verfügung steht, da das Adverb **tàatàméndò** „jetzt/gerade" sich außerhalb der tonalen Domäne befindet. Aus diesem Grund erscheint nur sein wichtigster Teil – der Hochton – auf dem auslautvokallosen, einsilbigen Verbalstamm.

Satz (330) ist die Negation zu Satz (329). Hier stehen zwei Silben für die Realisierung des Tonmusters zur Verfügung: der erste Tiefton erscheint auf dem Verb, der Hochton auf dem Negationsmarker und der zweite Tiefton fällt weg (s. FN 187).

1.Sg, 3.Sgm und 1.Pl, ebenso wie nominale Subjekte mit dem zugrundeliegenden Tonmuster TH, bilden eine Ausnahme von dieser Regel, indem sie ein durchgehend tiefes Tonmuster auf der folgenden Verbalkonstruktion auslösen. In 4.3.2.13.1 werden auch diese Formen dargestellt.

Während bei den mit der Reihe SP1 gebildeten Paradigmata die Position des Tonverlaufs – wie in Tabelle 163 ausschnitthaft gezeigt – abhängig von Person und Form des Subjekts und anderen Bestandteilen der Verbalphrase variiert und deshalb keine TAM-markierende Funktion übernehmen kann, herrscht bei den Paradigmata, die mit den erweiterten Subjektpronominalreihen 2a und 2b gebildet werden, in dieser Hinsicht größere Freiheit.

Die SP der Reihen 2a und 2b sind überwiegend hochtonig und befinden sich außerhalb des Skopus des in der jeweiligen TAM-Form geforderten Tonmusters. Da der Tonverlauf in diesem Fall an einem festen Punkt (d.h. dem Verb) in der Verbalphrase beginnt, gibt es Paradigmata, die sich allein durch den Ton auf dem Verbalstamm bzw. gegensätzliche Tonfolgen voneinander unterscheiden (vgl. dazu 4.3.2.13.2.2.1 und 4.3.2.13.2.2.2).

Wie in 3.2.13 gezeigt, lassen sich die Subjektpronominalreihen 2a und 2b als Zusammensetzungen aus SP1+**tà** bzw. **tàa** analysieren. Bei diesen Morphemen handelt es sich um Marker, die sowohl Protasis als auch Apodosis von Konditionalsätzen einleiten (s. Bsp. (331)). In dieser Funktion erscheinen sie auch in Nominalsätzen, wie in den Beispielen (332) und (333):

Tabelle 164: Nyam, Konditionalsätze

(331) tà í sɔɔní, Múusà tà tòy dák
    KOND tun Regen, M. KOND kommen.Ø Neg
    wenn es regnet (dann) kommt Musa nicht
(332) tá[189] néenì ...
    wenn es ein Mensch ist (dann) ...
(333) táa[189] néenì ...
    wenn es ein Mensch wäre (dann) ...

Es ist anzunehmen, dass im Zuge von Grammatikalisierungsprozessen die Konditionalmarker mit den Subjektpronomina verschmolzen sind, was zur Bildung neuer TAM-Kategorien geführt hat. Die hierbei entstandenen Formen sind noch so transparent, dass in Konstruktionen mit nominalem Subjekt nur der TAM-markierende Teil des SP, d.h. **tà** oder **tàa**, erscheinen muss, und nicht das vollständige SP.

Die sieben TAM-Paradigmata, die mit der Reihe der SP1 gebildet werden, lassen sich somit als zugrundeliegend betrachten. Es handelt sich dabei um fünf Paradigmata, die mit dem Verbalstamm ohne Auslautvokal (d.h. der auslautvokallosen Verbalbasis) gebildet werden: Vergangenheit, Anterior, Relatives Anterior, Subjunktiv und Imperativ; sowie um Präsens/Habitual und Kontinuativ, die verbalstammauslautendes -i resp. -e zeigen.

Tabelle 165 gibt eine Übersicht über sämtliche Kombinationsmöglichkeiten der in der Strukturfolgeordnung aufgeführten TAM-markierenden Elemente – und damit über alle im Nyam vorkommenden TAM-Paradigmata. Bei jedem Paradigma ist zusätzlich das jeweilige Tonmuster angegeben. Bei den sieben zugrundeliegenden, mit SP1 gebildeten Paradigmata (in Tabelle 165 doppelt umrandet) handelt es sich um die

---

[189] In Nominalsätzen sind **ta** bzw. **taa** hochtonig.

Tonfolge, die in 2.Sgm auf dem Subjektpronomen beginnt und den oben beschriebenen regelhaften Verschiebungen unterliegt. Bei den mit den SP2 gebildeten Paradigmata ist der Beginn des Tonmuster auf die Verbalbasis verschoben. In drei Fällen handelt es sich nur um einen Ton (T oder H), in den übrigen um eine Kombination aus H und T.

Tabelle 165: Nyam, Kombinationsmöglichkeiten der TAM-Elemente

VSt	-Ø			-Ø/-ɔ		-i	-e
Marker		-(w)a	-gum	nà(a)			
SP1	THT Vergangenheit	THT Anterior	THT Rel Anterior	(T)HT Subjunktiv	THT Imperativ	THT Präsens/ Habitual	THT Kontinuativ
SP2a (SP1+ta)						HT Präs/Hab Kond	HT Kont Kond
	T Sequenzial	TH Ant Kond	TH Rel Ant Kond				TT Intentional
SP2b (SP2+taa)	H Futur irr	HT Ant irr				HT Präs/Hab irr	HT Kont Kond irr
	T Prog Verg						TT Kont Verg

Im Folgenden werden die sieben mit den SP1 gebildeten Paradigmata vorgestellt sowie eine Auswahl der in Erzähltexten am häufigsten vorkommenden mit SP2 gebildeten Paradigmata.

Da das TAM-System des Nyam deutlich von den Systemen der übrigen Bole-Tangale Sprachen abweicht, wurde eine andere, der Systematik des Nyam eher entsprechende, Reihenfolge der Präsentation der Paradigmata gewählt.

4.3.2.13.1 Die mit SP1 gebildeten TAM-Kategorien

In den folgenden Abschnitten werden die sieben Paradigmata, die mit den SP1 gebildet werden, dargestellt. Ihnen allen gemeinsam ist neben der Pronominalreihe das Tonmuster THT, das sich – abhängig von den obligatorisch oder optional vorhandenen Bestandteilen der Verbalform – unterschiedlich manifestiert (s. Tabelle 163).

Im Einzelnen handelt es sich dabei um Vergangenheit, Anterior und relatives Anterior, die mit dem auslautvokallosen Verbalstamm gebildet werden. Auch Subjunktiv und Imperativ werden mit dem auslautvokallosen Verbalstamm gebildet, in Pausalform zeigen ihre Formen allerdings auslautendes -ɔ[190]. Der Subjunktiv hat einen zusätzlichen Marker **nà(a)**, der vor den Subjektpronomina erscheint. Präsens/Habitual und Kontinuativ werden mit verbalstammauslautendem -**i** resp. -**e** gebildet. Aus methodischen Gründen wurden für die Darstellung nur mehrkonsonantische Verben gewählt[191].

4.3.2.13.1.1 Vergangenheit

Die Vergangenheitsformen werden durch die SP1 und den vokallosen Verbalstamm gebildet. Verben der Struktur KVVK, wie beispielsweise **kemd-** „kaufen", zeigen im Auslaut ein epenthetisches **i**, s. Bsp. (335). Formen ohne Objekt können nicht im absoluten Auslaut erscheinen, sondern erfordern immer ein nachfolgendes Adverb, das sich außerhalb des Skopus des geforderten Tonmusters THT befindet. In Tabelle 166 wurde **tàatàméndɔ́** „jetzt, gerade eben" gewählt (abgekürzt durch **t** bzw. **j**.).

Negation erfolgt durch nachgestelltes **dak**, das in den meisten Konstruktionen den zweiten Tiefton der verbalen Tonfolge trägt – in einigen Fällen aber auch den Hochton. Folgt es einem nominalen Objekt, so kon-

---

[190] Es gibt Hinweise darauf, dass auch die übrigen mit dem auslautvokallosen Verbalstamm gebildeten Formen im absoluten Auslaut auf -ɔ auslauten. Diese Annahme ist allerdings nicht ausreichend durch Belege gesichert.

[191] Einkonsonantische unterscheiden sich von mehrkonsonantischen Verben vor allem dadurch, dass sie auf einen Vokal auslauten (s. dazu auch 4.1). Aus diesem Grund kommen bei der Kombination mit vokalischen Suffixen bestimmte phonologische Regeln zum Tragen, die mitunter das Erkennen von Regelmäßigkeiten erschweren.

trastiert sein Ton mit dem lexikalischen Ton der Auslautsilbe des Objekts.

In Tabelle 165 sind vollständige Paradigmata aller Personen aufgeführt[192], einschließlich der 1.Sg, 1.Pl und 3.Sgm sowie Konstruktionen mit nominalem Subjekt mit zugrundeliegendem Tonmuster TH, die durchgehend Tieftöne auf dem Verbalstamm und evtl. folgenden Objekt auslösen. Die Formen der 2.Sgm wurden als Repräsentanten der zugrundeliegenden Form ausgewählt und sind jeweils fett gedruckt. Eine vollständige Darstellung aller tonaler Varianten sowie verschiedener Subjekte und Objekte wurde nur in der Vergangenheit vorgenommen, in den übrigen Paradigmata werden jeweils nur die Formen der 2.Sgm angegeben.

In der Vergangenheit verhalten sich intransitive Verben wie transitive Verben ohne genanntes Objekt, deshalb wurde in der Tabelle auf Beispiele verzichtet. Zur Illustration der Formen mit pronominalem Objekt wurde das DOP der 3.Sgf gewählt, das abhängig vom verbalen Auslautkonsonanten unterschiedliche Allomorphe besitzt (**-ri** oder **-si**, bzw. im Auslaut **-rɔ** oder **-sɔ**). Die Wahl des OP der 3.Sgf in den Beispielen ist auch damit zu begründen, dass es sich um das „allgemeinste" aller Pronomina handelt, das auch als bestimmter Artikel fungieren kann.

---

[192] wobei die 2.Sgm stellvertretend für 2.Sgf, 3.Sgf, 2. und 3.Pl aufgeführt ist, da sich in diesen Personen außer dem SP nichts verändert.

Morphologie des Verbalkomplexes

Tabelle 166: Nyam, Vergangenheit[193]

				Negation
(334)	ØO	1.Sg	ŋòr tàatàméndɔ̀	ŋòr dàk/ràk tàatàméndɔ̀
			ich habe gerade	ich habe nicht gerade eben
			gemahlen	gemahlen
		2.Sgm	kì ór t.	kì ór dàk t.
			2.SGM mahlen jetzt	2.SGM mahlen NEG jetzt
		3.Sgm	nyì òr t.	nyì òr dàk t.
		1.Pl	án ŋór t.	án ŋòr dák t.
		4.Pl[194]	ór t.	òr dák t.
			mùdùk ór t.	... dàk t.
			sùlúp òr t.	... dàk t.
(335)		1.Sg	ŋgèmdì t.	ŋgèmdì dàk[195] t.
			ich habe (es) gerade	
			gekauft	
		2.Sgm	kì kémd-ì t.	kì kémd-ì dàk t.
			2.SGM kaufen-EP jetzt	2.SGM kaufen-EP NEG j.
		3.Sgm	nyì kèmdì t.	nyì kèmdì dàk t.
		1.Pl	án ŋgèmdí t.	án ŋgèmdí dàk t.
		4.Pl	kèmdí t.	kèmdí dàk t.
(336)	OP	1.Sg	ŋòrsì t.	ŋòrsì dàk t.
			ich habe es gerade	
			gemahlen	
		2.Sgm	kì ór-sì t.	kì ór-sì dàk t.
			2.SGM mahlen-3.SGF j.	2.SGM mahlen-3.SGF NEG j.
		3.Sgm	nyì òrsì t.	nyì òrsì dàk t.
		1.Pl	án ŋòrsí t.	án ŋòrsí dàk t.
		4.Pl	òrsí t.	òrsí dàk t.
			mùdùk òrsí t.	mùdùk òrsí dàk t.
			sùlúp òrsì t.	sùlúp òrsì dàk t.

---

[193] In dieser und den folgenden Tabellen zum Nyam sind Übersetzungen und Formen zur Negation aus Platzgründen weggelassen worden, wenn sie analog zu den angegebenen Beispielen bildbar sind.
[194] Mit 4.Pl wird hier die impersonale Form bezeichnet; etwa „man", oder wie im Hausa **án/ánaa/ záaʔa** etc.
[195] In der Negation ist der kurze stammauslautende Vokal der einzige Unterschied zwischen Vergangenheit und Präsens/Habitual.

				Negation
(337)		1.Sg	ŋgèmdìrì t.	ŋgèmdì tàk[196]/ ŋgèmdìrì dàk t.
			ich habe es gerade gekauft	
		2.Sgm	**kì kémd-ì-rì t.**	**kì kémd-ì tàk/kémd-ì-rì dàk t.**
			2.SGM kaufen-EP-3.SGM j.	2.SGM kaufen-EP 3.SGM.NEG/ kaufen-EP-3.SGF NEG
		3.Sgm	nyì kèmdìrì t.	nyì kèmdì tàk/ kèmdìrì dàk t.
		1.Pl	án ŋgèmdírì t.	án ŋgèmdí tàk/ ŋgèmdírì dàk t.
		4.Pl	kèmdírì t.	kèmdí tàk/kèmdírì dàk t.
(338)	NO	1.Sg	ŋòr zèkyìm t.	ŋòr zèkyìm dák t.
			ich habe gerade Mais gemahlen	
		2.Sgm	**kì ór zèkyìm t.**	**kì ór zèkyìm dák t.**
			2.SGM mahlen Mais j.	2.SGM mahlen Mais NEG j.
		3.Sgm	nyì òr zèkyìm t.	nyì òr zèkyìm dák t.
		1.Pl	án ŋòr zékyìm t.	án ŋòr zékyìm dák t.
		4.Pl	òr zékyìm t.	òr zékyìm dák t.
			mùdùk òr zékyìm t.	... dák t.
			sùlúp òr zèkyìm t.	... dák t.

---

[196] Die aus OP 3.Sgf und Negationsmarker kontrahierte Form **tak** wird präferiert. In den anderen Personen ist diese Kontraktion nicht möglich.

			Negation
(339)	1.Sg	ŋgèmdì ògjì t.	ŋgèmdì ògjì[197] dák t.
		ich habe gerade eine	
		Ziege gekauft	
	2.Sgm	kì kémd-ì ògjì t.	kì kémdì ògjì dák t.
		2.SGM kaufen-EP Ziege j.	2.SGM kaufen-EP Ziege NEG j.
	3.Sgm	nyì kèmdì ògjì t.	nyì kèmdì ògjì dák t.
	1.Pl	án ŋgèmdí ògjì t.	án ŋgèmdí ògjì dák t.
	4.Pl	kèmdí ògjì t.	kèmdí ògjì dák t.

Wie weiter oben bereits erwähnt, handelt es sich bei den beschriebenen Formen morphologisch gesehen um die unmarkierte Verbalform im Nyam, die in der Tschadistik bisweilen als Aorist bezeichnet wird. Semantisch stellt sich die Vergangenheit weniger eindeutig dar: Während eine Kombination mit Adverbien verschiedenster Art (bspw. Temporal-, Modal- und Lokaladverbien) möglich ist, referieren die Formen immer auf die Vergangenheit, und eine Verbindung mit auf die Zukunft weisenden Temporaladverbien ist ausgeschlossen. Auch in ihrem Vorkommen in Erzähltexten ist diese Form wesentlich eingeschränkter als dies für einen Aorist im Sinne der Tschadistik zu erwarten wäre.

4.3.2.13.1.2 Anterior

Wie die Vergangenheitsformen wird auch das Anterior durch die Kombination der SP1 mit dem auslautvokallosen Verbalstamm gebildet. Zusätzlich erscheint nach dem Verb und seinen Argumenten der Marker -(w)a. Nach nominalem Objekt hat dieser Marker die Gestalt -wa, an pronominalen Objekten ersetzt -a deren Auslautvokal, und falls kein overtes Objekt vorhanden ist, erscheint an verbalstammauslautender Stelle -a. Während suffigiertes -a in das Tonmuster des Verbalstamms bzw. des Pronominalsuffixes einbezogen wird, verhält sich das einem nominalen Objekt folgende -wa tonal wie der Negationsmarker, d.h. es trägt den zweiten Tiefton des Tonmusters oder ist kontrasttonig zur

---

[197] ògjí „Ziege" als Objekt löst am nachfolgenden Negationsmarker **dák** einen Hochton aus, so als hätte es lexikalisch das Tonmuster HT.

Auslautsilbe der zugrundeliegenden Form des Objekts. Intransitive Verben verhalten sich analog zu transitiven Verben ohne overtes Objekt. In der Negation erscheinen die Formen der Vergangenheit.

Tabelle 167: Nyam, Anterior

			Negation
(340)	ØO	kì ór-à	kì ór dàk/ràk
		2.SGM mahlen-ANT	2.SGM mahlen NEG
		du hast gemahlen	du hast nicht gemahlen
(341)		kì kémdà	kì kémdì dàk
		du hast gekauft	du hast nicht gekauft
(342)	OP	kì ór-sà	kì ór-sì dàk
		2.SGM mahlen-3SGF.ANT	2.SGM mahlen-3.SGF NEG
		du hast es gemahlen	du hast es nicht gemahlen
(343)		kì kémd-ì-rà	kì kémdìrì dàk/kémdì tàk
		2.SGM kaufen-EP-3.SGF.ANT	2.SGM kaufen-EP-3.SGF NEG
		du hast es gekauft	du hast es nicht gekauft
(344)	NO	kì ór kèdèm-wà	kì ór kèdèm dàk
		2.SGM mahlen Guineakorn-ANT	
		du hast Guineakorn (sp.) gemahlen	du hast das Guineakorn (sp.) nicht gemahlen
(345)		kì kémdì àtɔ̀r-wá	kì kémdì àtɔ̀r dák
		du hast den Sattel gekauft	du hast den Sattel nicht gekauft

Mit dem Anterior werden Verbalhandlungen bezeichnet, deren Resultat zum Referenz- oder Sprechzeitpunkt (noch) relevant ist: Bsp. (344) impliziert, dass die angesprochene Person Guineakorn gemahlen hat, und dass das Mehl noch vorhanden ist/war. Ein absoluter Zeitbezug wird mit diesen Formen nicht ausgedrückt.

4.3.2.13.1.3 Relatives Anterior

Zum Ausdruck von Anterior-Formen in Relativsätzen oder Fragen erscheint nach dem auslautvokallosen Verbalstamm das Suffix **-gum**. Mehrkonsonantische Verben fügen davor ein epenthetisches **i** ein. Das **-gum** Suffix trägt u.U. den zweiten Tiefton des Tonmusters THT. Ein nominales Objekt befindet sich in jedem Fall außerhalb des Skopus des Tonmusters und trägt sein lexikalisches Tonmuster, auch wenn der zweite Tiefton bis zu dieser Position noch nicht realisiert wurde (s. Bsp. (352)). Wie das Ant-Suffix ist auch **-gum** nicht mit der Negation kompatibel und es erscheinen in diesem Fall die negierten Vergangenheitsformen.

Tabelle 168: Nyam, Relatives Anterior

			Negation
(346)	ØO	kì ór-gùm	kì ór dàk
		2.SGM mahlen-REL.ANT	2.SGM mahlen NEG
		(nachdem) du gemahlen hattest...	
(347)		kì kémdìgùm	
		(nachdem) du gekauft hattest...	
(348)	OP	kì ór-sì-gùm	kì ór-sì dàk
		2.SGM mahlen-3.SGF-REL.ANT	
		(nachdem) du es gemahlen hattest...	
(349)		kì kémdìrìgùm	
		2.SGM kaufen-EP-3.SGF-REL.ANT	
		(nachdem) du es gekauft hattest...	
(350)	NO	kì órgùm kèdém	kì ór kèdèm dàk
		(nachdem) du Guineakorn	
		gemahlen hattest ...	
(351)		kì kémdìgùm kèdém	
		(nachdem) du Guineakorn	
		gekauft hattest ...	
(352)		mùdùk òrgúm kèdém	
		(nachdem) die Frau Guineakorn	
		gekauft hatte ...	

4.3.2.13.1.4 Präsens/Habitual

Im Präsens/Habitual folgt der Verbalbasis das vokalische Suffix **-i**. Dieses **-i**-Suffix zeigt einige wesentliche Unterschiede zu dem in den bisher beschriebenen Paradigmata zuweilen bei mehrkonsonantischen Verben vorkommenden epenthetischen **i**. Zunächst kann sich der zweite Tiefton des bei dieser Gruppe von Paradigmata erscheinenden Tonmusters THT nicht auf dem epenthetischen Vokal manifestieren, sondern erscheint auf dem nachfolgenden (nominalen) Objekt. Im Präsens/Habitual hingegen wird der zweite Tiefton immer auf dem -**i**-Suffix realisiert und das (nominale) Objekt befindet sich außerhalb des Skopus des Tonmusters der Verbalkonstruktion. Während der epenthetische Vokal immer kurz ist, wird das -**i**-Suffix vor pronominalem Objekt sowie dem Negationsmarker gelängt. In einigen Fällen ist allein die Länge des verbalstammauslautenden Vokals TAM-unterscheidend (s. dazu 4.3.2.13.1.1).

In der Negation verhält sich **dák** kontrasttonig zur Auslautsilbe eines nominalen Objekts und ist ansonsten hochtonig.

Tabelle 169: Nyam, Präsens/Habitual

			Negation
(353)	ØO	kì ór-ì	kì ór-ìi dák
		2.SGM mahlen-PRÄS/HAB	2.SGM mahlen-PRÄS/HAB NEG
		du mahlst	du mahlst nicht
(354)		kì kémdì	kì kémdìi dák
		du kaufst	du kaufst nicht
(355)	OP	kì ór-ìi-rɔ̀	kì ór-ìi-rì dák/órìi ták
		2.SGM mahlen-PRÄS/HAB-3.SGF	2.SGM mahlen-PRÄS/HAB-3.SGF NEG/mahlen-PRÄS/HAB 3.SGF.NEG
		du mahlst es	du mahlst es nicht
(356)		kì kémd-ìi-rɔ̀	kì kémd-ìi-rì dák
		2.SGM kaufen-PRÄS/HAB-3.SGF	2.SGM kaufen-PRÄS/HAB-3.SGF NEG
		du kaufst es	du kaufst es nicht
(357)	NO	kì órì zékyìm	kì órì zékyìm dák
		2.SGM mahlen-EP Mais	
		du mahlst Mais	du mahlst keinen Mais
(358)		kì kémdì kèdém	kì kémdì kèdém dák
		du kaufst Guineakorn	du kaufst kein Guineakorn

Mit der Präsens/Habitual-Form werden neben Verbalhandlungen, die sich zum Sprechzeitpunkt vollziehen, auch gewohnheitsmäßige Handlungen und gnomische Sachverhalte bezeichnet. Auch Zukunftsbezug ist möglich: **kì kémdì dàalò** „du (m) kaufst morgen".

4.3.2.13.1.5 Kontinuativ

Die affirmativen Formen des Kontinuativs stimmen – abgesehen davon, dass statt des **-i**-Suffixes **-e** erscheint – vollständig mit den Formen des Präsens/Habitual überein. Das **-e**-Suffix trägt den zweiten Tiefton der Tonfolge THT und wird vor pronominalem Objekt und Negationsmarker gelängt. Ein wichtiger Unterschied zum Präsens/Habitual wird in der Negation dann deutlich, wenn die Konstruktion ein nominales Objekt enthält: In diesem Fall erscheint **dák** nicht nach dem Objekt, sondern zwischen Verb und Objekt. Ein weiterer wichtiger Unterschied zum Präsens/Habitual ist die Tatsache, dass die Kontinuativformen nicht ohne Objekt gebildet werden können. Soll kein Objekt spezifiziert werden, so erscheinen Formen mit dem OP der 3.Sgf. Auch intransitive Verben tragen ein pronominales Suffix der 3.Sgf (die Objektpronomina der anderen Personen sind hier ausgeschlossen, deshalb handelt es sich hier nicht um eine ICP-Konstruktion). S. zur Veranschaulichung Beispiel (363) mit dem intransitiven Verb **tɔɔd-** „absteigen".

Tabelle 170: Nyam, Kontinuativ

			Negation
(359)	OP	kì ór-èe-rɔ̀	kì órèerì dák/órèe ták
		2.SGM mahlen-KONT-3.SGF	2.SGM mahlen-KONT-3.SGF NEG/mahlen-KONT 3.SGF.NEG
		du mahlst es unablässig	du mahlst es nicht unablässig
(360)		kì kémd-èe-rɔ̀	
		2.SGM kaufen-KONT-3.SGF	
		du kaufst es unablässig	

			Negation
(361)	NO	kì órè zékyìm	kì órèe dák zékyìm
		du mahlst unablässig Mais	du mahlst nicht unablässig Mais
(362)		kì kémdè kèdém	
		du kaufst unablässig Guineakorn	
(363)	intr	kì tɔ́ɔd-èe-rɔ̀	kì tɔ́ɔdèerì dák
		2.SGM absteigen-KONT-3.SGF	
		du steigst unablässig ab	du steigst nicht unablässig ab

Mit dem Kontinuativ wird ausgedrückt, dass eine Handlung ohne Unterbrechung weitergeführt wird, dies schließt auch progressive Bedeutungen ein.

4.3.2.13.1.6 Subjunktiv

Im Subjunktiv erscheint vor den SP1 bzw. einem nominalen Subjekt der Marker **nà(a)**[198], der den ersten Tiefton der Tonfolge THT trägt, was gegenüber den bisher beschriebenen Paradigmata zu einer Tonverschiebung nach links führt. Das dem Subjunktivmarker folgende SP trägt den Hochton der Tonfolge THT.

In 1.Sg, 3.Sgm und 1.Pl kann **nà(a)** entfallen, ohne eine Änderung des Tonmusters der Verbalform nach sich zu ziehen. Bei den anderen Personen ist der Subjunktivmarker, wie auch vor nominalem Subjekt, obligatorisch. Bei Verben mit schwerer erster Silbe erscheint ein epenthetisches **i** vor pronominalem bzw. nominalem Objekt, in Pausalform lautet das Verb auf -ɔ[199] aus. Ein nominales Objekt befindet sich in einigen Fällen innerhalb des Skopus des Tonmusters (1.Sg, nominales Subjekt mit Tonmuster TH) und wird tieftonig (s. Bsp. (370) und (371)), behält meistens jedoch sein lexikalisches Tonmuster. Intransitive Verben unterschei-

---

[198] nà wird gelängt, wenn ihm ein SP direkt folgt (Ausnahme: 1.Sg u. 1.Pl, s. dazu 3.2.13).
[199] Hierbei handelt es sich vermutlich nicht um einen Subjunktivmarker, sondern eher um eine umgebungsbedingte Variante des auslautenden epenthetischen **i**. Bei suffigierten Objekt- bzw. Possessivpronomina ist eine ähnliche Alternanz zwischen medial auftretendem -i und -ɔ in Pausa zu beobachten.

den sich morphologisch nicht von transitiven Verben ohne overtes Objekt.

Die Subjunktivformen werden durch den Marker **go** negiert, der am Ende der Verbalphrase erscheint. Nach nominalem Objekt verhält er sich kontrasttonig zum (lexikalischen) Ton der Auslautsilbe des Objekts, ansonsten zeigt er wechselnde Töne.

Tabelle 171: Nyam, Subjunktiv

			Negation
(364)	ØO	nàagí òr-ɔ̀ SUBJ mahlen-X[199] … dass du (m) mahlst	nàagí òrɔ̀ gò
(365)		nàagí kèmdɔ̀ … dass du (m) kaufst	
(366)	OP	nàagí òr-sɔ́ SUBJ mahlen-3.SGF … dass du (m) es mahlst	nàagí òr-sí gò SUBJ mahlen-3.SGF NEG.SUBJ
(367)		nàagí kèmd-ì-rɔ́ SUBJ kaufen-EP-3.SGF … dass du (m) es kaufst	
(368)	NO	nàagí òr kèdém … dass du (m) Guineakorn mahlst	nàagí òr kèdém gò
(369)		nàagí kèmd-ì zékyìm SUBJ kaufen-EP Mais … dass du (m) Mais kaufst	nàagí kèmdì zékyìm gó
(370)		(nà) ŋór kèdèm … dass ich Guineakorn mahle	
(371)		(nà) ŋémdì ògjì … dass ich eine Ziege kaufe	

Der Subjunktiv dient zum Ausdruck von Wünschen und wird in abhängigen Sätzen und indirekter Rede gebraucht. Eine Verwendung in Hauptsätzen, beispielsweise zum Ausdruck höflicher Befehle, ist nicht belegt.

4.3.2.13.1.7 Imperativ

Während die Imperativformen der 2.Sg subjekpronominallos sind, erscheint zur Kennzeichnung der 2.Pl das SP **kà**. Der Verbalstamm verhält sich analog zu den Subjunktivformen. Durch die Abwesenheit eines Subjektpronomens sowie eines Markers in der 2.Sg ergeben sich Tonverschiebungen: Im Singular trägt der Verbalstamm den ersten Tiefton der Tonfolge THT, ein evtl. folgendes pronominales Objekt oder ein epenthetischer Vokal übernimmt den Hochton. Intransitive Verben verhalten sich wie transitive ohne ausgedrücktes Objekt. Wie der Subjunktiv wird auch der Imperativ durch den Marker **go** negiert.

Tabelle 172: Nyam, Imperativ

		Singular	Plural	Negation
(372)	ØO	òrɔ́!	kà órɔ̀!	òr gó!/ kà ór gò!
		mahle!	mahlt!	mahle nicht!/ mahlt nicht!
(373)		kèmdɔ́!	kà kémdɔ̀!	kèmdí gò!/ kà kémdì gò!
		kaufe!	kauft!	kaufe nicht!/ kauft nicht!
(374)	OP	òr-sɔ́!	kà ór-sɔ̀!	òr-sí gò!/ kà ór-sì gò!
		mahle es!	mahlt es!	mahle/ mahlt es nicht!
(375)		kèmdí-rɔ̀!	kà kémdì-rɔ̀!	
		kaufe es!	kauft es!	
(376)	NO	òr kédèm!	kà ór kèdèm!	
		mahle Guineakorn!	mahlt Guineakorn!	
(377)		kèmdí!	kà kémdì ìdà!	
		kaufe Mais!	kauft einen Hund!	

4.3.2.13.2 Mit SP2 gebildete TAM-Kategorien

Wie in Abschnitt 4.3.2.13 dargelegt, sind bei den mit SP2 gebildeten Paradigmata die Töne auf den Verbalstämmen stabiler als in den bisher beschriebenen Paradigmata. Dies bedeutet, dass auch tonale Unterschiede auf dem Verbalstamm zur TAM-Markierung herangezogen werden können.

Teils spiegelt sich die Funktion von **tà** zur Einleitung realer, sowie von **tàa** zur Einleitung irrealer Konditionalsätze deutlich wider, andererseits ist bei einer Anzahl von Paradigmata der semantische Zusammenhang nicht (mehr) durchsichtig.

Im Folgenden werden nur die Paradigmata präsentiert, die in Erzähltexten besonders häufig vorkommen oder aus anderem Grund wichtig für das Verständnis des Verbalsystems des Nyam sind.

4.3.2.13.2.1 Mit SP2a gebildete Paradigmata

Von den sechs mit SP2a gebildeten Paradigmata (s. Tabelle 165) werden in diesem Kapitel folgende dargestellt:

Präsens/Habitual-Konditional
Kontinuativ-Konditional
Unmittelbares Futur
Sequenzial

4.3.2.13.2.1.1 Präsens/Habitual-Konditional

Die Konditionalformen des Präsens/Habitual setzen sich aus den SP2a und dem auf **-i** auslautenden Verbalstamm zusammen, der in allen Kontexten das Tonmuster HT trägt. Das auslautende **-i** wird vor pronominalem Objekt und dem Negationsmarker gelängt. Nach einem nominalen Subjekt erscheint der Marker **tà** (s. dazu Bsp. (384)).

Negation erfolgt durch nachgestelltes **dak**, das Kontrastton zur Auslautsilbe eines vorangehenden nominalen Objekts zeigt oder hochtonig ist.

Tabelle 173: Nyam, Präsens/Habitual Konditional

			Negation
(378)	ØO	khá ór-ì	khá órìi dák
		2.SGM.SP2a mahlen-	2.SGM.SP2a mahlen-
		PRÄS/HAB	PRÄS/HAB NEG
		wenn du mahlst	wenn du nicht mahlst
(379)		khá kémdì	
		wenn du kaufst	

			Negation
(380)	OP	khá ór-ìi-rɔ̀ 2.SGM.SP2a mahlen- PRÄS/HAB-3.SGF wenn du es mahlst	khá órìirì dák
(381)		khá kémdìirɔ̀ wenn du es kaufst	
(382)	NO	khá órì kèdém wenn du Guineakorn mahlst	khá órì kèdém dàk
(383)		khá kémdì zékyìm wenn du Mais kaufst	
(384)		mùdùk tà órì kèdém wenn die Frau Mais mahlt	mùdùk tà órì kèdém dàk

Die Präsens/Habitual-Konditional-Formen erscheinen in Konditionalsätzen.

4.3.2.13.2.1.2 Kontinuativ-Konditional

Die Konditionalformen des Kontinuativ auf -e verhalten sich weitgehend analog zu den Präsens/Habitual-Konditional-Formen. Ein wichtiger Unterschied ist in der Negation zu erkennen: Wie bei allen Konstruktionen mit dem Verbalstamm auf -e, erscheint der Negationsmarker zwischen Verb und nominalem Objekt. Außerdem können Verbalstammformen auf -e nicht objektlos konstruiert werden (s. dazu auch 4.3.2.13.1.5). Soll in einer transitiven Konstruktion das Objekt nicht genannt werden, erscheint das Objektpronomen der 3.Sgf. Auch bei intransitiven Verben erscheint dieses Objektpronomen, das beispielsweise bei Bewegungsverben als Richtungsangabe (gemäß der Semantik des Verbs) interpretiert werden kann. Pronomina anderer Personen sind hier ausgeschlossen.

Tabelle 174: Nyam, Kontinuativ-Konditional

			Negation
(385)	OP	khá órèe-rɔ̀ 2.SGM.SP2a mahlen.H-KONT-3.SGF wenn du es unablässig mahlst	khá órèerì dák 2.SGM.SP2a mahlen.H-KONT-3.SGF NEG wenn du es nicht unablässig mahlst
(386)		khá kémdèe.H-rɔ̀ wenn du es unablässig/ immer wieder kaufst	
(387)	NO	khá órè kèdém wenn du unablässig Guineakorn mahlst	khá órèe dák kèdém
(388)		khá kémdè zékyìm wenn du unablässig Mais kaufst	
(389)		mùdùk tà órè kèdém Frau KOND mahlen.H-KONT Guineakorn wenn die Frau unablässig Guineakorn mahlt[200]	
(390)	intr	khá tó-(y)èe-rɔ̀ 2.SGM.SP2a kommen.H-KONT-3.SGF wenn du unablässig (von dort, dorthin, hierher) kommst	

4.3.2.13.2.1.3 Unmittelbares Futur

Das unmittelbare Futur unterscheidet sich vom Kontinuativ-Konditional durch den Ton bzw. die Tonfolge auf dem Verbalstamm. Während beim Kontinuativ-Konditial der Verbalstamm in allen Umgebungen das Tonmuster HT trägt, ist er beim unmittelbaren Futur T. Bei Formen ohne SP oder mit nominalem Subjekt, bei denen der Marker **tà** erscheint, hat

---

[200] oder: die Frau mahlt jetzt (sofort) Guineakorn, s. 4.3.2.13.2.1.3.

der Verbalstamm das Tonmuster HT – somit unterscheiden sich diese Formen nicht von denen des Kontinuativ-Konditional.

Tabelle 175: Nyam, unmittelbares Futur

			Negation
(391)	OP	khá òr-èe-rɔ̀	khá òrèerì dák
		2.SGM.SP2a mahlen.T-KONT-3.SGF	2.SGM.SP2a mahlen.T-3.SGF NEG
		du mahlst jetzt (sofort)	
(392)		khá kèmd-èe-rɔ̀	
		2.SGM.SP2a kaufen.T-KONT-3.SGF	
		du kaufst jetzt (sofort)	
(393)	NO	khá òrè kèdém	khá òr-è dák kèdém
		2.SGM.SP2a mahlen.T Guineakorn	2.SGM.SP2a mahlen.T-KONT NEG Guineakorn
		du mahlst jetzt (sofort) Guineakorn	
(394)		khá kèmdè zékyìm	
		du kaufst jetzt (sofort) Mais	
(395)		mùdùk tà órè kèdém	
		die Frau mahlt jetzt (sofort) Guineakorn oder:	
		wenn die Frau unablässig Guineakorn mahlt (Kont Kond)	

Während die Semantik der bisher beschriebenen Formen, die mit den SP2 gebildet werden, eindeutig als konditional zu interpretieren war, ist dies beim unmittelbaren Futur nicht der Fall. Das unmittelbare Futur erscheint dann, wenn zum Ausdruck gebracht werden soll, dass eine Handlung oder ein Ereignis unmittelbar bevorsteht.

4.3.2.13.2.1.4 Sequenzial

Zur Bildung des Sequenzials wird der auslautvokallose Verbalstamm mit den Subjektpronomina der Reihe SP2a kombiniert. Der dem SP folgende Verbalstamm ist tieftonig. Nach dem unabhängig auftretenden Marker **tà** (bspw. bei nominalem Subjekt oder in Konstruktionen mit der 4.Pl) ist die erste Silbe des Verbalstamms hochtonig. Pronominale Objekte sind tieftonig, nominale Objekte zeigen ihr lexikalisches Tonmuster.

Soll bei einem transitiven Verb kein Objekt ausgedrückt werden, so erscheint das Pronominalsuffix der 3.Sgf. Intransitive Verben sind durch das Suffix **-ey** markiert. Transitive Verben, deren Semantik dies erlaubt (d.h. ambitransitive Verben), können durch dieses Suffix intransitiviert werden, z.B. **mokht-** „verstecken".

In der Negation ist **dak** entweder hochtonig oder verhält sich kontrasttonig zur Auslautsilbe eines nominalen Objekts.

Tabelle 176: Nyam, Sequenzial

			Negation
(396)	OP	khá òr-sɔ̀	khá òr-sì dák
		2.SGM.SP2a mahlen.T-3.SGF	2.SGM.SP2a mahlen.T-3.SGF NEG
		(und dann) hast du es gemahlen/ mahlst du es	
(397)		khá kèmd-ì-rɔ̀	khá kèmd-ì-rì dák
		2.SGM.SP2a kaufen.T-EP-3.SGF	
		(und dann) hast du es gekauft/ kaufst du es	
(398)	NO	khá òr kèdém	khá òr kèdém dàk
		(und dann) hast du Guineakorn gemahlen/mahlst du Guineakorn	
(399)		khá kèmdì zékyìm	
		(und dann) hast du Mais gekauft/ kaufst du Mais	

			Negation
(400)	intr	khá tɔ̀ɔdèy	khá tɔ̀ɔd-èy dák
		2.SGM.SP2a absteigen.T-INTR	2.SGM.SP2a absteigen.T-INTR NEG
		(und dann) bist du (dorthin) abgestiegen/steigst du (dorthin) ab	

Die semantische Einordnung der Sequenzialformen ist problematisch. Zunächst erscheint diese Form häufig in der Apodosis von Konditionalsätzen wie in Beispiel (331) in Tabelle 164. Darüber hinaus handelt es sich um die Form, die in Erzähltexten zur Schilderung aufeinanderfolgender Handlungen oder Ereignisse verwendet wird – und außerdem erhält man diese Form, wenn man Sätze im Futur ins Nyam übertragen lässt.

Ein plausibles Szenario für die Verwendung der Sequenzialform zur Schilderung aufeinanderfolgender Handlungen ist das Auftreten einer Apodosis ohne vorangehende Protasis, (s. Bsp. (401) als Modifikation von Bsp. (331) aus Tabelle 164). Von diesem Ausgangspunkt ist eine Ausdehnung der Bedeutung auf Handlungen, die nachzeitig zu einem Referenz- oder dem Sprechzeitpunkt stattfinden, denkbar. Die aus Erzähltexten entnommenen Beispiele (402)-(404) sollen dies erläutern:

Tabelle 177: Nyam, Beispiele zum Sequenzial aus Erzähltexten

(401) Múusà tà tòy dák
M. KOND kommen.T NEG
(und dann) kommt Musa nicht. Oder: Musa wird nicht kommen.

(402) sì í-nyì-gùm múdùk sá pà-y[201].
3.SGF geben-3.SGM-REL.ANT Frau 3.SGSP2a zurückkehren.T-INTR
Nachdem sie ihm eine Frau gegeben hatte, kehrte sie zurück.

(403) ndà mùud-á kàyrá lò ám kì pɔ̀k-nɔ́.
1.SGSP2a sterben.T-ANT 3.PLSP2a gießen Wasser in Mund-1.SG
Wenn ich gestorben bin, (dann) werden sie Wasser in meinen Mund gießen.

---

[201] Bei einkonsonantischen intransitiven Verben ist das -ey-Suffix zu -y verkürzt.

(404) ndà tàb táarìhì.
1.SGSP2a werden.T Geschichte
Ich werde Geschichte („history"). („(Und dann) werde ich Geschichte.")

In diesen Beispielen bezeichnet die Sequenzialform jeweils Handlungen, die nachzeitig zu einer anderen Handlung erfolgen.

In Beispiel (402) bezeichnet die Sequenzialform eine Handlung (d.h. das Zurückkehren), die das Subjekt des Satzes durchführte, nachdem eine andere Handlung abgeschlossen war.

Satz (403) bezieht sich auf die Zukunft, im zweiten Satzteil erscheint die Sequenzialform zur Bezeichnung einer Handlung (d.h. Wasser in den Mund gießen), die durchgeführt werden wird, nachdem ein anderes Ereignis eingetroffen sein wird (sterben). Diese Kombination – Anterior, auf den der Konsekutiv folgt – ist typisch für Erzähltexte, wobei der Zeitbezug jeweils aus dem Kontext hervorgeht.

Satz (404) bezeichnet ebenfalls ein eindeutig in der Zukunft stattfindendes Ereignis (wenn der Sprecher gestorben sein wird). Dieser Satz folgt in einer Erzählung nach einer kurzen Pause auf Satz (403). Eine Verallgemeinerung ähnlicher Sätze wie (404) könnte dazu geführt haben, dass die Sequenzialform nun auch kontextlos zum Ausdruck des Futur verwendet werden kann – s. dazu auch Bsp. (401).

4.3.2.13.2.2 Mit SP2b gebildete Paradigmata

Von den sechs mit den SP2b möglichen Bildungen werden in diesem Abschnitt die Folgenden dargestellt:
Futur Irrealis
Progressiv Vergangenheit

4.3.2.13.2.2.1   Futur Irrealis

Zum Ausdruck des Futur Irrealis folgt den SP2b der auslautvokallose Verbalstamm mit dem unveränderlichen Tonmuster HT. Intransitive Verben werden durch das Suffix **-ey** markiert, transitive Konstruktionen können nicht ohne overtes Objekt erscheinen.

Tabelle 178: Nyam, Futur Irrealis

			Negation
(405)	OP	kháa ór-sɔ̀ 2.SGM.SP2b mahlen.H-3.SGF wenn du es (zukünftig) mahlen würdest	kháa órsì dák 2.SGM.SP2b mahlen.H-3.SGF NEG
(406)		kháa kémdìrɔ̀ 2.SGM.SP2b kaufen.H-EP-3.SGF wenn du es (zukünftig) kaufen würdest	kháa kémdì ták 2.SGM.SP2b kaufen-EP 3.SGF.NEG
(407)	NO	kháa ór kèdém wenn du (zukünftig) Guineakorn mahlen würdest	káa ór kèdém dàk
(408)		kháa kémdì zékyìm wenn du (zukünftig) Mais kaufen würdest	káa kémdì zékyìm dák
(409)	intr	kháa mɔ́khtèy 2.SGM.SP2b verstecken.H-INTR wenn du dich (zukünftig) verstecken würdest	

Die Formen des Futur Irrealis werden zum Ausdruck hypothetischer Ereignisse und Verbalhandlungen in der Zukunft gebraucht.

4.3.2.13.2.2.2 Progressiv Vergangenheit

Die Formen des Progressivs der Vergangenheit setzen sich zusammen aus den SP2b und dem auslautvokallosen Verbalstamm, der einen Tiefton trägt. Wie beim unmittelbaren Futur, das ebenfalls einen tieftonigen Verbalstamm hat, zeigen auch hier die Formen, in denen kein Subjektpronomen erscheint, das Tonmuster HT auf dem Verbalstamm und unterscheiden sich somit nicht von denen des Futur Irrealis. Es ist nicht möglich, die Formen des Progressivs der Vergangenheit zu negieren.

Tabelle 179: Nyam, Progressiv Vergangenheit

(410)	OP	kháa òr-sɔ̀
		2.SGM.SP2b mahlen.T-3.SGF
		du warst gerade dabei, es zu mahlen, als ...
(411)		kháa kèmd-ì-rɔ̀
		2.SGM.SP2b kaufen.T-EP-3.SGF
		du warst gerade dabei, es zu kaufen, als ...
(412)	NO	kháa òr kèdém
		du warst gerade dabei, Guineakorn zu mahlen, als ...
(413)		kháa kèmdì zékyìm
		du warst gerade dabei, Mais zu kaufen ...
(414)		mùdùk tàa ór kèdém
		Frau KOND.IRR mahlen.H Guineakorn
		die Frau war gerade dabei, Guineakorn zu mahlen ...
(415)	intr	kháa mɔ̀kht-èy
		2.SGM.SP2b verstecken.T-INTR
		du warst gerade dabei, dich zu verstecken ...

Die Formen des Progressivs der Vergangenheit kommen recht häufig in Erzähltexten vor, wie etwa in Bsp. (416):

Tabelle 180: Nyam, Beispiel aus einem Erzähltext zum Progressiv Vergangenheit

(416) sáa kùug-èy sáa yèerèy, sáa kùugèy sáa yèerèy, sáa tìndìrɔ (...)
3.SGFSP2b weinen.T-INTR 3.SGFSP2b herumlaufen.T-INTR (2x),
3.SGFSP2b fragen.T.3.SGF
sie war am Weinen, sie war am Herumlaufen (2x) und sie fragte (sich dabei) ständig: (...)

4.3.2.13.3 Negation

Wie jeweils für die einzelnen TAM-Kategorien gezeigt wurde, erfolgt die Negation im Nyam durch Nachstellung des Negationsmorphems **dák**. Die TAM-Suffixe -(w)a und -gum sind nicht mit der Negation kompatibel. In Tabelle 161 ist zu sehen, dass -(w)a und **dák** dieselbe Position innerhalb der Strukturfolgeordnung besetzen, was ihr gleichzeitiges Auftreten ausschließt. Die Position von -**gum** innerhalb der Strukturfolgeordnung ist nicht gesichert – eines der Argumente, die dafür sprechen, dass es sich auf derselben Position wie -(w)a und **dák** befindet, ist seine Inkompatibilität mit Negation. Problematisch für diese Interpretation ist die Tatsache, dass **-gum** immer vor einem nominalen Objekt erscheint.

Subjunktiv und Imperativ heben sich dadurch von den übrigen Paradigmata ab, dass sie das (ebenfalls nachgestellte) Negationsmorphem **go** verwenden.

4.3.2.13.4 Zusammenfassung

Im Nyam ist es schwierig, eine über das bis hierher Präsentierte hinausgehende aspektuelle oder temporale Zuordnung der Paradigmata vorzunehmen – sowohl in semantischer als auch morphologischer Hinsicht. Bei den beiden Paradigmata, die aufgrund ihrer Funktion am ehesten als Kandidaten für den perfektiven Aspekt anzusehen sind – Anterior und Sequenzial – ist es aufgrund des bisherigen Forschungsstandes nicht zu entscheiden, ob es sich hier um Aspekte oder relative Tempora handelt. Bei dem in der vorliegenden Arbeit tentativ als Präsens/Habitual bezeichneten Paradigma könnte es sich auch um einen Imperfektiv handeln – die Datenlage reicht bisher nicht aus, um Angaben darüber zum machen, ob diese TAM-Kategorie auch mit Vergangenheitsbezug erscheinen kann.

4.3.3 Vergleich

In den folgenden Abschnitten soll zunächst ein Vergleich der affirmativen TAM-Kategorien vorgenommen werden. Es hat sich als methodisch sinnvoll erwiesen, die TAM-Kategorien dazu in fünf Gruppen zu unterteilen:

Zunächst werden die TAM-Paradigmata miteinander verglichen, die von den meisten Autoren als Perfektiv/*Completive*/*Completed Aspect* oder *Perfekt*/*Perfect* bezeichnet werden. Hierbei werden auch die zum Teil vorkommenden relativen Perfektivformen mit einbezogen. Im zweiten Abschnitt werden die Paradigmata, die mit einem nominalisierten Verbalstamm gebildet und dem imperfektiven Aspekt zugerechnet werden können, betrachtet. Hierzu zählen auch die in einigen Sprachen vorkommenden Habituale, die mit nominalisiertem Verbalstamm gebildet werden. Die Habitualformen, die durch andere Mittel gebildet werden, sind im dritten Abschnitt Gegenstand eines Vergleichs. Im vierten Abschnitt werden die in einigen Sprachen vorkommenden Sequenzial- und Narrativparadigmata betrachtet. Im fünften Abschnitt gilt das Augenmerk den Subjunktiv- und Imperativformen, und im letzten Abschnitt wird die Negation vergleichend betrachtet.

4.3.3.1 Perfektiv

In jeder der betrachteten Sprachen gibt es ein Paradigma, das von dem jeweiligen Autor als Perfektiv, *Completive*, *Completed Aspect*, Anterior oder *Perfekt* bzw. *Perfect* bezeichnet wird. Diese Formen werden vor dem Hintergrund der in Abschnitt 4.3.1 dargestellten Fragestellungen miteinander verglichen. Als generalisierender Terminus wird im Folgenden „Perfektiv" verwendet, auch wenn der jeweilige Autor in seiner Beschreibung eine andere Bezeichnung gewählt hat.

Perfektivformen besitzen in vielen der Sprachen zwei Alleinstellungsmerkmale:

Numerus- (und Genus-)kongruenz erfolgt in den Sprachen, die dieses Merkmal zeigen, ausschließlich im Perfektiv (Bo, Ka, Nga, Be, Ki, Gera, Geru, Kwa) (s. dazu auch 2.4).

Im Bereich der Verbalderivation ist festzustellen, dass die Sprachen, die eine Ventiverweiterung haben (das sind bis auf Galambu und Nyam alle), im Perfektiv ein besonderes, sich von dem in anderen TAM-Kategorien verwendeten unterscheidendes Morphem zu seiner Markierung zeigen (s. dazu 4.4.3).

Darüber hinaus lassen sich folgende verallgemeinernde Feststellungen über die Perfektivformen treffen:

Bei den vorkommenden Subjektpronomina handelt es sich in den Sprachen, die mehrere Subjektpronominalreihen haben, jeweils um die unerweiterte, d.h. kürzeste Reihe (im Folgenden als SP1 bezeichnet).

Mit Ausnahme des Kanakuru erscheint in allen Sprachen ein Perfektivmarker – wenn auch nicht immer in allen syntaktischen Umgebungen. In acht der dreizehn betrachteten Sprachen handelt es sich um Suffixe der Form **-wo/-ko/-go**, die als Kognaten angesehen werden können und durch KO repräsentiert werden. Im Galambu und Geruma findet man ein Suffix -(a)ala. Gera zeigt das Suffix -mi, das keine der anderen Sprachen kennt. Im Nyam, dessen Verbalsystem sich – wie in 4.3.2.13 gezeigt – erheblich von dem der anderen Bole-TangaleSprachen unterscheidet, kann möglicherweise das Anterior als Entsprechung zu den Perfektivformen der anderen Sprachen angesehen werden. Dieses hat das Suffix -(w)a.

Während die Suffixe der Sprachen, die keine Kognate von KO aufweisen, eine Position an der rechten Peripherie der Verbalform einnehmen, weisen die KO-Kognaten unterschiedliche Grade der Verbundenheit mit der Verbalform bzw. dem Verbalstamm auf – was sich daran zeigt, dass sie beispielsweise vor einem pronominalen oder nominalen Objekt erscheinen. Die folgende Tabelle zeigt einen Überblick über Form und Position des PM in den einzelnen Sprachen, d.h. ob er vor oder nach einem pronominalen bzw. nominalem Objekt steht oder entfällt. Da das Kanakuru keinen PM hat, ist es in Tabelle 181 nicht mit aufgeführt.

Tabelle 181: Vergleich, Perfektivmarker und ihre Position in der Strukturfolgeordnung

		Bo	Ka	Nga	Be	Ki	Ga	Gera	Geru	Ta	Pe	Kwa	Nya
PM		wo[202]	ko	ko	ko	wo ko	aala	mi	(a)ala	go	ko	go	(w)a
vor	OP			✓						✓	✓		
nach		✓	✓		✓	✓	✓	✓	✓				✓
entf.				✓								(✓)[203]	
vor	NO		?	✓	✓					✓	✓	✓	
nach			?				✓	✓	✓				✓
entf.		✓	?		✓								

Im Bole und Bele entfällt der PM bei Anwesenheit eines nominalen Objekts. In diesen Sprachen erscheint der PM nach pronominalen Objekten, die in die Verbalform integriert sind. Man könnte annehmen, dass der PM bei Anwesenheit eines nominalen Objekts aus strukturellen Gründen entfallen muss, da er innerhalb der Strukturfolgeordnung dieselbe Stelle wie das nominale Objekt einnimmt. Im Kirfi scheint dies für

---

[202] Die PM-Suffixe sind hier ohne Bindestrich dargestellt.
[203] Der PM entfällt im Kwami nur im Singular vor Objektpronomen im Singular, damit einhergehend wird das stammauslautende -u zu -i.

pronominale Objekte zu gelten: In dieser Sprache geht der PM einem nominalen Objekt voraus und muss in Anwesenheit eines pronominalen Objekts entfallen. Hier scheint der PM enger an die Verbalform gebunden zu sein und möglicherweise dieselbe Stelle in der Strukturfolgeordnung wie pronominale Objekte zu besetzen. Im Tangale, in dem der PM zwar nach einem pronominalen Objekt erscheint, aber bei Anwesenheit eines nominalen Objekts vor diesem auftritt und nicht verschwindet, nimmt er innerhalb der Strukturfolgeordnung eine Stellung zwischen Verb und nominalem Objekt ein. Das Tangale ist die einzige Sprache, in der der PM eine solche „Zwischenstellung" einnimmt.

In den Sprachen, die andere PM als KO zeigen, erscheint der PM am rechten Rand der Verbalphrase und ist nicht mit dem Negationsmarker kompatibel – was ebenfalls damit zusammenhängen könnte, dass beide dieselbe Position innerhalb der Strukturfolgeordnung einnehmen. (Im Nyam lässt sich dies insbesondere durch das Tonverhalten des Negationsmarkers und des Anteriormarkers belegen, s. Tabelle 162). Im Kanakuru allerdings ist das Vorliegen struktureller Gründe für die Inkompatibilität des Perfektivs mit der Negation auszuschließen, da es keinen PM kennt. Hier erscheint in der Negation der *Second Perfective*.

Es ist naheliegend anzunehmen, dass die Position des Perfektivmarkers mit dem Grad seiner Grammatikalisierung korreliert[204]: Je weiter rechts sich der Perfektivmarker innerhalb der Verbalform befindet, desto geringer der Grammatikalisierungsgrad, und desto „jünger" das Entwicklungsstadium der jeweiligen Form. Hierbei fällt auf, dass unter den Sprachen, die Kognaten von KO zeigen, diejenigen zu finden sind, deren PM am engsten mit dem Verbalstamm verschmolzen bzw. verbunden ist, wie beispielsweise im Ngamo. Parallel zur Entwicklung einer engeren Bindung an den Verbalstamm wäre auch eine Verallgemeinerung der Bedeutung der jeweiligen TAM-Form zu erwarten (Bybee, Perkins & Pagliuca 1994: 19): „the semantic evolution of grams[205], from their lexical sources through the developmental stages leading to full maturity, is characterizable in terms of successive instances of generalization or se-

---

[204] S. dazu auch Zoch (2013).
[205] Bybee, Pagliuca & Perkins verwenden den Begriff „grams" für grammatische Morpheme.

mantic reduction." Das vorliegende Datenmaterial erlaubt keine Aussage über die Herkunft der in den betrachteten Sprachen vorkommenden Perfektivmarker. Obwohl plausibel ist, dass (ibid.: 9) „the actual meaning of the construction that enters into grammaticization uniquely determines the path that grammaticization follows and, consequently, the resulting meanings", erlaubt das Datenmaterial hierüber keine tragfähigen Aussagen.

In diesem Zusammenhang ist auch die Frage interessant, wie das Fehlen eines Perfektivmarkers im Kanakuru zu interpretieren ist. Frajzyngier (1982a: 34f) hält es für wahrscheinlich, dass ***ko/wo** geschwunden ist: „Since this suffix occurs in other languages, most probably it was deleted in Kanakuru after the split of Proto-West Chadic. The possible reasons for such a deletion are irrelevant to our discussion; suffice it to say that it would not be an unusual process, since the deletion of word final segments is well attested in linguistic literature." Angesichts der Tatsache, dass es sich bei der Suffigierung von KO – wie gezeigt – möglicherweise um eine relativ rezente Entwicklung handelt, sowie des Umstands, dass eine Reihe von Bole-Tangale-Sprachen einen anderen PM als KO haben, ist es möglicherweise plausibler, dass das Kanakuru den ursprünglichen Zustand vor der Herausbildung einer durch ein Suffix markierten Perfektiv-Kategorie bewahrt hat.

Hinsichtlich der Tonmuster der Verbalstämme im Perfektiv ist zu bemerken, dass sich die Spachen unterschiedlich verhalten, abhängig davon, ob ihren Verben ein lexikalischer Ton bzw. Tonmuster zugewiesen werden kann oder nicht. Falls nicht, ist ihr Tonmuster allein durch TAM und Syntax determiniert. Im Galambu, Gera und Kanakuru kann den Verben ein inhärentes Tonmuster zugeordnet werden. Während dieses in den ersten beiden Sprachen im Perfektiv erhalten bleibt, interagiert im Kanakuru das zugrundeliegende Tonmuster mit dem LoVTP. In den übrigen Sprachen[206] sind die Verbalstämme im Perfektiv T oder TH. In der folgenden Tabelle sind die im Perfektiv vorkommenden Tonmuster aufgeführt. Der Ton des PM ist – falls relevant bzw. feststellbar – in eckigen Klammern angegeben.

---

[206] Nicht alle Autoren äußern sich zu inhärenten Tonmustern bei Verben, s. dazu auch 4.1.

Morphologie des Verbalkomplexes

Tabelle 182: Vergleich der Tonmuster des Verbalstamms im Perfektiv

Bo	Ka	Nga	Be	Ki	Ga	Gera	Geru	Ta	Kana	Pe	Kwa	Nya
(T)H[T]	(T)H[T]	T[F]	?	?	T/H	HT/TT	SgH Pl T	T	LoVTP	HT[T]	T	THT

Betrachtet man die in den Sprachen vorkommenden verbalstammauslautenden Vokale, so stellt man fest, dass nur die Sprachen, die den PM KO zeigen, (in mindestens einer Verbalklasse) stammauslautendes **-u** kennen. Während dieses im Bole in Klasse A2 auch dann erhalten bleibt, wenn der PM entfällt, wechselt im Kirfi auslautendes **-u** zu **-i**, wenn der PM wegen Antritt eines pronominalen Objekts verschwindet. Ebenso verhält es sich im Kwami, wenn bei Antritt eines Objektpronomens im Singular der PM wegfällt und auslautendes **-u** zu **-i** wechselt. Das Pero stellt insofern einen Sonderfall dar, als mehrsilbige Verben immer dann, wenn es aufgrund der Silbenstruktur erforderlich ist, einen hinteren stammauslautenden Vokal zeigen – nicht nur im Perfektiv.

Die beschriebenen Zusammenhänge legen den Schluss nahe, dass stammauslautendes **-u** nicht als Perfektivkennzeichen sondern vielmehr als assimilatorisch bedingt zu betrachten ist (s. dazu auch 4.1).

Tabelle 183: Vergleich verbalstammauslautender Vokale und Form des PM, Vorkommen des Relativen Perfektivs

	Bo	Ka	Nga	Be	Ki	Ga	Gera	Geru	Ta	Kana	Pe	Kwa	Nya
Perfektiv													
stammausl. Vokal	Ø[207] ú áa íi áa	ú ú áa ú áa	Ø a a u a	i/ u ii/ ee	u/ (i) ii/ ee	Ø	ə/ Ø ii/ ee	i ii/ ee	u Ø i	e i	o/ u u	u	Ø
Form des PM	wo	ko	ko	ko	wo ko	aala	mi	(a)ala	go ko	Ø	ko	go	(w)a
Relativer Perfektiv					a	í/yí	ya	(u)	SP2				gum

---

[207] Obwohl es sich bei den in der Tabelle 183 angeführten Formen ausschließlich um Suffixe handelt, wurden sie aus Platzgründen ohne Bindestriche dargestellt.

Im unteren Teil von Tabelle 183 sind die Sprachen angezeigt, die eine sog. Relative Perfektivform haben. Damit sind Formen gemeint, die in bestimmten Kontexten – zumeist in Fokus-, Frage- und Relativsätzen, zuweilen aber auch in der Negation – obligatorisch anstelle der Perfektivform auftreten. Es fällt auf, dass – bis auf das Tangale – nur solche Sprachen ein Relatives *Perfekt* aufweisen, die als PM keine Kognate von KO haben. Wie in Abschnitt 4.3.2.10.2 an einigen Sätzen aus Erzähltexten exemplifiziert, scheint es sich bei der von Jungraithmayr im Kaltungo-Tangale als *Perfect* II bzw. *Dependent* oder *Repetitive Perfect* bezeichneten Form eher um einen Narrativ als einen Relativen Perfektiv zu handeln. Im Galambu, Gera und Geruma führt Schuh Beispiele für den Relativen Perfektiv in Frage- und Fokussätzen an. Im Kanakuru erscheint der *Second Perfective* in der Negation sowie ebenfalls in Fokus- und Fragesätzen.

Die als Relatives Anterior bezeichnete Form im Nyam erscheint häufig zur Bezeichnung von Vorzeitigkeit in abhängigen Sätzen, in etwa einem Plusquamperfekt im Deutschen entsprechend. Da das Nyam kaum subordinierende Konjunktionen besitzt und im Bereich der Syntax noch zahlreiche Fragen der Analyse harren, ist die Bezeichnung dieser Form als „Relativ" zum jetzigen Zeitpunkt nur als vorläufig zu betrachten.

4.3.3.2 Paradigmata mit nominalisiertem Verbalstamm

Mit Ausnahme des Nyam[208] weist jede der betrachteten Bole-Tangale-Sprachen mindestens eine mit einem nominalisierten Verbalstamm gebildete TAM-Kategorie auf, die sowohl aufgrund semantischer als auch morphosyntaktischer Erwägungen dem imperfektiven Aspekt zugerechnet werden kann. Bei den verwendeten Verbalformen handelt es sich zumeist um ein Verbalnomen – zum Teil zur Abgrenzung von Verbalsubstantiven als *Gerund* oder *Gerundive* bezeichnet – das vom Verbalstamm regelmäßig ableitbar ist (s. dazu 4.3.2.1.3). Die meisten Sprachen verwenden ein- und denselben verbonominalen Stamm für alle imperfektiven TAM-Kategorien. Im Ngamo erscheint im Futur ein Verbalstamm, der als Kognate zu dem im Bole und Karekare verwendeten verbonominalen Stamm zu betrachten ist. Drei weitere, möglicherweise ebenfalls imperfektive Kategorien, werden mit einem anderen Verbalstamm gebildet.

---

[208] Das Nyam wird aus diesem Grund im Folgenden nicht in den Vergleich einbezogen.

Da dieser dem im Bole im Habitual verwendeten Verbalstamm ähnlich ist, könnte hier ein gemeinsamer Ursprung angenommen und davon ausgegangen werden, dass es sich nicht um einen nominalisierten Verbalstamm handelt[209]. Das Material zum Ngamo erlaubt hierzu keine weitergehende Aussage. Wenn man von diesen Formen im Ngamo absieht, ist somit in keiner der Sprachen eine andere TAM-Kategorie als Progressiv oder Futur mit einem nominalisierten Verbalstamm gebildet (s. dazu Tabelle 184).

Im Bole und Karekare ist der Ton der nominalisierten Verbalbasis von der Klassenzugehörigkeit determiniert und gegenüber dem des Perfektivs verändert. Im Kanakuru ist das verwendete Verbalnomen hochtonig bzw. trägt HiVTP. Im Kwami ist der Ton der Verbalform abhängig von der Transitivität der Konstruktion. In allen anderen Sprachen sind die vor den nominalisierenden Suffixen auftretenden Verbalbasen tieftonig.

In der folgenden Tabelle sind die in TAM-Konstruktionen vorkommenden verbonominalen Stämme zusammengefasst, wobei jeweils der stammauslautende Vokal bzw. das charakteristische Suffix aufgeführt ist. Falls eine Sprache mehr als einen verbonominalen Stamm im TAM-System verwendet, ist dieser in der zweiten Spalte aufgeführt.

Tabelle 184: Übersicht über verbonominale Formen in imperfektiven TAM

Bole	A: -a	Progressiv, Futur
	B: -è	
	C: -íinà	
	D: -éenà	
Karekare	A: -aa	Futur
	B: -êe	
	C: -(?)nàa	
	D: -únàa	

---

[209] Schuh (o.J.(b): 2) sagt dazu (sich auf die tschadischen Sprachen in Nordnigeria beziehend): „In addition, all these languages have one or more incompletive TAMs, which include meanings such as future, habitual, continuative, and potential. Languages, including the two main dialects of Ngamo, differ in the number and in the meanings of the incompletive TAMs they have as well as how they mark the incompletive TAMs, though incompletive TAMs all tend to use nominal-like verb forms."

Ngamo	A: -âi/-âa B: -è C: -ìinà D: -èenà	Futur		A: -ê/-â B: -ê C: -ìishê D: -èeshê	*Continuous,* Habitual, *Potential Future*
Bele	?				
Kirfi	-ŋì[210]	Futur (in Pausa)			
Galambu	-na	Futur		partielle Reduplikation	Futur (in Pausa)
Gera	-na	Futur (in Pausa)			
Geruma Tangale	-ná -i bzw. -ni/ -zi -o	Futur transitive Verben intransitive Verben Futur und Progressiv			
Kanakuru	-má	intransitive Verben und transitive ohne overtes Objekt			
Pero	-aani	Futur, Progressiv			
Kwami	-á(-y) -à(-n)	transitive Verben intransitive Verben Futur, Progressiv			

---

[210] Schuh macht keine Aussage darüber, ob es sich um eine verbonominale Form handelt!

Möglicherweise könnten die im Galambu, Gera, Geruma – evtl. auch Kanakuru – vorkommenden nominalisierenden Suffixe der Struktur Nasal-Vokal als Kognaten zu betrachten sein.

In Tabelle 185 sind die in den betrachteten Sprachen mit nominalisiertem Verbalstamm vorkommenden TAM-Kategorien sowie ggf. die verwendeten präverbalen Marker gegeneinander aufgetragen. Graue Schattierung in einem Feld bedeutet, dass diese TAM-Kategorie in der jeweiligen Sprache nicht existiert oder – im Falle des Habituals – nicht mit einem nominalisierten Verbalstamm gebildet wird. In der letzten Zeile der Tabelle ist aufgeführt, welche Reihe von Subjektpronomina verwendet wird – mit SP2 wird hier die jeweils „erweiterte" Subjektpronominalreihe bezeichnet, mit SP1 die zugrundeliegende bzw. kürzeste. Bei den Sprachen, die nur eine Subjektpronominalreihe besitzen, wurde das jeweilige Kästchen leer gelassen.

Tabelle 185: Vergleich der mit nominalisierter Verbalform gebildeten TAM-Kategorien

	Hab	Prog	Fut	PotFut	Cont	PastProg	SP
Bo		jìi					
Ka	Ø	zu²¹¹	làa²¹²				
Nga	Ø	zúk	Ø²¹³	gonni			
Be	?	?	Ø	?	?	?	SP2
Ki	?	?	Ø	?	?	?	SP2
Ga	?	?	Ø	?	?	?	SP2
Gera	?	?	Ø	?	?	?	
Geru	?	?	Ø	?	?	?	SP1

---

[211] Im Progressiv scheint ein anderer (möglicherweise auch nominalisierter) Verbalstamm verwendet zu werden als im Habitual und Futur, das vorhandene Datenmaterial erlaubt hierzu keine gesicherte Aussage.
[212] Diesen präverbalen Marker beschreibt Schuh nur in (o.J.(a)).
[213] Im Futur erscheint ein anderer nominalisierter Verbalstamm, der kognat ist mit dem im Bole und im Karekare (im Futur und Habitual) verwendeten Verbalstamm.

	Hab	Prog	Fut	PotFut	Cont	PastProg	SP
Ta		-ŋ	wà		gúm		(SP2)
Kana			à-SP1	∅[214]		jí-SP1[215]	SP1/2
Pe		íkkà	tà				
Kwa		wà	∅				

Bei vergleichender Betrachtung fällt zunächst auf, dass eine Unterteilung vorzunehmen ist zwischen den Sprachen, die eine, und solchen, die mehrere Reihen von Subjektpronomina besitzen. Die Sprachen, die mehrere Reihen von Subjektpronomina besitzen (d.h. Be, Ki, Ga, Geru, Ta, Kana), verwenden in den mit nominalisiertem Verbalstamm gebildeten TAM-Kategorien ganz überwiegend die „markierte" Pronominalreihe (d.h. die, die durch einen abweichenden Ton, Vokallängung oder eine andere Vokalqualität gekennzeichnet ist, s. dazu auch 3.3.1). Die einzige Ausnahme bildet das Geruma. Wie in 3.3.1 und seinen Un-terkapiteln dargelegt, ist anzunehmen, dass beim Vorliegen mehrerer Subjektpronominalreihen eine Verschmelzung eines ehemals freien TAM-Markers mit dem Subjektpronomen stattgefunden hat.

In den Sprachen, die nur eine Subjektpronominalreihe besitzen, gibt es zumeist ein Paradigma, das nur aus SP und Verbalnomen ohne weiteren TAM-Marker besteht. Bei diesen unmarkierten Formen handelt es sich jeweils um den Habitual oder das Futur[216].

Darüber hinaus zeigen alle Sprachen – unabhängig von der Anzahl ihrer Subjektpronominalreihen – Formen, die durch Hinzufügung eines TAM-Markers zur unmarkierten Form gebildet sind. Bele, Kirfi, Galambu, Gera und Geruma können hier nicht in die Betrachtung einbezogen werden, da nicht zu allen Paradigmata ihrer TAM-Systeme Daten vorliegen. Die mithilfe des Hausa-Futurs elizitierten Formen[216] werden ohne präverbale TAM-Marker gebildet. Während in allen anderen Sprachen die präverbalen Marker zwischen Subjektpronomen und Verbal-

---

[214] In diesem Paradigma erscheinen die langen, tieftonigen SP.
[215] Diese Form bezeichnet Newman als *Past Continuous*.
[216] Es ist nicht auszuschließen, dass es sich bei den hier unter „Futur" aufgezählten Paradigmata um „einfache" Imperfektivformen handelt – die u.a. auch als Futur fungieren können. Bei der Elizitation von Sätzen würde man diese Formen als Übersetzungen des Futurs erhalten.

stamm erscheinen, weist das Kanakuru zwei den Subjektpronomina präfigierte Marker auf. Typischerweise ist es so, dass die nicht durch einen TAM-Marker erweiterte Form eine allgemeinere Bedeutung hat als die durch TAM-Marker spezifizierten Formen. Schuh (2005a: 3, FN4) äußert sich dazu folgendermaßen:

> A fairly common development has been to extend the number of TAM distinctions by using preverbal auxiliaries in conjunction with one of the basic TAMs. For example, in Ngizim the basic imperfective TAM, which has the form ā + VERBAL NOUN (…), can restrict meaning to progressive by using tə̀kà ‚body' as an auxiliary (…), and it can restrict the meaning to future by adding ya i ‚going to' (…). However, use of auxiliaries like these never seem to crosscut the basic TAM system to create, say, a set of progressive TAMs such as ‚past progressive', ‚subjunctive progressive', and the like.

Das von Bybee, Perkins & Pagliuca (1994: 129) untersuchte Material erhärtet „as a world-wide trend the strong tendency in Africa for progressives to derive from locative expressions: Heine, Claudi, and Hünnemeyer 1991 report that they found over a hundred African languages with locative sources for progressive grams." Dies passt zusammen mit Schuhs Rekonstruktion des in vielen tschadischen Sprachen zu findenden präverbalen Markers *aa als allgemeinen Lokativmarker. Hinsichtlich Schuhs Zitat in (2005a) könnte man folgende Entwicklung postulieren: Nachdem der ursprüngliche Lokativmarker mit dem Subjektpronomen verschmolzen war (=SP2) und seine Bedeutung sich zu einem allgemeinen Imperfektiv verallgemeinert hatte, entstand das Bedürfnis, seine Bedeutung wiederum zu spezifizieren, wie von Schuh (2005a) beschrieben.

Es ist schwierig, eine Aussage zur Entwicklung der imperfektiven TAM-Kategorien bei den Sprachen zu treffen, die nur eine Subjektpronominalreihe besitzen – man könnte vielleicht vermuten, dass der ursprüngliche Lokativmarker einhergehend mit der semantischen Verallgemeinerung ganz verschwunden ist. Ein anderes, möglicherweise weniger plausibles Szenario wäre die Annahme, dass die ursprüngliche Progressivform ohne Lokativmarker entstanden ist.

Hinsichtlich der Formen der präverbalen TAM-Marker lässt sich Folgendes feststellen:

Drei der Sprachen (Bo, Ka und Nga) zeigen im Progressiv Marker, die Kognaten sind und auf das Lexem für „Körper" zurückzuführen sein dürften. Tangale und Kwami zeigen im Futur resp. Progressiv Marker, deren Ursprung wahrscheinlich im Verb für „gehen" liegt. Während man darüber spekulieren könnte, ob die Marker für *Potential Future* (**gonni**) bzw. *Past Progressive* im Ngamo und Tangale (**gum**) Kognaten sind, lässt sich über die übrigen Marker keine Aussage bezüglich ihres Ursprungs treffen.

4.3.3.3 Habitual

Gegenstand dieses Kapitels bilden die Habitualformen in den Bole-Tangale-Sprachen, wobei hier generell davon ausgegangen wird, dass es sich nicht um nominalisierte Formen handelt (s. dazu zum Karekare 4.3.2.2.2 und 4.3.2.2.3 und zum Ngamo 4.3.3.2). Da für die Sprachen des Bauchi-Gebiets kein Datenmaterial zu den Habitualformen vorliegt, sind diese vom Vergleich ausgenommen. Im Nyam gibt es keine eigene TAM-Kategorie zur Bezeichnung gewohnheitsmäßig wiederkehrender Handlungen, diese Bedeutungen werden vom allgemeinen Präsens/Habitual mit erfasst[217].

Tabelle 186: Vergleich der Habitualformen

		Ton des Verbalstamms
Bo	-ó	H
	-é	
	-ìshó/-ìishí	
	-èeshó/-èeshí	
Ka	-ká(u)	= Pfv
Nga	-ê	= Pfv
	-à	
	-ìishê	
	-èeshê	

---

[217] Dies könnte u.U. auch für das Kanakuru und Ngamo gelten – d.h., dass die von Schuh als Habitual bezeichneten Formen auch allgemeinere (imperfektive bzw. präsentische) Bedeutungen umfassen. Das vorliegende Datenmaterial reicht nicht aus, um weitere Rückschlüsse zu ziehen.

		Ton des Verbalstamms
Ta	Kidda: -é SP -ŋ Jungraithmayr: **gán/kán** -e/i -i/yi	T
Kana	periphrastisch	je nach TAM
Pe	-jì	H
Kwa	-i+shè	H
Nya	SP1 V-i	THT

Das Kanakuru hebt sich von den anderen Sprachen dadurch ab, dass der Habitual durch eine periphrastische Konstruktion markiert wird, die mit allen anderen TAM-Kategorien kombiniert werden kann.

Die im Bole erscheinende Form des Verbalstamms weist große Ähnlichkeit zu der möglicherweise verbonominalen Form auf, die im Ngamo im Progressiv, Habitual und *Potential Future* verwendet wird. Man könnte spekulieren, ob es sich auch bei den Habitualformen im Pero und Kwami um Kognaten dieser Form handelt. Die Tatsache, dass die Habitualform im Tangale auch mit dem Progressivmarker **wà** erscheinen kann, könnte möglicherweise als Indiz dafür gewertet werden, dass es sich auch bei dieser um einen nominalisierten Verbalstamm handeln könnte. Um hier eine definitive Aussage treffen zu können, bräuchte man umfangreicheres Datenmaterial über die Unterschiede im syntaktischen Verhalten nominalisierter und finiter Verbalstämme.

Es fällt auf, dass in der Mehrzahl der Sprachen der Ton der Verbalbasis hoch ist – bzw. sich gegenüber dem Perfektiv verändert. Eine Ausnahme bildet hier das Tangale, wo der Ton der Verbalbasis in allen TAM-Kategorien weitgehend gleich bleibt.

4.3.3.4 Narrativ- und Sequenzialformen

Einige der Sprachen haben zusätzlich zu den bisher vergleichend betrachteten TAM-Kategorien eine weitere, die sich durch morphologische

Unmarkiertheit auszeichnet und im Sinne der traditionellen Tschadistik als Aorist oder Grundaspekt interpretiert werden könnte.

Es handelt sich hierbei um den Aorist-*Intentional* bzw. Aorist-*Subjunctive* im Tangale (s. 4.3.2.10.7), den *Consecutive* im Pero (s. 4.3.2.12.5), den Narrativ im Kwami (s. 4.3.2.9.5) sowie – zumindest in morphologischer Hinsicht – die Vergangenheit im Nyam (s. 4.3.2.13.1.1) . Wie in Tabelle 187 zu sehen, setzen sich die Formen aus der Reihe der unerweiterten Pronomina und dem auf vorderen, hohen Vokal auslautenden bzw. auslautvokallosen Verbalstamm zusammen. Während im Kwami allein der Ton Narrativ und Subjunktiv voneinander unterscheidet (s. 4.3.2.9.5), hat weder im Tangale noch Pero oder Nyam der Ton hier TAM-markierende Funktion.

Tabelle 187: Vergleich der Narrativ- und Sequenzialformen

	Ta	Pe	Kwa	Nya
SP	SP1			SP1
stammausl. Vokal	-e	n-...-ì (in Pausa) n-B-Stamm (vor Objekt)	-í/-é	-Ø
Ton	T	H[T]	H	THT

Möglicherweise könnte man die Perfektivformen des Kanakuru – das ja keinen PM kennt – mit diesen Formen gleichsetzen. Um hierüber eine Aussage treffen zu können, müsste mehr über die Semantik bzw. Funktion des Perfektivs im Kanakuru bekannt sein.

4.3.3.5 Subjunktiv und Imperativ

Da in vielen Sprachen Subjunktiv und Imperativ sich nur durch An- bzw. Abwesenheit von Subjektpronomina voneinander unterscheiden, werden in diesem Abschnitt beide zusammengefasst betrachtet.

Bis auf eine Ausnahme (Geruma) verwenden alle Sprachen zur Bildung des Subjunktivs die unerweiterte Reihe von Subjektpronomina (SP1). Im Kanakuru gibt es zwei Möglichkeiten, den Subjunktiv zu bilden, eine mit SP1 und eine mit SP2 (s. dazu 4.3.2.10.7). In Tabelle 188 ist beim Imperativ durch = angezeigt, dass die Form des Subjunktivs ohne SP verwendet wird.

Morphologie des Verbalkomplexes

Tabelle 188: Überblick Subjunktiv und Imperativ

	Subjunktiv			Imperativ		
	präverbaler Marker	Auslautvokal	TM	Sg	Pl	TM
Bo		i	TH	i	a	(T)
		e	TT			H
		ay				
Ka		ee	TH	?	áanò	TH/F
		i	TT			
Nga		i	T[F]	i/e	-a+-i/-e	(T)[F]
		e				
Be		i/u	TH	?	?	?
Ki		i	?	=	nu	?
		e				
Ga		í	?	=	=+SP	?
Gera		i	?	i	yâ/íyà	
Geru		(i/o)[218]	?	yá (m)	wú	T[H]
				shí (f)		
Ta		u	T	=	?	
Kana	bàlà	i	H[219]	u	ka Vb-u	TH
		e				T
Pe	mù	u	HT	=	?	?
		o				
Kwa		e	T	u	a	H
		i				
Nya	nàa	Ø	TH	ɔ	=+SP	(T)
		ɔ	T			H

Es ist festzustellen, dass die überwiegende Mehrheit der Sprachen in stammauslautender Position einen hohen vorderen Vokal zeigt. Pero und Tangale sind hiervon ausgenommen – im Pero erscheint im Sub-

---

[218] Hier lässt das Datenmaterial keine zuverlässige Angabe hinsichtlich der Qualität des Auslautvokals zu.
[219] In der Tabelle wurde nur der primäre Subjunktiv berücksichtigt.

junktiv Frajzyngiers Stamm B, der auf hinteren Vokal auslautet. Zumindest was mehrsilbige Verben betrifft, erscheint dieser Stamm allerdings in allen Kontexten, die einen verbalen Auslautvokal erfordern, und kann demnach nicht plausibel als Subjunktivmarker angesetzt werden. Auch im Kaltungo-Tangale erscheint im Subjunktiv in verbalstammauslautender Position der hohe hintere Vokal -**u**, den Jungraithmayr (2005) als Retention aus dem Afroasiatischen wertet. Angesichts des zahlenmäßig überwältigenden Vorkommens vorderer Vokale in den anderen Sprachen ist es nicht ohne weiteres zu rechtfertigen, dass ausgerechnet das nur in einer (oder zwei – wenn man das Pero hinzunimmt) Sprachen vorkommende -**u**/-**o** rekonstruierbar sein soll. Betrachtet man zusätzlich die Imperativformen (unter der grundsätzlichen Annahme der Einheit von Subjunktiv und Imperativ), so verschiebt sich das Bild etwas zugunsten von Jungraithmayrs These, wie weiter unten zu sehen sein wird.

Im Bole, Karekare, Ngamo und möglicherweise auch im Bele hebt sich der Subjunktiv tonal von den anderen TAM-Kategorien ab – bzw. zeigt zumindest ein anderes Tonmuster als der Perfektiv. In den übrigen Sprachen, für die ausreichend Material vorliegt, um darüber eine Aussage zu treffen (Ta, Kana, Pe, Kwa und Nya), unterscheidet sich der Subjunktiv tonal nicht vom Perfektiv. Diesen Sprachen ist gemeinsam, dass Ton im Verbalsystem eine eher untergeordnete Rolle spielt.

In drei der Sprachen (Kana, Pe und Nya) werden Subjunktive durch Marker vor den Subjektpronomina eingeleitet. In allen drei Sprachen ist nicht ganz klar, ob es sich hierbei tatsächlich um genuine Subjunktivmarker oder nicht einfach um Subordinierer handelt. **bàlà/bàrà** im Kanakuru lässt sich wahrscheinlich auf eine Form mit der Bedeutung „(es ist) besser, (dass)" zurückführen. Im Pero erscheint der Marker **mù-** nur in den dritten Personen. Wie in Abschnitt 4.3.2.12.6 dargelegt, vermutet Frajzyngier, es könne sich um das grammatikalisierte Verb **mú-** „to give" handeln, dessen Komplement ein weiterer Satz ist. Auch im Nyam ist nicht auszuschließen, dass es sich bei **nà** um einen (ursprünglichen) Subordinierer handelt. Obwohl für ein Großteil der Sprachen – wenn überhaupt – nur tentative Aussagen möglich sind, ist in diesem Zusammenhang die Funktionalität des Subjunktivs in den einzelnen Sprachen von Interesse.

In den meisten Sprachen erscheinen Subjunktivformen in subordinierten Sätzen, im Tangale bspw. häufig nach Verben des Sagens oder in indirekter Rede, im Kanakuru in Zweck- und Wunschsätzen sowie nach bestimmten subordinierenden Konjunktionen. Auch im Nyam ist das Vorkommen des Subjunktivs ausschließlich in abhängigen Sätzen belegt. Im Pero ist nicht klar, ob das Auftreten des Subjunktivs ebenfalls auf Nebensätze beschränkt ist[220].

Anders stellen sich die Verhältnisse im Bole dar, wo der Subjunktiv eine modale „Doppelrolle" spielt. Die in Abschnitt 4.3.2.1.5 angeführten Beispiele sowie Zitate von Gimba (2000) und Schuh (2005) belegen, dass der Subjunktiv im Bole – ganz ähnlich wie der Subjunktiv im Hausa – sowohl modal markiert in abhängigen Sätzen oder im Sinne eines Hortativs und auch – modal unmarkiert – im Sinne eines Narrativs "[indicating] next event in a sequence in narrative" (Schuh 2005a: 3) in Erscheinung treten kann.

Wie schon in 4.3.1 erwähnt, postuliert Wolff (1991) zur Erklärung dieses Umstands im Hausa einen Zusammenfall des ursprünglich merkmallosen Aorists mit dem ursprünglich modal sowie morphologisch merkmalhaltigen Subjunktiv. Zur Bekräftigung seiner Theorie präsentiert er Evidenz aus verschiedenen westtschadischen Sprachen „daß diese zwei Paradigmata (...) zu trennen sind und ihre morphologischen Merkmale für die Protosprache rekonstruiert werden können" (Wolff 1991: 176). Für ihn zählt dazu unter anderem „komparative Evidenz für eine Subjunktivstamm-Markierung *-i (plus Tonmuster) im Ngizim, Karekare, Bole; eher versteckt auch im Kanakuru" (ibid.) sowie „typologisch-komparative Evidenz für den Verlust des segmentalen Bestandteils des Subjunktivstamm-Suffixes, nicht jedoch des Tonmusters im Angas-Sura und im Ron (...)" (ibid.).

Für das Hausa resümiert er einen Zusammenfall von Aorist und Subjunktiv einhergehend mit dem Verlust der ursprünglichen Subjunktivmarkierung. Er schließt seinen Artikel mit einem Hinweis darauf, dass „Unter dem Aspekt des historischen Zusammenfalls von proto-

---

[220] Es ist davon auszugehen, dass in einigen der Sprachen eine Entwicklung von Subjunktivformen, die nur in subordinierten Sätzen auftreten, über Hortativformen zum Auftreten von Subjunktiven in unabhängigen Sätzen im Sinne eines höflichen Imperativs stattgefunden hat.

sprachlichem Subjunktiv und Aorist eine Reihe von (west)tschadischen Sprachen erneut zu analysieren" (Wolff 1991: 187) seien, wobei er explizit auf das Bole verweist.

Folgt man Wolffs Postulat, so muss man annehmen, dass im Bole Aorist und Subjunktiv unter Erhalt der Subjunktivmarkierung zusammengefallen sind. Während die Verhältnisse im Kwami – Subjunktiv und Narrativ unterscheiden sich nur minimal und fallen unter bestimmten Umständen ganz zusammen (s. dazu 4.3.2.9.5 und 4.3.2.9.6) – einen Zwischenschritt zum vollständigen Zusammenfall beider Paradigmata repräsentieren könnten, sind auch im Pero, Tangale und Nyam Formen belegt, die im weiteren Sinne als Grundaspekt interpretiert werden könnten (s. dazu 4.3.3.4). Möglicherweise wäre hierzu auch der Perfektiv im Kanakuru zu zählen, der ebenfalls keine morphologische Markierung trägt. Newman (1974) geht in seiner Grammatik nicht auf die Funktion bzw. die semantische Markiertheit der von ihm als Perfektiv bezeichneten Form ein, weshalb hier keine weitergehende Aussage möglich ist.

Wie eingangs schon bemerkt, weisen die Imperativformen zumeist große Ähnlichkeiten mit den Subjunktivformen auf. Im Kirfi, Galambu, Tangale, Pero und Nyam entsprechen sie im Singular dem Subjunktiv unter Auslassung des Subjektpronomens und sind im Plural identisch mit dem Subjunktiv[221] (eine Ausnahme hiervon bildet das Kirfi, wo die Pluralformen zusätzlich durch das Suffix -**nu** markiert sind).

Bei einer weiteren Gruppe von Sprachen unterscheiden sich die Imperativformen im Singular nur unwesentlich von den auf vorderen, hohen Vokal auslautenden Subjunktivformen, die Plurale sind aber durch ein – entweder den stammauslautenden Vokal ersetzendes oder zusätzlich auftretendes – -**a** haltiges Suffix markiert[222]. Es handelt sich hierbei um Bole, Karekare[223], Ngamo und Gera. Das Material aus dem Bele und Geruma kann nicht in den Vergleich einbezogen werden, da es sich um intransitive Verben handelt, die pronominale Suffixe tragen, bei denen es

---

[221] Für Pero und Tangale fehlen Daten für den Imperativ im Plural.
[222] Bei dem im Karekare auftretenden Suffix -**áanò** und dem Suffix -**nu** des Kirfi könnte es sich um Kognaten handeln.
[223] Im Karekare gibt es kein ausreichendes Material zu Imperativformen im Singular.

sich möglicherweise eher um (bei bestimmten intransitiven Verben obligatorische) ICPs handelt als um Imperativmarker.

Sowohl im Kwami als auch im Kanakuru lauten die Imperative – abweichend von den Subjunktiven – auf -**u** aus. Newman (1974: 57) weist darauf hin, dass Imperativformen mit oder ohne SP (wobei es sich um die unerweiterte Reihe handelt) auftreten können, es sich aber auch im Falle der Anwesenheit eines SP um eine echte Imperativform handelt. Im Kwami wird im Plural auslautendes -**u** durch -**a** ersetzt.

In den Sprachen, deren Tonmuster im Imperativ bekannt ist, fällt auf, dass dies zumeist im Wesentlichen TH ist – teilweise identisch mit dem Subjunktiv, teilweise abweichend.

Insgesamt gesehen lässt sich feststellen, dass das Material aus den Bole-Tangale Sprachen Wolffs (1991: 186) vermutete „formale Einheit von Subjunktivstamm und Imperativ" stützt. Hinsichtlich eines eventuell rekonstruierbaren Auslautvokals – -**i** oder -**u** – lässt sich keine Entscheidung treffen, wenn auch die Evidenz eher einen vorderen als einen hinteren Vokal stützt.

Hinsichtlich des Tonmusters ist die Lage im Imperativ einheitlicher als im Subjunktiv und scheint Wolffs Rekonstruktion eines „einheitlichen protosprachlichen Ton- oder Akzentmuster[s] L*-H" zu bestätigen (ibid.: 186).

4.3.3.6 Negation

Die Mehrzahl der betrachteten Sprachen zeigt Negationsmorpheme, die am Ende der Verbalphrase auftreten – eine Negationsstrategie, die Schuh (2005b: 28) als „Scope Left principle" bezeichnet und für charakteristisch für den von ihm postulierten Sprachbund der im Yobe-Gebiet gesprochenen Sprachen hält. Es handelt sich hierbei um Karekare, Bole und Ngamo sowie Bade und Ngizim, die beide dem Westtschadisch-B angehören.

Nur Geruma, Kanakuru und Pero zeigen die – Schuh (ibid.) zufolge – „most common method of marking negation in West Chadic", nämlich „paired markers that bracket the negated proposition". Die Tatsache des Vorkommens des „Scope Left" Prinzips bei der Mehrzahl der Bole-Tangale Sprachen lässt Schuhs Annahme, dass der Verlust des einleitenden

Negationsmarkers ein areales Merkmal des Yobe-Sprachbunds sei, eher fraglich erscheinen. Tabelle 189 zeigt in der ersten Spalte, welche Sprachen nach dem „Scope left" Prinzip negieren (alle anderen haben Zirkumfixe) und in der zweiten Spalte ist die Form des jeweiligen Markers aufgeführt. Einige Sprachen haben eine zweite Negationsform, die zumeist im Subjunktiv und/oder Imperativ Anwendung findet, diese Formen sind in der letzten Spalte angegeben.

Tabelle 189: Vergleich Negationsstrategien und Marker

	„Scope Left"	Neg-Marker	Zweite Negation
Bo	✔	sá	(Verbalform T) (Imp)
Ka	✔	bái[224]	
Nga	✔	bú[224]	
Be	✔	lāŋ	
Ki	✔	lú	
Ga	✔	`lú	
Gera	✔	ɗú	-ndù (Imp)
Geru		kà ...-ru	
Ta	✔	m	
Kana		wói/wo...u	
Pe		à-...-m	kát...-m (Subj)
Kwa	✔	ɓà	(Verbalform T) (Subj+Imp)
Nya	✔	dák	gɔ (Subj + Imp)

Morphologisch lassen sich die Negationsmarker in zwei Gruppen einteilen:
- die im Karekare, Ngamo, Tangale, Pero und Kwami vorkommenden (schließenden) Marker mit **b/ɓ-** oder **m-** im Anlaut
- die im Bele, Kirfi, Galambu und Geruma vorkommenden (schließenden), mit **l-** oder **r-** anlautenden Marker.

Die Negationsmarker des Bole, Kanakuru und Nyam lassen sich keiner der beiden Gruppen zuordnen.

In fünf der Sprachen setzen sich Subjunktiv und Imperativ von den übrigen TAM-Kategorien durch eigene oder zumindest gegenüber den

---

[224] Diese Formen stammen aus Schuh (2005b: 28).

anderen leicht modifzierte Formen in der Negation ab. Die hier vorkommenden Marker lassen sich nicht gruppieren.

4.3.4 Zusammenfassung

Hinsichtlich des Perfektivs lässt sich feststellen, dass alle Sprachen nur eine TAM-Kategorie besitzen, die in semantischer Hinsicht eindeutig dem perfektiven Aspekt zuzuordnen ist. In allen Sprachen ist diese durch ein Suffix markiert. Sowohl die Stellung der Perfektivmorpheme relativ weit an der Peripherie der Verbalform als auch ihre Semantik lassen darauf schließen, dass es sich um eher rezentere Entwicklungen handelt. Das Kanakuru ist die einzige Sprache, die ein Perfektivparadigma besitzt, das nicht durch ein Suffix markiert ist. Die Perfektivformen werden mit der unerweiterten Pronominalreihe gebildet.

In den meisten Sprachen gibt es mehrere, dem imperfektiven Aspekt zuzurechnende Kategorien, die mit einem nominalisierten Verbalstamm gebildet werden. Es handelt sich hierbei in allen Sprachen um Progressiv- und Futurformen. Diese Formen sind häufig durch ein präverbales TAM-Morphem semantisch spezifiziert, u.U. werden sie auch mit einer erweiterten Pronominalreihe gebildet. Die verwendeten Marker lassen sich in mehreren Sprachen auf Lexeme für „Körper", „gehen" oder einen Lokativmarker zurückführen. Bei den mittels nominalisiertem Verbalstamm gebildeten Paradigmata dürfte es sich wiederum eher um rezentere Bildungen handeln. Ob es auch Habitualformen gibt, die mit einem nominalisierten Verbalstamm gebildet werden, kann anhand des vorliegenden Datenmaterials nicht festgestellt werden.

Der Habitual hat in vielen der Sprachen eine eigene Verbal(stamm)form. Das Habitualsuffix lässt sich möglicherweise in mehreren der Sprachen auf eine Form zurückführen. In einigen Sprachen tritt das Habitualsuffix möglicherweise an denselben Verbalstamm, der auch zur Bildung des Perfektivs verwendet wird. Das Kanakuru bildet insofern eine Ausnahme, als es Habitualformen mit einer periphrastischen Konstruktion bildet, die in Kombination mit anderen TAM-Formen auftreten kann.

In einigen der Sprachen sind vergleichsweise „unmarkierte" Paradigmata zu finden, die man als Aorist oder Grundaspekt interpretieren könnte. Diese Paradigmata fungieren – mit Ausnahme des Nyam – als Narrativ- oder Sequenzialformen. Leider reicht das Datenmaterial nicht aus, um eine Aussage darüber zu machen, ob die Sprachen, deren Subjunktiv nur modale Funktion hat, einen Aorist besitzen. Dies würde ermöglichen, Wolffs Theorie des Zusammenfalls von Subjunktiv und Aorist in einigen der Sprachen zu verifizieren.

Subjunktiv und Imperativ sind sich in den meisten Sprachen sehr ähnlich, was sich auch in den in einem Teil der Sprachen auftretenden eigenen Negationsformen widerspiegelt. Während Subjunktivformen eher auf -i auslauten, zeigen die Imperativformen (im Singular) eher auslautendes -u. Nur im Bole hat der Subjunktiv eine ähnliche modale Doppelfunktion wie im Hausa, wobei im Kwami möglicherweise ein Zwischenstadium des Zusammenfalls von Subjunktiv und Narrativ zu beobachten ist. Subjunktivformen werden mitunter auch durch präverbale Marker gebildet, die möglicherweise auf ursprüngliche Subordinierer zurückzuführen sind.

Wie in dem auf Seite 267 wiedergegebenen Zitat von Schuh (2005a: 3, FN4) erwähnt, sind in den meisten Bole-Tangale-Sprachen Kombinationen von TAM-Formen nicht möglich. Ausnahmen hiervon sind im Kanakuru und Pero zu finden. Im Kanakuru handelt es sich hierbei um den Habitualmarker, der mit verschiedenen TAM-Formen kombinierbar ist, und im Pero gibt es zwei Beispiele, in denen der *Completed Aspect*-Marker verbunden mit dem Futur *Potential* bzw. *Optative* auftritt.

Das Verbalsystem des Nyam ist in verschiedener Hinsicht nicht mit dem der anderen Bole-Tangale-Sprachen vergleichbar, insbesondere deshalb, weil eine Verschränkung mit der Konditionalmarkierung stattgefunden hat. Das Nyam ist auch die einzige Sprache, in der kein nominalisierter Verbalstamm zur Bildung von TAM-Formen herangezogen wird.

In der überwiegenden Mehrheit der Sprachen erfolgt die Negation durch eine nachgestellte Negationspartikel – es handelt sich hierbei also nicht um ein Merkmal des Yobe-Sprachbunds, wie Schuh (2005a) annimmt.

In keiner der Sprachen lässt sich eine Aspektdichotomie belegen – weder morphologisch bzw. tonologisch noch semantisch. Ebensowenig

Morphologie des Verbalkomplexes

wie das Material ausreicht, Wolffs Postulat des Zusammenfalls von Aorist- und Subjunktivstamm zu belegen, kann seine Rekonstruktion des TAM-Systems des Prototschadischen zweifelsfrei gestützt werden. In den Sprachen, die sowohl einen Aorist als auch einen Perfektiv haben, scheint der Aoriststamm beiden Formen zugrundezuliegen (d.h. im Perfektiv durch ein Suffix erweitert).

4.4 Verbalderivation

Bei der Beschreibung der Verbalderivation werden solche Erweiterungen in die Betrachtung einbezogen, die durch verbale Suffixe gebildet werden. Hierbei wurden nur solche Erweiterungen berücksichtigt, die in mehreren Sprachen vorkommen. Aufgrund dieser Kriterien wurden Ventiv, Totalität und Additiv für den Vergleich ausgewählt. Da es sich bei der Pluraktionalisbildung zumeist um eine Veränderung innerhalb der Verbalbasis handelt, ist sie – obwohl sie in den meisten der Bole-Tangale-Sprachen möglich ist – nicht Gegenstand der Betrachtung.

4.4.1 Verbalderivation im Tschadischen

Newman rekonstruiert in einem Artikel von 1977 (b: 275) zwei Erweiterungssuffixe für das Prototschadische: *(a)wa für die "Distant extension which places the action of a verb at some distance from or in the direction of the speaker" und *in für die Destinativerweiterung "which relates the action to a person as its destination".

Zur Rekonstruktion der Distanzerweiterung – die wahrscheinlich das mit dem Verbalstamm am engsten verbundene verbale Suffix gewesen sei – stützt sich Newman auf Material aus den westtschadischen Sprachen Sha, Hausa und Ngizim sowie aus dem zentraltschadischen Gisiga, Bachama und Tera. Die Destinativerweiterung – die weniger eng an den Verbalstamm gebunden gewesen sei als die Distanzerweiterung, aber enger als das Totalitätssuffix – rekonstruiert Newman anhand von Material aus den westtschadischen Sprachen Ngizim, Bole und Pero sowie aus dem zentraltschadischen Ga'anda, Daba und Margi.

Hinsichtlich der Reflexe der von ihm für das Prototschadische rekonstruierten Suffixe in den modernen Sprachen bemerkt Newman (ibid.: 295):

In the course of Chadic linguistic history, these two extensions have encroached on each other's territory, in some cases the result being the demise of one or the other extension, in other cases the result being the merger of the two extensions and the reassignment of the originally distinct suffixes as allomorphs of a single morpheme.

Frajzyngier (1987) rekonstruiert *-t(V) im nicht-Perfektiv und *-(V)n(V) im Perfektiv als Ventivmarker für das Proto-Bole-Tangale. Es handele sich dabei um „portmanteau morphemes encoding both aspect and direction." Er stellt zwei Hypothesen auf zur Entstehung der „locative extension in Chadic":
1. die Bewegungsverben „return", „come in" und „come" für den Ventiv und „depart" und „go" für den Zentrifugal.
2. Präpositionen und phrasenfinale Lokativmarker "that came to be attached to the verb by a process that has yet to be explained."

Die in den Bole-Tangale-Sprachen vorkommende Ventiverweiterung *-t(V) glaubt er auf das Verb für „kommen" zurückführen zu können. Für das Vorkommen unterschiedlicher Ventiv-Morpheme im Perfektiv und nicht-Perfektiv in vielen der Sprachen hat Frajzyngier keine Erklärung, bietet aber folgende Spekulation an (1987: 38): „Among the several verbs that gave rise to the ventive extension, one might have been inherently completive, and another might have ben either inherently noncompletive or unmarked for this feature."

Bei seiner Rekonstruktion stützt sich Frajzyngier auf Material aus 32 tschadischen Sprachen, von denen acht dem Westtschadischen angehören. Innerhalb der Bole-Tangale-Gruppe bezieht er sich auf Bole, Pero und Kanakuru.

Schuh (2005a) interpretiert die Totalitätserweiterung in den im Yobe-Gebiet gesprochenen Bole-Tangale-Sprachen (d.h. Bole, Karekare, Ngamo) als Ausdruck von Auxiliarfokus im Sinne von Hyman und Watters (1984: 232): „(…) the different properties of what we have termed 'auxiliary focus': the interaction between focus and the semantic features of tense, aspect, mood, and polarity. We argue that auxiliary focus has every property of its counterpart (termed 'constituent focus')." Zur Analyse der Totalitätserweiterung als Auxiliarfokus ist Schuh vorwiegend aufgrund distributioneller Kriterien gelangt – Verben werden bevorzugt mit der Totalitätserweiterung zitiert und Totalität ist ausgeschlossen von Negation sowie von Sätzen, in denen eine Konstituente fokussiert ist.

4.4.2 Verbalderivation in den Bole-Tangale-Sprachen

Die Beschreibungen in den folgenden Abschnitten beschränken sich auf Ventiv, Totalität und Additiv. Andere in einigen der Sprachen vorkommende Verbalerweiterungen werden der Vollständigkeit halber erwähnt aber nicht in den Vergleich einbezogen. Die Gliederung der Abschnitte über die einzelnen Sprachen sowie die tabellarische Darstellung der erweiterten Verbalformen richtet sich sowohl nach Umfang als auch Art des zur Verfügung stehenden Datenmaterials.

4.4.2.1 Bole

Die Beschreibung der Verbalableitungen im Bole stützt sich auf Schuh & Gimba (2004-2012 [Verbal Extensions]). Im Bole, wie auch in den anderen im Yobe-Staat gesprochenen Bole-Tangale-Sprachen, gibt es die drei Verbalerweiterungen Ventiv, Totalität und Additiv. Der Ventivmarker ist im Bole das am engsten mit der Verbalbasis verbundene Suffix, d.h. er bildet „Ventivstämme", an die TAM-Affixe, pronominale Klitika sowie die Totalitäts- oder Additiverweiterung antreten können. Totalitäts- und Additivmarker besetzen dieselbe Position innerhalb der Strukturfolgeordnung und sind somit nicht miteinander kompatibel. Auch Kausativ wird im Bole mit einem verbalen Suffix gebildet und kann als Verbalerweiterung betrachtet werden, ist aber nicht Gegenstand dieses Kapitels.

4.4.2.1.1 Ventiv

Der Ventivmarker im Bole hat vier Allomorphe: -n-, Gemination des folgenden Konsonanten (G), -t(u) und -àakóo bzw. -àakí. Die Grundbedeutung des Ventivs besagt, dass eine Verbalhandlung ihren Anfangspunkt in gewisser Entfernung vom Referenzpunkt hat, ihre Auswirkungen diesen aber betreffen.

Das -n-Allomorph kommt im Perfektiv sowie im Futur und Habitual vor IOP und DOP vor. Ihm muss immer ein anderes Suffix folgen, und wenn das Verb zwei Suffixe hat, erscheint es zweimal, d.h. vor jedem der beiden Suffixe (s. Bsp. (422), Perfektiv Ventiv mit IOP). Im Perfektiv ersetzt das **n**-Allomorph den Plural- bzw. Femininmarker bei pluralischem oder femininem Subjekt.

Im Subjunktiv, Imperativ und Futur (und Habitual) wird bei gleichzeitig vorhandener Totalitäts- oder Additiverweiterung zur Markierung des Ventivs ein folgender Konsonant geminiert (G) (s. Bsp. (423), (424) und (428), jeweils Vent, Tot ØO, sowie Bsp. (425)Vent, Tot ØO und IOP). Die Distribution entspricht der von -**n**-, d.h. der Gemination muss immer ein weiteres Suffix folgen, bei Anwesenheit zweier Suffixe wird sie vor dem zweiten repetiert.

-**t(u)** erscheint im Subjunktiv und Imperativ immer dann, wenn kein anderes nicht-TAM-Suffix vorhanden ist. Im Subjunktiv erscheint der zugrundeliegende Vokal **u** (s. Bsp. (422) ØO, hier vor dem niO-Marker gelängt), der im Imperativ durch eine Wiederholung des numerusmarkierenden -**i** bzw. -**a** ersetzt wird (s. Bsp. (427), ØO, repetierter Vokal ist fettgedruckt). In diesen Formen ist der Ventiv doppelt markiert, durch G und -**t(u)** – entsprechend der Forderung, dass G immer von einem weiteren Suffix gefolgt sein muss.

Zu dem Ventivsuffix -**àakóo** bzw. -**àakí** im Futur und Habitual, das – laut Schuh & Gimba (2004-2012 [Verbal Extensions: 9]) – nur im Bole vorkommt, bemerken sie Folgendes:

> Its historical source is, at present, a mystery. Except in the 'no overt object' form, this ventive allomorph is always accompanied by either the *n* or *G* allomorph. An additional unique feature is the Futur and Habitual ventive with object suffixes, which look like hybrids of the /-*àakóo* ~ -*àakí*/ ventive allomorph grafted with the completive -*go* and /*n*/ ventive used with the completive. No other Bole-Tangale language has anything like this.

Zu diesem Phänomen s. Beispiel (426) (IOP) in Tabelle 191, die die beschriebenen Formen zusammenfasst.

4.4.2.1.2 Totalität

Lukas (1971: 11) prägte für diese Verbalextension die Bezeichnung „Totalitätserweiterung". Sie drückt – seiner Definition zufolge (ibid.) – einen „völligen Abschluss des verbalen Geschehens oder auch Gewissheit (,tatsächlich') oder Ausübung der Handlung an mehreren Objekten" aus. Schuh hat festgestellt, dass die Totalitätserweiterung darüber hinaus auch in vielen semantisch weniger markierten Fällen vorkommt, häufig sogar in der Zitierform. Deshalb interpretiert er (2005a) ihre eigentliche Funktion als Auxiliarfokus (s. dazu 4.4.1).

Die Totalitätserweiterung (Schuh & Gimba 2004-2012 [Verbal Extensions]: 12ff, Gimba 2000: 121ff) kommt mit unerweiterten und Ventivstämmen vor, ist aber (bei transitiven Verben) weder mit dem Additivsuffix noch dem niO-Marker -**yi** kompatibel. Der Totalitätsmarker besitzt zwei Allomorphe: -**tu**- erscheint, wenn noch ein Suffix folgt, und -**ti** tritt dann auf, wenn es das letzte Suffix des Verbalkomplexes ist. Beide Allomorphe tragen Kontrastton gegenüber der vorangehenden Silbe. Bei intransitiven Verben erfolgt Markierung von Totalität durch die ICPs (Schuh & Gimba 2004-2012 [Verbal Extensions: 12]): „Though it is a mystery how Bole developed this morphological complementarity (...), the functional conflation of these morphologically distinct expressions receives comparative support", (s. dazu auch 4.2.2.1). Während die Totalitätserweiterung in keinem syntaktischen Kontext obligatorisch ist, ist ihre Verwendung in negierten und Fragesätzen ausgeschlossen.

4.4.2.1.3 Additiv

Die Additiverweiterung erscheint mit unerweiterten Verbalstämmen sowie in Kombination mit dem Ventiv (Schuh & Gimba 2004-2012 [Verbal Extensions]: 17, Gimba 2000: 128). Sie ist bei transitiven Verben nicht kompatibel mit Totalität, da sie dieselbe Position der Strukturfolgeordnung besetzt wie der Totalitätsmarker. Intransitive Verben, bei denen Totalität durch ICPs markiert wird, können zusätzlich den Additivmarker annehmen. Der Additivmarker besitzt die Allomorphe -**du**- und -**di**, deren Distribution analog zu der der Totalitätsallomorphe ist.

Die Funktion der Additiverweiterung ist nicht einfach festzumachen: (Schuh & Gimba 2004-2012 [Verbal Extensions: 18]):

> The fundamental sense of the additive extension, however, is that some element other than a direct or indirect object is added to the base event. In the repetitive sense, this added element is the event itself, but it may be essentially any ‚oblique' element inferable form context: location, time, instrument/accompanying item, or manner. A typical environment for the additive is as a sort of an oblique resumptive 'pronoun' referring to the antecedent of a relative clause, but it may also apply to referents across clauses.

Schuh & Gimba führen eine Reihe von Beispielsätzen an, von denen hier einige zur Veranschaulichung wiedergegeben werden. Das Additivsuffix ist jeweils fettgedruckt:

Tabelle 190: Bole, Beispiele zur Funktion der Additiverweiterung (Schuh & Gimba 2004-2012 [Verbal Extensions]: 18f)

Wiederholung
(417) sàwwí-náa-**dì** zúurú móodì
give me another handful (repeat-to_me-again handful one)

Lokativ
(418) kòorì làa Bámói kàppú-**dùu** ʔyàlá yê
the farm that Bamoi planted guinea corn on

Zeit
(419) jájìl làa Bámói kàppú-**dùu**[225] ʔyàlá yê
the time when Bamoi planted the millet

Instrument
(420) jàɗà làa Bámói kàppú-**dùu**[225] ʔyàlá yê
the hoe that Bamoi planted millet with

Art und Weise
(421) gòggò làa Bámói kàppú-**dùu**[225] ʔyàlá yê
the way in which Bamoi planted the millet

4.4.2.1.4 Zusammenfassung

Tabelle 191 fasst die drei beschriebenen Verbalerweiterungen im Bole zusammen. Mit der Verbalbasis der Klasse A1 **kón-** „pick up, take" gebildete Beispiele sind Schuh & Gimba (2004-2012 [Verbal Extensions]: 11f) entnommen. Beispiele mit der Verbalwurzel **ngór-** „tie" stammen aus den Übersichtstabellen in Appendix 2 von Gimba (2000: 185ff). Alle Beispiele sind in der Form aufgeführt, in der sie mit einem Subjekt in der 3.Sg erscheinen.

Zur Verdeutlichung sind die Erweiterungsmarker fettgedruckt und die entsprechenden unerweiterten Formen sind zu Vergleichszwecken zusätzlich angegeben. In den Formen, in denen Totalität und Ventiv bzw. Additiv und Ventiv kombiniert auftreten, ist das Ventivsuffix

---

[225] Diese drei Sätze könnten auch ohne die Additiverweiterung gebildet werden.

fettgedruckt und das Totalitäts- bzw. Additivsuffix durch Unterstreichung gekennzeichnet. Die Formen der Additiverweiterung sind nur im Perfektiv angegeben, da sich Additiv- und Totalitätsformen nur durch ihr Suffix voneinander unterscheiden (-**tu**-/-**ti** resp. -**du**-/-**di**) und daher Additivformen leicht ableitbar sind (s. dazu auch FN 228). Konstruktionen mit intransitiven Verben wurden nicht berücksichtigt.

Tabelle 191: Bole, Verbalerweiterungen (Ventiv, Totalität und Additiv)

		ØO	IOP	DOP
	Perfektiv			
	ØErw.	kón-wòo-yí	kón-táa-wó	kón-táa-wó
		take-PM-NIO	take-3.SGF-PM	take-3.SGF-PM
(422)	Vent	kònú-ŋ-gòo-yí	kòní-ŋ-káa-ŋ-gó	kòní-ŋ-káa-ŋ-gó
		take-VENT-PM-NIO	take-VENT-2.SGM-VENT-PM	
	Tot	kón-**tù**-wó	kón-táa-**tì**	kón-**tùu**[226] ítà
		take-TOT-PM	take-3.SGF-TOT	take-TOT 3.SGF
(423)	Vent, Tot	kònú-n-**tù**-ŋ-gó	kòní-ŋ-ká-n-**tì**	kòn-ú-n-**tù**-n kái
		take-VENT-TOT-VENT-PM	take-VENT-2.SGM-VENT-TOT	
	Add	ngór-**dù**-wó[227]	kón-táa-**dì**[228]	kón-**dùu** ítà
		tie-ADD-PM	take-3.SGF-ADD	take-ADD 3.SGF
	Vent, Add	kònú-n-**dù**-n-gó	kòní-n-tá-n-**dì**	kònú-n-**dù**-n ítà
		take-VENT-ADD-VENT-PM	take-VENT-3.SGF-VENT-ADD	take-VENT-ADD-VENT 3.SGF

---

[226] Bei dieser Form ist das zugrundeliegende PM -**wo** unterdrückt. Aus diesem Grund erscheint das -**tu**-Allomorph des Totalitätssuffixes, das nur dann auftritt, wenn ihm noch ein Suffix folgt.
[227] Gimba (2000: 128)
[228] Diese und die übrigen kursivgesetzten Additivformen sind von mir analogisch gebildet (Gimba 2000: Appendix: „The Additive extension with transitive verbs has forms identical to the Totality, but with -d- in place of -t- in all forms. With Intransitive verbs, the Totality is mutually exclusive with the Intransitive Copy Pronoun (ICP). The Additive can, however, cooccur with the ICP."

		ØO	IOP	DOP
	Subjunktiv			
	ØErw.	kòní-ì	kòn-tó	kòń-tò
(424)	Vent	kònú-t-**tùu**-yí	kòní-**k**-kó	kòní-**k**-kàa-yí[229]
		take-VENT-VENT-NIO	*take*-VENT-2.SGM	
	Tot	kòn-**tí**	kòn-táa-**tì**	kòn-**tí** ítà
(425)	Vent,	kòní-t-**tí**	ngòrí-t-tá-t-**tì**	ngòrí-t-**tí** ítà
	Tot	*take*-VENT-TOT	*tie*-VENT-3.SGF-VENT-TOT	
	Futur			
	ØErw.	à kònáa-yí	à kòná-tó	à kòná-tò
(426)	Vent	à ngòr-**àakóo**-yí	à ngòr-**àakí**-n-tá-n-gó	à kòn-**àakí**-n-tá-n-gó
		AGR *tie*-VENT-NIO	AGR *tie*-VENT-VENT-3.SGF-VENT-PM	AGR *tie*-VENT-VENT-3.SGF-VENT-PM
	Tot	à kònà-**tí**	à kònà-táa-**tì**	à kònà-**tí** ítà
	Vent,	à kòn-**àakí**-t-**tí**	à ngòr-**àakí**-n-tá-n-**tì**	à ngòr-**àakí**-t-**tí** íta
	Tot			
		AGR *take*-VENT-VENT-TOT	AGR *tie*-VENT-VENT-2.SGF-VENT-TOT	AGR *tie*-VENT-VENT-TOT 3.SGF.UP
	Imperativ Sg			
	ØErw.	kòní-ì	kòn-tó	kón-táa-yí[229]
(427)	Vent	ngòrì-t-t-î	ngòrí-t-tó	ngòrí-t-tàa-yí[229]
		tie-VENT-VENT-ImpSG	*tie*-VENT-3.SGF	*tie*-VENT-3.SGF-NIO
	Tot	kón-**tì**	kòn-táa-**tì**	kón-**tì** ítà
(428)	Vent,	kòní-t-**tí**	kòní-t-tá-t-**tì**	kòní-t-**tí** ítà
	Tot	*take*-VENT-TOT	*take*-VENT-3.SGF-VENT-TOT	take-vent-tot 3.sgf.up

---

[229] Schuh & Gimba (2004-2012 [Objects, direct and indirect]: 6): „In subjunctive and imperative, ventive stem + DO adds the clitic -*yi*, triggering the NON-FINAL forms of the object clitics. Additon of -*yi* is anomalous because normally this clitic signals an unexpressed object and is thus mutually exclusive with both noun and pronoun objects."

4.4.2.2 Karekare

Wie die anderen im Yobe-Staat gesprochenen Bole-Tangale-Sprachen besitzt auch das Karekare die drei Verbalerweiterungen Ventiv, Totalität und Additiv, wobei das Ventivsuffix der Verbalbasis näher steht als die anderen beiden Erweiterungselemente. Da Schuh (o.J.(a)) die Paradigmata fast und (2010a) völlig unkommentiert präsentiert, wurde davon abgesehen, Interlinearübersetzungen anzufertigen.

4.4.2.2.1 Ventiv

Im Perfektiv wird der Ventiv durch das Suffix -(n)ee vor dem PM oder nominalen bzw. pronominalen Objekt markiert. Im Subjunktiv und den imperfektiven TAMs ersetzt bei Formen ohne Objekt und mit nominalem Objekt das Suffix -tu den verbalen Auslautvokal. Vor pronominalem Objekt entfällt der verbalstammauslautende Vokal. Anders als Totalität und Additiv erscheint der Ventivmarker vor einem IOP. Mit dem Ventiv wird angezeigt, dass die Verbalhandlung an einem anderen als dem Referenzort initiiert wurde, aber Auswirkungen auf diesen hat.

4.4.2.2.2 Totalität

Die Totalitätsmarkierung ist abhängig von der TAM-Form und der Anwesenheit von Objekten. Verbalformen ohne Objekt zeigen das Suffix -si, vor nominalem Objekt erscheint -ka und vor pronominalem -n(a). Zum Teil gehen mit diesen Suffixen tonale Veränderungen einher.

Mit der Totalitätserweiterung wird ausgedrückt, dass eine Handlung bis zur Vollendung durchgeführt wurde – entweder dadurch, dass alle Objekte von ihr betroffen sind, oder durch Erreichen eines logischen Endpunkts. Im Karekare, wie auch in zum Teil in den anderen in Yobe State gesprochenen Bole-Tangale-Sprachen (Bole und Ngamo), ist der Gebrauch der Totalitätserweiterung sehr eng mit dem TAM-System verflochten, so dass bspw. neutrale Aussagen im *Completive* normalerweise totalitätsmarkiert sind, während Totalität in den anderen TAM-Kategorien wesentlich seltener auftritt. Wie auch im Bole kann Totalität weder in negierten noch in Fragesätzen markiert werden.

4.4.2.2.3 Additiv

Additiv wird durch das Suffix **-du**/**-di** angezeigt. Im *Completive* erscheint es bei Formen mit nominalem und pronominalem direkten Objekt in Verbindung mit **-ga**. Ob es sich hierbei um ein Allomorph des PM handelt, lässt sich aufgrund des vorliegenden Datenmaterials nicht entscheiden.

Die Additiverweiterung kann unterschiedliche Funktionen haben. Schuh schreibt dazu (o.J.(a): 4) „The more or less ‚neutral' meaning, is ‚do more of' the action, but with proper context, it can mean ‚do the action in a place referred to', ‚do the action in a manner referred to', and other such meanings." Offensichtlich deckt die Additiverweiterung im Karekare ein ähnliches Bedeutungsspektrum ab wie im Bole.

4.4.2.2.4 Zusammenfassung

Tabelle 192 gibt einen Überblick über die im Karekare vorkommenden Verbalerweiterungen in verschiedenen morphosyntaktischen Umgebungen. Hierbei sind die von Schuh für die Verbalklasse A1 mit dem Verb **as-** „pick up" sowie **tàmcí** „sheep" aufgeführten Beispiele erfasst. Der jeweilige Erweiterungsmarker ist – wenn eindeutig identifizierbar – fettgedruckt.

Morphologie des Verbalkomplexes

Tabelle 192: Karekare, Verbalerweiterungen (Schuh o.J.(a): 4ff)

	ØErw.	Ventiv	Totalität	Additiv
Completive				
Subjekt im Sg				
ØO	àsúkò	àsnéekò	àsúusíkò	àsúudùgó
NO	àsûu tàmcí	àsnée tàmcí	àsúukà tàmcí	àsúudùgá tàmcí
DOP 3.Sgf	àsútàakò	àsnéetàakò	àsûntákò	àsúudùgá tè
IOP 3.Sgf	àsêetò	àsnêetó	àsêetàsì	àsêetádì
Subjekt im Pl				
ØO	àsánkò	àsàanéekò	àsánsíkò	àsándùgó
NO	àsân tàmcí	àsàanée tàmcí	àsánkà tàmcí	àsándùgá tàmcí
DOP 3.Sgf	àsántàakò	àsàanéetàakò	àsánnàtákò	àsúudùgá tèe
IOP 3.Sgf	àsântò	àsàanêetó	àsántàsì	àsêtádì
Subjunktiv				
ØO	àsée	ástù	àssì	àsdí
NO	àsée tàmcí	ástù tàmcí	àská tàmcí	àsdí tàmcí
DOP 3.Sgf	àsée tè	ás tè	àsnàtó	àsdí tè
IOP 3.Sgf	àstó	ástò	àstásì	àsêetádì
nicht-perfektive TAMs				
ØO	náa àsàa	náa ástù	náa àsáasì	náa àsáadì
NO	náa àsáa tàmcí	náa ástù tàmcí	náa àsáakà tàmcí	náa àsáadì tàmcí
DOP 3.Sgf	náa àsáa tè	náa ás tèe	náa àsàntò	?
IOP 3.Sgf	náa àsáatò	náa ástò	náa àsàatásì	náa àsâatadì

4.4.2.3 Ngamo

Wie Bole und Karekare besitzt auch das Ngamo die drei Verbalerweiterungen Ventiv, Totalität und Additiv. Die Formen der Marker für die einzelnen Verbalableitungen variieren abhängig von der TAM-Form und der syntaktischen Umgebung, was mitunter auch tonale Veränderungen am Verbalstamm und z.T. auch nominalen Objekt nach sich zieht. Wie auch im Karekare präsentiert Schuh (o.J.(b), 2010b) das Material fast unkommentiert, weshalb die Erstellung von Interlinearübersetzungen nicht unternommen wurde.

4.4.2.3.1 Ventiv

Im Perfektiv ersetzt der Ventivmarker **-no** den PM **-ko**. Im Subjunktiv und Futur hat der Ventivmarker die Gestalt **-tu**.

4.4.2.3.2 Totalität

Verbalformen im Perfektiv treten im Ngamo (in etwas geringerem Ausmaß auch im Karekare) häufiger mit als ohne Totalitätserweiterung auf (Schuh 2005a: 10). Ausgeschlossen ist der Totalitätsmarker in negierten Sätzen sowie in Fragen. Das Totalitätssuffix und das Additivsuffix besetzen dieselbe Position der Strukturfolgeordnung und sind deshalb nicht miteinander kombinierbar. Wegen der engen Verflechtung von TAM-System und Verbalderivation sind die Formen des Totalitätsmarkers schwierig zu bestimmen. In den nicht-perfektiven TAMs (s. Subjunktiv und Futur in Tabelle 192) lässt sich bei den Formen ohne Objekt und mit IOP ein Marker **-ti-** identifizieren, dem vor nominalem Objekt noch **-k** folgt. Die Verbalform mit DOP zeigt ein Formativ **-in-**, das vor dem DOP erscheint. Dieses Formativ erscheint auch in der entsprechenden Verbalform im Perfektiv, ebenso wie auslautendes **-k** vor nominalem Objekt, das in diesem Fall allerdings dem PM **-ko** folgt. Die totalitätsmarkierte Form ohne Objekt im Perfektiv unterscheidet sich von der unerweiterten nur durch ihr Tonmuster.

4.4.2.3.3 Additiv

Im Perfektiv erscheint in durch das Additivsuffix erweiterten Formen ohne genanntes Objekt sowie mit nominalem und pronominalem direkten Objekt anstelle des PM **-ko** das Suffix **-go**[230]. Bei der Form mit IOP folgt diesem **-di**, das auch bei den Additivformen im Subjunktiv und Futur in auslautender Position erscheint, wobei zum Teil tonale Veränderungen festzustellen sind.

---

[230] Möglicherweise handelt es sich um den PM, dessen Anlautkonsonant modifiziert ist.

4.4.2.3.4 Zusammenfassung

Die folgende Tabelle fasst Beispiele für alle Verbalerweiterungen in verschiedenen syntaktischen Kontexten zusammen. Wann immer möglich, sind die Erweiterungssuffixe durch Fettdruck markiert. Schuh (o.J.(b), 2010b) verwendet das Verb **ngar-** „tie" sowie **tèmshí** „sheep" zur Darstellung der Verbalformen.

Tabelle 193: Ngamo, Verbalerweiterungen (Schuh o.J.(b): 4ff)

	unerweitert	Ventiv	Totalität	Additiv
Completive				
Subjekt Sg				
ØO	ngàrkô	ngàr**nô**	ngárkò	ngár**gò**
NO	ngàrkó tèmshí	ngàr**nó** tèmshì	ngárkók tèmshí	ngár**gó** témshí
DOP 3.Sgf	ngàrkó têe	ngàr**nó** têe	ngàríntô	ngár**gó** tê
IOP 3.Sgf	ngàrtò	ngàrìntò	ngàrtòotî	ngàrtòo**dî**
Subjekt Pl				
ØO	ngàrànkô	ngàràa**nô**	ngàránkò	ngàrán**gò**
NO	ngàrànkó tèmshì	ngàràa**nó** tèmshì	ngàránkók tèmshì	ngàrán**gó** témshì
DOP 3.Sgf	ngàrànkó têe	ngàràa**nó** têe	ngàrántô	ngàrán**gó** tê
IOP 3.Sgf	ngàràntò	ngàrìntò	ngàràntòotî	ngàràntòo**dî**
Subjunktiv				
ØO	à ngàrî	à ngàr**tû**	à ngàrtì	à ngàr**dì**
NO	à ngàr témshì	à ngàr**tú** tèmshì	à ngàr**tík** tèmshì	à ngàr**dì** témshì
DOP 3.Sgf	à ngàr tê	à ngàr**tú** tê	à ngàrìntò	à ngàr**dì** tê
IOP 3.Sgf	à ngàrtò	à ngàríitò	à ngàrtòotî	à ngàrtòo**dî**
Futur				
ØO	à ngárâi	à ngàr**tû**	à ngártì	à ngár**dì**
NO	à ngárá témshì	à ngàr**tú** tèmshì	à ngár**tík** tèmshì	à ngár**dí** témshì
DOP 3.Sgf	à ngárá tê	à ngàr**tú** tê	à ngárìntò	à ngár**dí** tê
IOP 3.Sgf	à ngártò	à ngàríitò	à ngártóìitî	à ngártóìi**dî**

4.4.2.4 Ventiv im Bele

Im Bele hat Schuh Material zu Ventiv und Totalität im Perfektiv abgefragt (Schuh 1978: 21) – wobei er keine Belege für Totalität mit transitiven Verben finden konnte. Für intransitive Verben beschreibt er als Totalität eine Konstruktion mit ʔyan „Ding", dem ein Possessivpronomen suffigiert wird (Schuh bezeichnet diese Konstruktion als ICP) und die gegenüber „normalen" Perfektivkonstruktionen besondere syntaktische Eigenschaften aufweist. Diese Konstruktion wird im vorliegenden Abschnitt nicht berücksichtigt (s. dazu auch 4.2.2). In der Form der direkten Objektpronomina (KaŋV) vermutet Schuh eine Verschmelzung mit dem Totalitätsmarker (s. dazu 3.2.4). Er macht keine Aussage dazu, ob es im Bele noch weitere Verbalerweiterungen gibt bzw. wie die beschriebenen in anderen TAM-Kategorien aussehen.

Im Ventiv wird der Verbalbasis -û suffigiert, das Schuh (ibid.) aus komparativen Gründen als *-ú-nù rekonstruiert. Wie in folgender Tabelle zu sehen, ist der Unterschied zwischen Formen mit maskulinem und femininem bzw. singularischem und pluralischem Subjekt im Ventiv neutralisiert.

Tabelle 194: Bele, Ventiverweiterung im Perfektiv (Schuh 1978: 22)

ØErw., ØO	tì pànákò[231]	she carried
Vent, 3.Sgm	hì pánû	carry
Vent, 3.Sgf	tì pánû	
Vent, 3. Pl	màahà pánû	

4.4.2.5 Ventiv im Kirfi

Im Kirfi – wie im Bele – gibt es bei transitiven Verben keine Totalitätserweiterung. Schuh führt für intransitive Verben eine Konstruktion mit jìm „Ding" an, die er als äquivalent zur Totalitätserweiterung anzusehen scheint (Schuh 1978: 38), s. dazu 4.2.1. Diese Konstruktion wird im vorliegenden Kapitel nicht berücksichtigt.

Der Ventivmarker ist im Perfektiv segmental identisch mit dem Marker für Pluralität des Subjekts (s. dazu 2.4), d.h. -n bei einsilbigen und -ín bei allen anderen Verben, und er erscheint auch an derselben Stelle in

---

[231] Schuh (1978: 21)

der Strukturfolgeordnung. Deshalb kann im Plural kein Unterschied zwischen nicht erweiterter Verbalform und Ventiv gemacht werden.

Tabelle 195: Kirfi, Ventiverweiterung im Perfektiv (Schuh 1978: 39)

ØErw., ØO	shì ɗéewò[232]	he got (it)
Ventiv, S Sg	shì ɗénkò	he got (it and brought it)
+/– Ventiv, S Pl	mù ɗénkò	we got (it) oder
		we got (it and brought it)

4.4.2.6 Totalität im Galambu

Im Galambu gibt es nur eine Konstruktion, die Schuh als Verbalerweiterung bezeichnet. Es handelt sich dabei um Totalität, die durch nachgestelltes **kə̀rí** „outside" gebildet wird, das das auslautende -la der neutralen Perfektivform ersetzt. Schuh beschreibt die Totalitätskonstruktion nur im Zusammenhang mit dem Perfektiv, gibt allerdings auch ein Beispiel im *Imperfective* mit direktem Objektpronomen an, das in gleicher Weise konstruiert ist. Der Vollständigkeit halber wird diese Konstruktion hier gezeigt, aber nicht in den Vergleich einbezogen.

Tabelle 196: Galambu, Totalitätserweiterung im Perfektiv und *Imperfective* (Schuh 1978: 68)

Perfektiv		
Ø Erw., ØO	nà jáalà[233]	I put (it) down
Tot, ØO	shì mázáa **kə̀rí**	he shot (it) down
Tot, ØO	shì bàyáa **kə̀rí**	he sold (it)
Vent, intr	shì pázàa **kə̀rí**	he went outside
Imperfective		
Vent, DOP	ná pàzgàa **kə̀rí**[234]	I'll get you out

4.4.2.7 Ventiv im Gera

Wie Kirfi und Galambu hat auch das Gera keine Totalitätskonstruktion transitiver Verben. Als Äquivalent der Totalitätskonstruktion bei

---

[232] Schuh (1978: 38)
[233] Schuh (1978: 66)
[234] Schuh (1978: 67). Ein geeignetes unerweitertes Beispiel konnte nicht gefunden werden.

intransitiven Verben beschreibt Schuh wiederum eine Konstruktion mit „Ding", die in diesem Abschnitt nicht berücksichtigt wird (s. dazu 4.2.2).

Die von Schuh im Perfektiv beschriebene Ventivkonstruktion unterscheidet sich nur bei hochtonigen KVK-Verben im Singular von unerweiterten Verben. In Tabelle 197 ist der durch sie bedingte tonale Unterschied aufgezeigt.

Tabelle 197: Gera, Ventiverweiterung im Perfektiv (Schuh 1978: 100)

ØErw., ØO	sì gîdmí	he carried (it)
Vent, ØO	sì gìdmí	he carried (it) here

4.4.2.8 Geruma

Im Geruma beschreibt Schuh zwei Verbalerweiterungen, Ventiv und Totalität.

4.4.2.8.1 Ventiv

Ventiv wird durch einen Tiefton auf der Verbalbasis sowie ein Suffix markiert, dessen Form Schuh (1978: 127) als -ìŋ beschreibt und das bei pluralischem Subjekt anstelle des Pluralsuffixes erscheint. Zur Verdeutlichung sind in Tabelle 198 auch die neutralen Formen aufgeführt. Schuh führt keine Beispiele mit nominalem Objekt an, bei Anwesenheit eines pronominalen Objekts ist zumindest bei singularem Subjekt der Unterschied zwischen unerweiterter Form und Ventiv ausgeglichen.

4.4.2.8.2 Totalität

Bei transitiven Verben wird Totalität durch ein vor dem PM -áalà eingefügtes -n- markiert (Schuh 1978: 126). Bei Anwesenheit eines pronominalen Objekts ist bei singularischem Subjekt der Unterschied zwischen Neutralität und Totalität aufgehoben. Es gibt kein Beispiel ohne Objekt bzw. mit intransitivem Verb.

Wiederum führt Schuh eine Konstruktion mit „Ding" als Äquivalent der Totalitätserweiterung bei intransitiven Verben an, die hier nicht berücksichtigt wird.

4.4.2.8.3 Zusammenfassung

In Tabelle 198 sind die Beispiele zu Ventiv und Totalität im Geruma zusammengefasst.

Tabelle 198: Geruma, Verbalerweiterungen im Perfektiv (Schuh 1978: 127f)

	ØErw.	Vent	Tot
ØO, S	gyátálà[235]	gyàtìŋálà	
Sg	he brought (it)	he brought (it) *here*	
ØO, S	mù gyàtàŋálà	mù gyàtìŋálà	
Pl	we brought (it)	we brought (it) *here*	
NO	shì ŋwálí yòo áalà		shì tíi kànkì n-áalà
			3.SGM *eat tuwo* TOT-PM
	he shot the bird		he ate up the tuwo

4.4.2.9 Kwami

Leger beschreibt für das Kwami folgende Verbalerweiterungen, die (fast) frei miteinander kombinierbar sind: Intensiv/Intensiv-Iterativ, Finale Erweiterung, Kausativ, Destinativ/Ventiv und Fokussierung.

Intensiv, Intensiv-Iterativ, finale Erweiterung und Kausativ sind enger mit dem Verbalstamm verbunden als das Destinativ/Ventiv-Suffix sowie das Fokussierungssuffix. Dies zeigt sich zunächst darin, dass sie innerhalb der Strukturfolgeordnung stets vor diesen erscheinen (und auch vor dem Habitualsuffix). Außerdem kopieren die finalen Erweiterungssuffixe den Ton der Verbalbasis. Destinativ/Ventiv wird im *Perfekt* anders markiert als in den übrigen TAM-Kategorien. In diesem Kapitel sind die finale Erweiterung und Destinativ/Ventiv – die Totalität resp. Ventiv in den anderen Sprachen entsprechen – Gegenstand der Betrachtung.

4.4.2.9.1 Destinativ/Ventiv

Destinativ-Ventiv wird im *Perfekt* durch -**n**(**a**), und in allen nicht-perfektischen TAM-Formen durch -**d**(V) markiert, wobei Leger (1994: 222) die auslautenden Vokale nicht zur Form der Marker hinzuzählt. Das Dest/Vent-Morphem erscheint nach dem Final- und Kausativmorphem,

---

[235] Schuh (1978: 126)

aber vor dem Habitualsuffix. Morphologisch kann nur im Futur, Progressiv und Imperativ bei Antritt von Objektpronomina im Singular zwischen Destinativ (Hinbewegung) und Ventiv (Herbewegung) unterschieden werden (s. Bsp. (431)-(438)). Die Objektpronomina im Singular im Destinativ lauten in diesem Fall auf -**e** aus, im Ventiv auf -**o**/-**i**.

Leger (ibid.) charakterisiert die Funktion des Destinativ/Ventivs folgendermaßen: „Dabei ist aber nicht nur die rein räumliche Distanz, sondern auch die potentielle Möglichkeit zu verstehen, das Geschehen woanders – sei es dort(hin) oder auch von dort(her) – beeinflussen zu können."

4.4.2.9.2 Finale Erweiterung

Das finale Erweiterungssuffix (Leger 1994: 220) erscheint vor allen anderen Erweiterungssuffixen – und auch vor dem vorbonominalen auslautenden -**a**. Seine enge Verbindung mit der Verbalbasis zeigt sich überdies darin, dass es deren Ton kopiert. Die Funktion der finalen Erweiterung beschreibt Leger folgendermaßen: „Durch Suffigierung von -**idd**(-) an die Verbalbasis wird eine finale (‚terminale') oder auch totale Vollendung eines verbalen Geschehens angezeigt." Er macht keine Angaben zu einer evtl. Einschränkung der Distribution des Finalsuffixes.

4.4.2.9.3 Zusammenfassung

Tabelle 199 gibt einen Überblick über die beschriebenen Verbalerweiterungen. Nur im *Perfekt*, Futur und Subjunktiv gibt es Beispiele zu beiden beschriebenen Verbalerweiterungen. In den Beispielen zum Narrativ, die aus längeren Sätzen bestehen, sind (wie im Original) die erweiterten Verbalformen und ihre Entsprechungen in der Übersetzung durch Unterstreichung markiert.

Morphologie des Verbalkomplexes

Tabelle 199: Kwami, Verbalerweiterungen

		ØErw.	Dest/Vent	Fin	Dest/Vent, Fin
	Perfekt				
(429)	NO	kè pànd-ù-gó lóo[236]	yì shùm-ì-**ná** yèɗɗín[236]	yìn pánd-íɗɗ-í lóo[240]	tàan-ìɗɗ-ì-**ná**[237] *auspressen-FIN-x-DEST/VENT*
		du (m) hast Fleisch geröstet/ verbrannt	er hat die Hunde geschlagen	sie rösteten das Fleisch ganz und gar	total (her/hin) auspressen
	Futur				
(430)	ØO	yìn shèr-àn[238]	yì búnk-ù-**dù**[239]	(shùm-áy) – shùm-**ìɗɗ**-áy[240]	táan-**íɗɗ**-ù-**dù**[237]
		sie werden stehen	er wird verbergen	(schlagen) - zu Tode prügeln	total (her/hin) auspressen
(431)	DOP	?	yì púllù-**dù**-nì[239]	?	?
			er wird ihn/es ausgraben (**Vent**)		
(432)	DOP	?	yì kwáalù-**di**-w-wù[239]	?	?
			er wird sie (Pl) schälen (**Dest**)		

---

[236] Leger (1994: 247)
[237] Leger (1994: 228)
[238] Leger (1994: 232)
[239] Leger (1994: 223)
[240] Leger (1994: 220)

		ØErw.	Dest/Vent	Fin	Dest/Vent, Fin
	Subunktiv				
(433)	ØO	kè shèr-é[241]	bùnkú-dù[242] bùnkù-dú	?	?
		mögest du (m) stehen	verbergen	?	?
(434)	NO	?	gálkò tè shùmù-dú-gò[243]	gálkò shùɓìd-ìɗɗ-è máná ɓà[240]	
		?	es wäre besser, sie schlüge dich (m) (her bzw. hin)	es wäre besser, du würdest das Haus nicht total zerstören	
		ØErw.	Dest/Vent		
	Habitual				
(435)	ØO	yì kwáal-ì-shè[244] er pflegt zu schälen	yì shím-ì-dì-shè[245] er pflegt zusammenzubringen		
	Imperativ				
(436)	ØO	ɗín-ú/ɗíná[246] koche!/kocht!	tàan-ù-dó[245] presse (her/hin)!		
(437)	DOP	?	ùpù-dó-nì[245]		
		?	zeigen-VENT-3.SGM		
		?	zeig ihn/es! (**Vent**)		
(438)		?	yàgù-dí-y-yì[245]		
		?	übertriff ihn! (**Dest**)		

---

[241] Leger (1994: 241)
[242] Leger (1994: 224). Im Dest/Vent treten zwei tonale Varianten des Subjunktivs auf: entweder ist der Verbalstamm TH oder TT, das Dest/Vent-Suffix verhält sich in jedem Fall kontrasttonig zur vorangehenden Silbe.
[243] Leger (1994: 153)
[244] Leger (1994: 235)
[245] Leger (1994: 225)
[246] Leger (1994: 236)

	ØErw.	Dest/Vent
	Narrativ	
(439) intr	jàná kání fádí[247]	Báwshì kál Kálàm ìbùdù példèm tì Yámàl[247]
	eine Gazelle kam heraus	die Bauchi und Kalam brachen von Jemen aus hierher auf

4.4.2.10 Ventiv im Tangale

Im Tangale gibt es nur im Aorist-*Intentional* und *Perfect* eine Ventiverweiterung, die Jungraithmayr (1991: 46) als „Altrilocal-Ventive or Distance" bezeichnet. Das Ventivsuffix im Aorist-*Intentional* lautet -**tu**/-**du**, im *Perfect* ersetzt -**na** den PM -**ko**.

Tabelle 200: Tangale, Ventiverweiterung (Jungraithmayr 1991: 46)

			Aorist-*Intentional*
(440)	ØErw., intr	sàkɛ̀	descend (away from here)
(441)	Vent, intr	sàktù	descend (towards here)
			Perfect
(442)	ØErw., intr	sàkkɔ̀	descend (away from here)
(443)	Vent, intr	sàknà	descend (towards here)

4.4.2.11 Ventiv im Kanakuru

Das Kanakuru zeigt die beiden Verbalableitungen Ventiv und Totalität, wobei Totalität (Newman 1974: 77f) nicht mittels eines derivativen Affixes sondern durch ein separates, der Verbalphrase nachgestelltes adverbiales Element **àané** ausgedrückt wird und deshalb hier nur der Vollständigkeit halber Erwähnung findet.

Die meisten Verben im Kanakuru können mit dem Ventivsuffix erweitert werden (ibid.: 73), syntaktisch ist diese Konstruktion allerdings auf Aux1 (d.h. die mit finitem Verb gebildeten Paradigmata, s. 4.3.2.10.1) beschränkt. Das Ventivsuffix folgt direkt der Verbalbasis und erscheint in zwei Varianten, vor Pronomina als -**tə**-, in allen anderen Umgebungen

---

[247] Leger (1994: 239)

als -**ru**. Mit dem Erscheinen des Venitvsuffixes geht eine tonale Veränderung einher, die bisweilen die zugrundeliegenden tonalen Verbalklassen aufhebt. Der Ventivmarker -**ru** wird entweder allein oder in Kombination mit dem präpronominalen Marker verwendet (s. Bsp. (444)). Im Imperativ, der per se schon auf -**u** auslautet, wird das auslautende -**u** des Ventivmarkers -**ru** zu -**o**, s. Bsp. (448).

Tabelle 201: Kanakuru, Ventiv (Newman 1974: 73)

		ØErw.	Vent
	Perfektiv		
(444)	ØO	à muke	à muktəru
		he threw at (it)	he threw at (it) (in this direction)
(445)		à koi	à ko**ru**
		he caught (it)	he caught (it) (there and brought it here)
(446)	intr	à ma-ni	à matə-ni
		AGR *return-ICP3.SGM*	
		he returned (there)	he returned (here)
(447)	IOP, NO	à shi-no dok	à shittə-no dok
		AGR *steal-1.SG horse*	AGR *steal-VENT-1.SG horse*
		he stole a horse from me	he stole a horse for me
	Imperativ		
(448)		kàpú[248]	kóorò![249]
		plant (it)! (m, f, Pl)	catch (it) (*hither*)!

4.4.2.12 Ventiv im Pero

Frajzyngier beschreibt im Pero eine Ventiv- und eine Kausativerweiterung, wobei letztere hier nicht betrachtet wird.

Ventiv (Frajzyngier 1989: 92ff) wird durch zwei verschiedene aspektsensitive Suffixe markiert, im *non-Completed* durch das Suffix -**tù**, im *Completed Aspect* durch -(**í**)**nà**. Das Ventivsuffix -**tù** wird bei Monoverben

---

[248] Newman (1974: 253)
[249] Newman (1974: 76)

dem Verbalstamm A suffigiert[250] und kann in Verbindung mit dem Imperativ, *Optative,* Futur, Prohibitiv und dem negativen Äquivalent des *Completed Aspect* auftreten. Mehrsilbige Verben mit leichter erster Silbe erscheinen vor dem Ventivsuffix -**tù** ohne stammauslautenden Vokal. Frajzyngier macht keine Angaben darüber, welchen stammauslautenden Vokal solche mehrsilbigen Verben zeigen, deren Silbenstruktur dies erfordert. Es ist anzunehmen, dass diese dann in Stammform B, d.h. mit hinterem Vokal erscheinen.

Frajzyngier beschreibt nur die Zusammensetzung zwei- und mehrsilbiger Verben mit dem *Comp*-Vent Suffix, welches in diesem Fall immer direkt an die Verbalbasis tritt. Hinsichtlich des Anlautvokals des Ventivsuffixes -(**í**)**nà** führt er aus, dass dieser nur dann erscheine, wenn die erste Silbe des Verbs schwer ist, bzw. wenn die Suffigierung der anlautvokallosen Form in einer unzulässigen Konsonantenfolge resultieren würde.

Mit dem Ventiv wird ausgedrückt, dass sich die Verbalhandlung an einem anderen Ort als dem Ort des Sprechakts zuträgt bzw. zutrug oder dass ihr eine Bewegung zum Sprech- oder Referenzort folgt.

In Tabelle 202 sind erweiterte und nicht erweiterte Verbalformen einander gegenübergestellt.

Tabelle 202: Pero, Ventiv (Frajzyngier 1989: 95f)

		ØErw. *Completed Aspect*	Vent
(449)		intr	ámb-**ínà** tì pókáyà climb-COMPVENT PREP west he came from the west
(450)	NO	nì-íp-kò tújè[251] 1.SG-catch-COMP horse I brewed the beer	ní-íp-**nà** tújè 1.SG-catch-COMPVENT horse I caught a horse

---

[250] Das Verb erscheint vor dem Ventiv immer in Stammform A, auch wenn es zusätzlich einen TAM-Marker trägt, der normalerweise mit der Stammform B erscheint! D.h. mehrsilbige Verben erscheinen ohne stammauslautenden Vokal.
[251] Frajzyngier (1989: 98)

	ØErw.	Vent
	Futur	
(451) intr	nì-tà-pétò bírà	nì-tá-wát-**tù** kàn Wórì
	1.SG-FUT-go.B out	1.SG-FUT-come-VENT CONJ Wori
	I will go out	I will come with Wori

4.4.2.13 Additiv im Nyam

Im Nyam gibt es weder eine Ventiv- noch eine Totalitätserweiterung. Am Ende der Verbalphrase kann aber optional das Element (-)**dè** auftreten, das eine ähnliche Funktion wie die Additiverweiterung im Bole zu haben scheint (s. 4.4.2.1.3, s. dazu auch Andreas 2012).

In Tabelle 203 ist ein Beispiel für die Additiverweiterung im Nyam gegeben, das sich auf einen Ort oder ein Instrument bezieht – es ist aber auch ein Bezug auf Zeit, Art und Weise u.a. möglich. Der Additivmarker (-)**de** verhält sich hier kontrasttonig zur Auslautsilbe des Objekts. Innerhalb der Strukturfolgeordnung erscheint er nach dem Neg-Marker **dák**.

Tabelle 203: Nyam, Additiv

	ØErw.	Additiv
	Futur (irreal)	
(452) NO	ndàa ór kèdém	ndàa ór kèdém **dè**
	1.SGSP2b mahlen Pennisetum sp.	1.SGSP2b mahlen Pennisetum sp. ADD
	wenn ich (zukünftig) Pennisetum sp. mahlen würde	wenn ich (zukünftig) Pennisetum sp. darauf/ damit mahlen würde

4.4.3 Vergleich

Fast alle der betrachteten Sprachen zeigen eine Ventiverweiterung, wobei sich deren Suffix im Perfektiv in den meisten Sprachen von dem in den übrigen TAM-Formen vorkommenden unterscheidet. Das Ventivsuffix erscheint bei der überwiegenden Mehrzahl der Sprachen direkt nach der Verbalbasis und vor eventuellen weiteren Erweiterungssuffixen. Sowohl die in den einzelnen Sprachen im Perfektiv als auch die in den nicht-perfektivischen TAM auftretenden Ventivmarker sind einander jeweils so ähnlich, dass sie als Kognaten betrachtet werden können: Im Perfektiv zeigen die Sprachen fast einheitlich ein nasalhaltiges Suffix und in den übrigen TAM-Paradigmen Formen, die aus einem alveolaren Konsonanten und einem Vokal bestehen.

Eine Ausnahme bildet das Kanakuru, das in den nicht-perfektivischen Paradigmata keine Ventivbildung mit einem Suffix erlaubt und im Perfektiv (der ohne PM gebildet wird, s. 4.3.2.11.1) Marker zeigt, die Kognaten der in den übrigen Sprachen in den nicht-perfektiven Paradigmata vorkommenden Formen sein dürften.

Nur eine der Sprachen – Kwami – unterscheidet unter bestimmten Umständen zwischen Ventiv und Destinativ, allerdings nicht durch die Verwendung zweier verschiedener Suffixe, sondern durch unterschiedliche Auslautvokale an suffigierten Objektpronomina.

Die Totalitätserweiterung ist nicht sehr weit verbreitet, nur vier (evtl. fünf) der Sprachen zeigen sie – wobei die Marker Kognaten sind. In den drei Yobe-Sprachen unterliegt die Totalitätserweiterung bestimmten distributionellen Einschränkungen, die Schuh (2005a) dazu veranlassen, diese Erweiterung als Auxiliarfokus zu interpretieren (s. 4.2). Das Kwami ist die einzige Sprache, in der die Totalitätserweiterung dem Verbalstamm näher steht als die Ventiverweiterung.

Auch die Additiverweiterung ist praktisch auf die Yobe-Sprachen beschränkt – wobei das Nyam womöglich eine ähnliche Erweiterung zeigt, deren Marker denselben Ursprung haben könnte. Um dazu eine gesicherte Aussage machen zu können, sind weitere Studien vonnöten.

Weiterhin ist bemerkenswert, dass in den drei im Yobe-Staat gesprochenen Bole-Tangale-Sprachen eine außerordentlich enge Verflechtung von TAM-Markierung und Erweiterungssuffixen vorliegt.

Tabelle 204 zeigt die in den Sprachen vorkommenden Derivationssuffixe und macht – für Totalität und Ventiv – Angaben zur Stellung innerhalb der Strukturfolgeordnung sowie Distribution. Die Erweiterungssuffixe sind in der Tabelle ohne Bindestriche aufgeführt.

Tabelle 204: Vergleich Verbalerweiterungen

	Pfv	Ventiv nicht-Pfv	Stellung	Totalität Stellung		Distribution	Additiv
Bo	n	tu	vor OP u. Tot	tu ti	nach Tot.	nicht in Neg u. Fra-gen	du di
Ka	(n)ee	tu	vor OP u. Tot	si ka n(a)	vor OP nach Tot.	nicht in Neg u. Fra-gen	du di
Nga	no	tu	ers. PM, vor Tot	ti(k)		nicht in Neg u. Fra-gen	(di)
Be	û̂	?	?	?	?	?	?
Ki	n	?	?	?	?	?	?
Ga	(kə̀rí)	(kə̀rí)	ers. Teil des PM	?	?	?	?
Gera	Ton	?	?	?	?	?	?
Geru	ìŋ	?	ers. Pl-Suffix	n	vor PM	?	?
Kwa	n(a)	dV	ers. PM, nach Tot	iɗɗ	vor Vent	?	(-/-)
Ta	na	tù	ers. PM	(-/-)	(-/-)	(-/-)	(-/-)
Kana	tə ru	(-/-)	vor OP	(-/-)	(-/-)	(-/-)	(-/-)
Pe	(í)nà	(-/-)	ers. PM	(-/-)	(-/-)	(-/-)	(-/-)
Nya	(-/-)	(-/-)	(-/-)	(-/-)	(-/-)	(-/-)	de

4.4.4 Zusammenfassung

Der Vergleich der in den betrachteten Bole-Tangale-Sprachen vorkommenden Verbalerweiterungen zeigt, dass nur die Ventiverweiterung als rekonstruierbar für die gesamte Sprachgruppe angesehen werden kann. Sowohl Totalität als auch Additiv sind (fast) völlig auf die im Yobe-Staat gesprochenen Bole-Tangale-Sprachen beschränkt und können somit womöglich als Merkmale des von Schuh (2005b: 22) postulierten Yobe-Sprachbunds angesehen werden. Die im Kwami vorkommende Totalitätserweiterung könnte auf die geographische Nähe zwischen Bole und Kwami und die daraus resultierende Kontaktsituation zurückzuführen sein.

Die Tatsache, dass im Kanakuru das in den übrigen Sprachen auf nicht-perfektivische TAM-Formen beschränkte Ventivsuffix im (nicht durch Suffix markierten) Perfektiv erscheint, könnte ein Hinweis darauf sein, dass das Vorkommen des nasalhaltigen Ventivsuffixes mit der Perfektivmarkierung durch ein Suffix zusammenhängt. Es lässt sich keine Beschränkung des auf alveolaren Konsonanten anlautenden Ventivsuffixes auf nominalisierte Verbalstämme feststellen.

Das Nyam hebt sich von den übrigen Sprachen dadurch ab, dass es keine Ventivbildung kennt. Zum möglichen Vorkommen einer Additiverweiterung im Nyam kann zum jetzigen Zeitpunkt keine definitive Aussage gemacht werden.

5 Resümee und Ausblick

Newman (1984) konstatiert in einem bilanzierenden Artikel einen Mangel an brauchbaren Ergebnissen in der vergleichenden Tschadistik, den er vor allem auf Zirkularität der Argumentation zurückführt: (ibid.: 161) "a strong bias to reconstruct Chadic so that it conforms to some supposedly typical AA[252] pattern, followed in turn by the use of these same Chadic reconstructions as confirmation of the pan-AA nature of these patterns."

Auch fast zwanzig Jahre später bewertet Schuh (2008: 272) die Fortschritte in der Tschadistik ähnlich negativ, führt aber andere Gründe an:

> Despite the relatively regular appearance of works on comparative Chadic over the past 40 years, my frank judgment is that the field has seen little progress, either qualitatively or quantitatively since Newman and Ma (1966). The main reason for this is limited data. (...). Another reason for lack of advance in comparative Chadic is limited knowledge of the languages themselves. (...). In short, for comparative Chadic to reach a level of sophistication comparable to that of comparative Indo-European, comparative Semitic, or comparative Bantu will ultimately require much more extensive lexical and morphological documentation than is now available.

Während sich die beiden o.g. Zitate vorwiegend auf die Rekonstruktion von Lexemen beziehen, hat der in der vorliegenden Arbeit in eher typologischer Hinsicht vorgenommene Vergleich der Verbalmorphologie über die erzielten Ergebnisse hinaus ebenfalls einige Anhaltspunkte für zukünftige Forschungen aufgezeigt.

Für eine eher funktionale Betrachtung der TAM-Systeme sind die Ergebnisse aus elizitierten Sätzen häufig nicht ausreichend, da so möglicherweise nur ein Randbereich des semantischen Spektrums der jeweiligen Form erfasst wird – hier wäre ergänzendes Material aus interlinearisierten Erzähltexten und natürlicher Sprache hilfreich.

Ein weiterer interessanter Bereich innerhalb des Verbalsystems ist die Systematik und Funktion von Ton. In einigen der Sprachen hängen Morphosyntax und Ton eng zusammen, hier könnten vertiefende Studien interessante Ergebnisse hinsichtlich der Zusammenhänge von Ton und TAM-Markierung bringen.

---

[252] Afroasiatic

Bei der Betrachtung der bisher erfolgten Rekonstruktionen für das Bole-Tangale (und damit auch für das Westtschadische) hat sich herausgestellt, dass die Ergebnisse stark von der Auswahl der Einzelsprachen abhängen. Einerseits sind die dem von Schuh postulierten Yobe-Sprachbund angehörenden Bole-Tangale-Sprachen (Bole, Karekare, Ngamo) in verschiedener Hinsicht deutlich enger miteinander verbunden als die in relativer geographischer Nähe gesprochenen Sprachen des Bauchi-Gebiets – Rekonstruktionen, die größtenteils auf Datenmaterial aus Sprachen des Yobe-Gebiets gründen, können deshalb möglicherweise nicht als gültig für die ganze Gruppe angesehen werden. Andererseits wurden in diesem Bereich bestimmte Merkmale als Arealphänomene interpretiert[253], die auch für solche Bole-Tangale-Sprachen, die nicht dem Sprachbund angehören, charakteristisch sind, die aber nicht in die Betrachtung einbezogen wurden bzw. werden konnten.

Auch im Bereich der südlichen Bole-Tangale-Sprachen sind Arealphänomene aufgrund der Kontaktsituation mit angrenzenden Benue-Kongo-Sprachen zu erwarten. Insbesondere im Hinblick auf diese Themenkomplexe wäre es wünschenswert, neben soziolinguistischen Studien weitere grammatische Beschreibungen von einer möglichst großen Auswahl von Sprachen zur Verfügung zu haben.

Ein weiterer Bereich, der lohnenswerte Ergebnisse verspricht, ist das tiefergehende Studium von solchen Sprachen, zu denen bereits älteres Material vorliegt: Dies könnte möglicherweise interessante Rückschlüsse über die Geschwindigkeit grammatischer und lexikalischer Veränderungsprozesse bei nicht standardisierten bzw. nicht verschriftlichten Sprachen ermöglichen[254].

Ich würde mich freuen, wenn meine Arbeit Anstoß zu neuen Forschungen in den genannten Bereichen geben könnte.

---

[253] beispielsweise Negation nach dem „Scope Left"-Prinzip, s. 4.3.
[254] Das von der DFG geförderte Angas-Projekt von Herrmann Jungraithmayr, Sonja Ermisch und Mirka Holubová lässt u.a. in dieser Hinsicht auf interessante Ergebnisse hoffen.

Literaturverzeichnis

Andreas, Heike. 2012. *Eine grammatische Beschreibung des Nyam.* Dissertation, Goethe-Universität Frankfurt am Main. http://publikationen.ub.uni-frankfurt.de/frontdoor/index/index/docId/27634 (28.02.2014).

Bybee, Joan, Revere Perkins & William Pagliuca. 1994. *The Evolution of Grammar: Tense, Aspect, and Modality in the Languages of the World.* Chicago: University of Chicago Press.

Comrie, Bernard. 1976. *Aspect. An Introduction to the Study of Verbal Aspect and Related Problems.* Cambridge: Cambridge University Press.

Crozier, David H. & Roger M. Blench. 1992. *An Index of Nigerian Languages.* 2. Auflage. Abuja/Ilorin/Dallas: NERDC & University of Ilorin, in cooperation with SIL.

Diakonoff, Igor Mikhailovich. 1965. *Semito-Hamitic Languages. An Essay in Classification.* Moskau: Nauka.

Diakonoff, Igor Mikhailovich. 1984. „Letter to the conference." In: *Current Progress in Afro-Asiatic Linguistics: Papers of the Third International Hamito-Semitic Congress* [London, 1978], hrsg. von James Bynon, S. 1-10. Amsterdam: John Benjamins.

Diakonoff, Igor Mikhailovich. 1988. *Afrasian Languages.* Moskau: Nauka.

Dixon, Robert M.W. 1994. *Ergativity.* Cambridge: Cambridge University Press.

Dixon, Robert M.W. 2010. *Basic Linguistic Theory.* Volume I: *Methodology.* Oxford: Oxford University Press.

Frajzyngier, Zygmunt. 1976. „Rule inversion in Chadic: an explanation." *Studies in African Linguistics* 7: 195-210.

Frajzyngier, Zygmunt. 1977. „On the intransitive copy pronouns in Chadic." In: *Papers from the Eighth Conference on African Linguistics* [UCLA, 1977], hrsg. von Martin Mould & Thomas J. Hinnebusch. (Studies in African Linguistics, Supplement 7.) S. 73-84. Los Angeles: Department of Linguistics, UCLA.

Frajzyngier, Zygmunt. 1980. „The vowel system of Pero." *Studies in African Linguistics* 11: 39-74.

Frajzyngier, Zygmunt. 1982a. „Another look at West Chadic verb classes."
Africana Marburgensia 15,1: 25-42.

Frajzyngier, Zygmunt. 1982b. „The underlying form of the verb in Proto-Chadic." In: *The Chad Languages in the Hamitosemitic-Nigritic Border Area*, hrsg. von Herrmann Jungraithmayr. (Marburger Studien zur Afrika- und Asienkunde.) S. 123-143. Berlin: Dietrich Reimer.

Frajzyngier, Zygmunt. 1985a. „Logophoric Systems in Chadic." *Journal of African Languages and Linguistics* 7: 23-37.

Frajzyngier, Zygmunt. 1985b. *A Pero-English and English-Pero Vocabulary*. (Marburger Studien zur Afrika- und Asienkunde, Serie A, Afrika, 38.) Berlin: Dietrich Reimer.

Frajzyngier, Zygmunt. 1987. „Ventive and centrifugal in Chadic". *Afrika und Übersee* 70: 31-47.

Frajzyngier, Zygmunt. 1989. *A Grammar of Pero*. (Sprache und Oralität in Afrika, 4). Berlin: Dietrich Reimer.

Frajzyngier, Zygmunt. 2000. „Domains of point of view and coreferentiality: system interaction approach to the study of reflexives." In: *Reflexives. Forms and Functions*, hrsg. von Zygmunt Frajzyngier & Traci S. Walker-Curl, S. 125-151. Amsterdam: John Benjamins.

Gimba, Alhaji Maina. 2000. „Bole Verb Morphology." Ph.D. dissertation, University of California, Los Angeles. http://aflang.humnet.ucla.edu/Bole/Papers/gimba_dissertation.pdf (16.03.2014).

Gouffé, Claude. 1963/66. „Les problèmes de l'aspect en haoussa. I – Introduction. Le problèm de l'aoriste et de l'accompli II." *Comptes Rendus du Groupe Linguistique d'Études Chamito-Sémitiques* 10: 151-165.

Gouffé, Claude. 1966/67. „Les problèmes de l'aspect en haoussa. II – Le problème de l'inaccompli I et II." *Comptes Rendus du Groupe Linguistique d'Études Chamito-Sémitiques* 11: 29-67.

Gouffé, Claude. 1967/68. „Les problèmes de l'aspect en haoussa. III – L'inaccompli négatif et l'ingressif." *Comptes Rendus du Groupe Linguistique d'Études Chamito-Sémitiques* 12: 27-51.

Greenberg, Joseph. 1963. *The Languages of Africa*. Bloomington: Indiana University Press.

Heine, Bernd, Ulrike Claudi & Friederike Hünnemeyer. 1991. „From cognition to grammar: evidence from African languages." In: *Approaches to grammaticalization* 1, hrsg. von Elizabeth Traugott & Bernd Heine, S. 149-187. Amsterdam: John Benjamins.

Heine, Bernd & Mechthild Reh. 1984. *Grammaticalization and Reanalysis in African Languages.* Hamburg: Helmut Buske.

Hoffmann, Carl. 1971. *Provisional check list of Chadic languages.* (Chadic Newsletter, Special Issue.) Marburg.

Hopper, Paul J. & Sandra A. Thompson. 1980. „Transitivity in grammar and discourse." *Language* 56, 2: 251-299.

Hyman, Larry M. 2009. „How (not) to do phonological typology: the case of pitch-accent." *Language Sciences* 31: 213-238.

Hyman, Larry M. & John R. Watters.1984. „Auxiliary focus." *Studies in African Linguistics* 15, 3: 233-273.

Ibriszimow, Dymitr. 2006. „On the verb in Ngamo." In: *Topics in Chadic Linguistics II, Papers from the 2nd Biennial International Colloquium on the Chadic Languages* [Prague, 2003], hrsg. von Dymitr Ibriszimow, S. 35-47. Köln: Rüdiger Köppe.

Jaggar, Philip J. 2001. *Hausa.* (London Oriental and African Language Library.) Amsterdam, Philadelphia: John Benjamins.

Jungraithmayr, Herrmann. 1966. „Zum Bau der Aspekte im Westtschadohamitischen." *Zeitschrift der Deutschen Morgenländischen Gesellschaft* 116, 2: 226-237.

Jungraithmayr, Herrmann. 1968/69. „Hausa, Ron and Angas: a comparative analysis of the aspect systems." *Afrika und Übersee* 52: 15-22.

Jungraithmayr, Herrmann. 1974. „Perfektiv- (Kurz-) und Imperfektiv- (Lang-)Stamm im Aspektsystem osttschadohamitischer Sprachen." *Zeitschrift der Deutschen Morgenländischen Gesellschaft.* (Supplement II, XVIII. Deutscher Orientalistentag), S. 583-595.

Jungraithmayr, Herrmann. 1975. „Der Imperfektivstamm im Migama. (‚Djonkor von Abu Telfan', Republik Tschad)." *Folia Orientalia* 16: 85-100.

Jungraithmayr, Herrmann. 1977. „Apophony and grammatical tone in the tense system of Chadic languages." *Afrika und Übersee* 60: 79-82.

Jungraithmayr, Herrmann. 1978. „A tentative four stage model for the development of the Chadic languages." In: *Atti del Secondo Congresso Internazionale di Linguistica Camito-Semitica* (Florence 1974), hrsg. von Peli Fronzaroli, S. 381-388. (Quaderni de Semitistica, 5.) Florenz: Istituto de Linguistica e di Lingue Orientale, Universita di Firenze.

Jungraithmayr, Herrmann, in Zusammenarbeit mit Njeno Andirya Galadima & Ulrich Kleinewillinghöfer. 1991. *A Dictionary of the Tangale Language* (Kaltungo, Northern Nigeria). (Sprache und Oralität in Afrika, 12.) Berlin: Dietrich Reimer.

Jungraithmayr, Herrmann. 1995. „Was ist am Tangale noch tschadisch/hamitosemitisch?" In: *Sprachkulturelle und historische Forschungen in Afrika*, hrsg. von Axel Fleisch & Dirk Otten, S. 197-205. Köln: Rüdiger Köppe.

Jungraithmayr, Herrmann. 2002. *Sǐndị. Tangale Folktales.* (Westafrikanische Studien, 23.) Köln: Rüdiger Köppe.

Jungraithmayr, Herrmann. 2005. „Le paradigme verbal en-U dans les langues chamito-sémitiques." In: *Les langues chamito-sémitiques (afroasiatiques) 1*, hrsg. von Antoine Lonnet & Amina Mettouchi, S.65-80. Paris: Ophrys.

Kemmer, Suzanne. 1993. *The Middle Voice.* Amsterdam: John Benjamins.

Kidda, Mairo E. 1993. *Tangale Phonology: A Descriptive Analysis.* (Sprache und Oralität in Afrika, 8.) Berlin: Dietrich Reimer. [Veröffentlichte Version der Dissertation, University of Illinois (1985).]

Kraft, Charles H. 1974. „Reconstruction of Chadic pronouns I: possessive, object, and independent sets – an interim report." In: *Third Annual Conference on African Linguistics* [Bloomington, 1972], hrsg. von Erhard Voeltz, S. 69-74. (I.U. Publications, African Series, 7.) Bloomington: Indiana University.

Kraft, Charles H. 1981. *Chadic Wordlists.* (Marburger Studien zur Afrika- und Asienkunde, 23-25.) Berlin: Dietrich Reimer.

Leger, Rudolf. 1989. „Mediale Verben im Tschadischen? – Eine Fallstudie anhand des Kwami." *Frankfurter Afrikanistische Blätter* 1, 1: 65-71.

Leger, Rudolf. 1991. „Grammatische Analyse einer Herkunftserzählung der Kupto." *Frankfurter Afrikanistische Blätter* 3: 78-93.

Leger, Rudolf. 1994. *Eine Grammatik der Kwami-Sprache (Nordnigeria)*. (Westafrikanische Studien, 8.) Köln: Rüdiger Köppe.

Leger, R. ms(a). „A Kupto-English and English-Kupto dictionary."

Leger, R. ms(b). „A grammatical sketch of Kushi with a vocabulary Kushi-English."

Leger, R. ms(c). „A grammatical sketch of Piya with a vocabulary Piya-English."

Leger, R. ms(d). „A grammatical sketch of Widala (Kholok) with a vocabulary Widala-English."

Leger, Rudolf. ms(e). „Verbal classes and middle verbs in some southern Bole-Tangale languages."

Leger, Rudolf & Ulrike Zoch. 2006. „Logophoric pronouns in the southern Bole-Tangale languages". In: *Sprachbund in the West African Sahel*, hrsg. von Petr Zima & Bernard Caron, S. 205-214. Leuven: Peeters.

Leger, Rudolf & Ulrike Zoch. 2011. „Intransitive Copy Pronouns in Chadic". In: *Copy Pronouns. Case Studies from African Languages*, hrsg. von Gratien Atindogbé, Roger Blench & Anne Storch, S. 11-46. (Kay Williamson Educational Foundation, 3). Köln: Köppe.

Lukas, Johannes. 1966. „Tschadohamitische Sprachproben aus Nordnigerien (Karekare- und Bolanci-Texte)." In: *Neue Afrikanistische Studien* [Festschrift A. Klingenheben], hrsg. von Johannes Lukas, S. 173-207. (Hamburger Beiträge zur Afrika-Kunde, 5.) Hamburg: Deutsches Institut für Afrika-Forschung.

Lukas, Johannes. 1969. „Tonpermeable und tonimpermeable Konsonanten im Bolanci (Nordnigerien)." In: *Ethnological and Linguistic Studies in Honour of N.J. van Warmelo*, (Ethnological Publications, 52.) Pretoria: Government Printer.

Lukas, Johannes. 1970/71-1971/72. „Die Personalia und das primäre Verb im Bolanci (Nordnigerien), mit Beiträgen über das Karekare." *Afrika und Übersee* 54: 237-286, 55: 114-139.

Lukas, Johannes. 1971. „Über das erweiterte Verb im Bolanci (Nordnigerien)." In: *Special Chadic Issue (Journal of African Linguistics* 10, 1.), hrsg. von Paul Newman, S. 1-14.

Newman, Paul. 1970. „Historical sound laws in Hausa and in Dera (Kanakuru)." Journal of West African Linguistics 7,1: 39-51.

Newman, Paul. 1971. „Transitive and intransitive in Chadic languages." In: *Afrikanische Sprachen und Kulturen – Ein Querschnitt* [Festschrift J. Lukas], hrsg. von Veronika Six et al., S. 188-200. (Hamburger Beiträge zur Afrika-Kunde, 14.) Hamburg: Deutsches Institut für Afrika-Forschung.

Newman, Paul. 1974. *The Kanakuru Language*. (West African Language Monographs, 9.) Leeds: Institute of Modern English Language Studies, University of Leeds and West African Linguistic Society.

Newman, Paul. 1975. „Proto-Chadic verb classes." *Folia Orientalia* 16: 65-84.

Newman, Paul. 1977a. „The formation of the imperfective verb stem in Chadic." *Afrika und Übersee* 60: 178-192.

Newman, Paul. 1977b. „Chadic extensions and pre-dative verb forms in Hausa." In: *Studies in African Linguistics* 8, 3: 275-297.

Newman, Paul. 1984. „Methodological pitfalls in Chadic-Afroasiatic comparisons." In: *Current Progress in Afro-Asiatic Linguistics: Papers of the Third International Hamito-Semitic Congress* [London, 1978], hrsg. von James Bynon, S. 161-166. Amsterdam: John Benjamins.

Newman, Paul. 2000. *The Hausa Language. An Encyclopedic Reference Grammar*. New Haven und London: Yale University Press.

Newman, Paul & Roxana Ma Newman. 1966. "Comparative Chadic: phonology and lexicon." *Journal of African Languages* 5: 218-251.

Newman, Paul & Russell G. Schuh. 1974. „The Hausa Aspect System." *Afroasiatic Linguistics* 1,1: 1-39.

Parsons, F.W. 1960. „The verbal system in Hausa." *Afrika und Übersee* 44: 1-36.

Schuh, Russell G. 1976. „The Chadic verbal system and its Afroasiatic nature." *Afroasiatic Linguistics* 3,1: 1-14.

Schuh, Russell G. 1977. „West Chadic verb classes." In: *Papers in Chadic Linguistics*, hrsg. von Paul Newman & Roxana Ma Newman, S.143-166. Leiden: Afrika-Studiecentrum.

Schuh, Russell G. 1978. *Bole-Tangale Languages of the Bauchi Area (Northern Nigeria)*. (Marburger Studien zur Afrika- und Asienkunde, Serie A, Afrika, 13.) Berlin: Dietrich Reimer.

Schuh, Russell G. 1984. „West Chadic vowel correspondences." In: *Current Progress in Afro-Asiatic Linguistics*. Papers of the Third International Hamito-Semitic Congress [London, 1978], hrsg. von James Bynon, S. 167-223. (Current Issues in Linguistic Theory, 28.) Amsterdam: John Benjamins.

Schuh, Russell G. 1998. *A Grammar of Miya*. (University of California Publications in Linguistics, Volume 130.) Berkeley: University of California Press.

Schuh, Russell G. 2003. „The functional unity of the Hausa and West Chadic subjunctive." *UCLA Working Papers in Linguistics* 9: 17-42.

Schuh, Russell G. 2005a. „The totality extension and focus in West Chadic." Paper held at the International Berlin Focus Conference.
http://www.linguistics.ucla.edu/people/schuh/Papers/ms_2005_Berlin_2005.pdf (14.03.2014)

Schuh, Russell G. 2005b (ms). „Yobe State, Nigeria as a linguistic area." www.linguistics.ucla.edu/people/schuh/Papers/ms_2005_5_BLS_05_schuh_full.pdf (14.03.2014).

Schuh, Russell G. 2008. "Finding cognates in West Chadic." In: *Semito-Hamitic Festschrift for A.B. Dolgopolsky and H. Jungraithmayr*, hrsg. von Gábor Takács, S. 272-283. (Sprache und Oralität in Afrika.) Berlin: Dietrich Reimer.

Schuh, Russell G. (Hrsg.) 2009a. *Karekare – English – Hausa Dictionary*. www.humnet.ucla.edu/humnet/aflang/Yobe/Dictionaries/Karekare_english_hausa_2009.pdf (16.03.2014).

Schuh, Russell G. (Hrsg.) 2009b. *Ngamo – English – Hausa Dictionary*. www.humnet.ucla.edu/humnet/aflang/Yobe/Dictionaries/Ngamo_english_hausa_2009.pdf (16.03.2014).

Schuh, Russell G. 2009c (ms). „Ngamo tones and clitics." www.linguistics.ucla.edu/people/schuh/Papers/ms_2009_ngamo_tones_and_ clitics.pdf (16.03.2014).

Schuh, Russell G. (Hrsg.) 2009d. *Bole – English – Hausa Dictionary* www.humnet.ucla.edu/humnet/aflang/Yobe/Dictionaries/Bole_english_hausa_2009.pdf (16.03.2014).

Schuh, Russell G. 2010a. „Karekare verb paradigms."
www.humnet.ucla.edu/humnet/aflang/Karekare/Papers/karekare_
verb_forms.pdf (16.03.2014).

Schuh, Russell G. 2010b. „Gudi Ngamo verb paradigms."
www.humnet.ucla.edu/humnet/aflang/Ngamo/Papers/ngamoG_
verb_forms.pdf (16.03.2014).

Schuh, Russell G. o.J.(a). „Karekare verbal system."
http://aflang.humnet.ucla.edu/Karekare/Papers/karekare_Vsystem.pdf
(16.03.2014).

Schuh, Russell G. o.J.(b). „Ngamo verbal system."
http://aflang.humnet.ucla.edu/Ngamo/Papers/ngamo_verbal_
system.pdf (16.03.2014).

Schuh, Russell G. & Alhaji Maina Gimba. 2001. „Substantive and anaphoric 'thing' in Bole with remarks on Hausa *abu/abin*." In: *Papers in African Linguistics* 1, hrsg. von Harold Torrence, S. 90-122. (Working Papers in Linguistics, 6.) Los Angeles: UCLA Department of Linguistics.

Schuh, Russell G. & Alhaji Maina Gimba. 2004-2012. Draft chapters and sections for a forthcoming reference grammar of Bole.
www.humnet.ucla.edu/humnet/aflang/Bole/Papers/Bole_grammar/
bole_grammar_chapters.html (03.03.2014).

Tuller, Laurice. 1997. „Les 'ICP' en tchadique." In: *Les pronoms. Morphologie, syntaxe et typologie*, hrsg. von Anne Zribi-Hertz, S. 213-229. Vincennes: Presses Université de Vincennes.

Wolff, H. Ekkehard. 1977. „Patterns in Chadic (and Afroasiatic?) verb base formations." *Papers in Chadic Linguistics*, hrsg. von Paul Newman & Roxana Ma Newman, S. 199-233. Leiden: Afrika-Studiecentrum.

Wolff, Ekkehard. 1979. „Grammatical categories of verb stems and the marking of mood, aktionsart, and aspect in Chadic." *Afroasiatic Linguistics* 6,5: 161-208.

Wolff, Ekkehard. 1984. „New proposals concerning the nature and development of the Proto-Chadic tense/aspect system." In: *Current Progress in Afro-Asiatic Linguistics. Papers of the Third International Hamito-Semitic Congress* [London, 1978], hrsg. von James Bynon, S. 225-239. (Current Issues in Linguistic Theory, 28.) Amsterdam: John Benjamins, 1984.

Wolff, H. Ekkehard. 1991. „Zur modalen Dichotomie im Hausa: Aorist, Subjunktiv und Imperativ in historischer Perspektive." *Afrika und Übersee* 74: 163-190.

Wolff, Ekkehard & Ludwig Gerhardt. 1977. „Interferenzen zwischen Benue-Kongo- und Tschad-Sprachen." *Zeitschrift der Deutschen Morgenländischen Gesellschaft*, Supplement 3, S. 1518–1543.

Zoch, Ulrike. 2012. „Split intransitivity in some West Chadic and Biu-Mandara Languages?" In: *Challenges in Nilotic Linguistics and More, Phonology, Morphology and Syntax*, hrsg. von Osamu Hieda, 47-58. (Studies in Nilotic Linguistics, vol. 5). Tokyo.

Zoch, Ulrike. 2013. „Perfectives in the Bole-Tangale-Languages." In: *Topics in Chadic Linguistics VII: Papers from the 6th Biennial International Colloquium on the Chadic Languages* [Villejuif, September 22-23, 2011], hrsg. von Henry Tourneux, S. 229-243. Köln: Köppe.

Zoch, Ulrike. Im Druck. „Tone and TAM in Nyam." In: *Proceedings of WALC 27*, [Abidjan 2011], hrsg. von Firmin Ahoua.

**Schriften zur Afrikanistik –
Research in African Studies**

Herausgegeben von Rainer Vossen

Band 1 Gabriele Sommer: Das Innere eines Ortes sehen. Dokumentation einer Sprachforschung in Botswana. 1999.

Band 2 Sabine Neumann: The Locative Class in Shengologa (Kgalagadi). 1999.

Band 3 Abdourahmane Diallo: Grammaire descriptive du pular du Fuuta Jaloo (Guinée). 2000.

Band 4 Pascal Boyeldieu: La langue bagiro (République Centrafricaine). Systématique, textes et lexique. 2000.

Band 5 Abdourahmane Diallo: Phonologie et morphologie des emprunts arabes en pular de Guinée. 2001.

Band 6 Doris Löhr: Die Sprache der Malgwa (Nárá Málgwa). Grammatische Erstbeschreibung einer zentraltschadischen Sprache Nordost-Nigerias. 2002.

Band 7 Ronny Meyer / Renate Richter: Language Use in Ethiopia from a Network Perspective. Results of a sociolinguistic survey conducted among high school students. 2003.

Band 8 Reinhard Klein-Arendt: Die traditionellen Eisenhandwerke der Savannen-Bantu. Eine sprachhistorische Rekonstruktion auf lexikalischer Grundlage. 2004.

Band 9 Koen A. G. Bostoen: Des mots et des pots en bantou. Une approche linguistique de l'histoire de la céramique en Afrique. 2005.

Band 10 Rosalie Finlayson / Sarah Slabbert (eds.): Language and Identities in a Postcolony. Southern African perspectives. 2005.

Band 11 Mohamed El-Mohammady Rizk: Women in Taarab. The Performing Art in East Africa. 2007.

Band 12 William A. A. Wilson: Guinea Languages of the Atlantic Group. Description and Internal Classification. Edited by Anne Storch. 2007.

Band 13 Zygmunt Frajzyngier: A Grammar of Gidar. 2008.

Band 14 Christa Kilian-Hatz: Contes des Pygmées Baka du Cameroun. 2008.

Band 15 Rose-Juliet Anyanwu: Fundamentals of Phonetics, Phonology and Tonology. With Specific African Sound Patterns. 2008.

Band 16 Stella Linn / Maarten Mous / Marianne Vogel (eds.): Translation and Interculturality: Africa and the West. 2008.

Band 17 Daniel Ochieng Orwenjo: Lexical Innovation in Child Language Acquisition. Evidence from Dholuo. 2009.

Band 18 Antje Meißner: Morphologische Aspekte in den dialektalen Varietäten des Maa. 2011.

Band 19 Gerald Stell: Ethnicity and Language Variation. Grammar and Code-switching in the Afrikaans Speech Community. 2011.

Band 20 Julia Maximiliane Becker: Sprachattitüden in Uganda. Sprachpolitik und interethnische Beziehungen. 2013.

Band 21 Patricia Friedrich: Afrikanische Silbenspiele. Betrachtet im Kontext von Sondersprachen. 2014.

Band 22 Ulrike Zoch: Verbalmorphologie der Bole-Tangale-Sprachen (Nordostnigeria). 2014.

www.peterlang.com